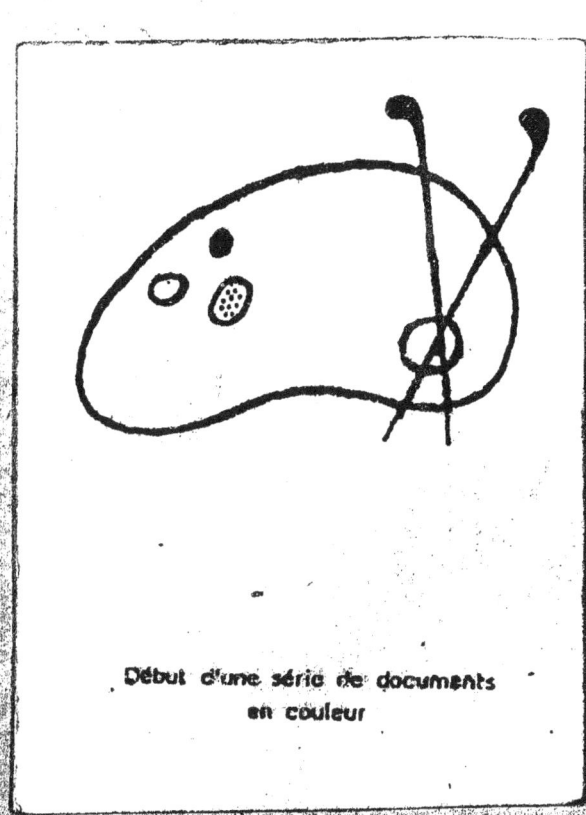

Début d'une série de documents en couleur

# HISTORIETTES

ET

# FANTAISIES

PAR

LOUIS VEUILLOT

CINQUIÈME ÉDITION

PARIS
LIBRAIRIE VICTOR PALMÉ
(SOCIÉTÉ GÉNÉRALE DE LIBRAIRIE CATHOLIQUE)
76, Rue des Saints-Pères, 76

| BRUXELLES | GENÈVE |
|---|---|
| SOCIÉTÉ BELGE DE LIBRAIRIE | HENRI TREMBLEY |
| VANDENBROECK, Directeur | Libraire-Éditeur |
| 8, Rue du Treurenberg, 8 | 4, Rue Corraterie, 4 |

1888

Droits de traduction et de reproduction réservés.

## AUX MÊMES LIBRAIRIES

# ŒUVRES DE LOUIS VEUILLOT

## CORRESPONDANCE

### DE LOUIS VEUILLOT

*Lettres à son frère, à sa sœur, à divers.* 6 beaux vol. in-8. Prix : **36 fr.**

**Çà et là.** 7ᵉ édition. 2 beaux et forts vol. in-12 de 472 et 500 pages............ 8 fr.
**Corbin et d'Aubécourt.** Nouvelle édition, augmentée d'une préface. 1 vol. in-12 de XIII-214 pages, titre rouge et noir....... 2 fr.
**Dialogues socialistes.** — L'esclave Vindex. — Le lendemain de la victoire. — La légalité. — Épilogue. 1 vol. in-12 de VII-380....... 3 fr.
**Le droit du Seigneur au moyen âge.** 3ᵉ édit. augmentée d'un avertissement et d'un appendice. 1 vol. in-12 de XV-344 p.  3 fr.
**La guerre et l'homme de guerre.** 3ᵉ édition. 1 vol. in-12 de IX-372 p; 3 fr. 50
**L'honnête femme.** 5ᵉ édit. 1 beau vol. in-12 de VII-440 pages......... 3 fr.
**Les libres penseurs.** 6ᵉ éd. 1 beau vol. in-12 de 545 pag., caractères elzéviriens, titre rouge et noir.... 3 fr. 50
**Hommages à Louis Veuillot**, *souvenirs au grand écrivain.* 1 beau vol. in-8º de XII-650 pag. 7 fr. 50

**Molière et Bourdaloue.** 4ᵉ édition. 1 beau vol. in-12 de 270 pages, titre rouge et noir .............. 3 fr.
**Le parfum de Rome.** 3ᵉ édition. 2 beaux vol. in-12 de 450 et 542 pag.  7 fr.
**Les odeurs de Paris.** 11ᵉ édition, revue et améliorée. 1 fort vol. in-12 de XVI-472 pages....... 4 fr.
**Œuvres poétiques de Louis Veuillot.** 1 vol. in-12 de 451 pages, titre rouge et noir....... 4 fr.
**Paris pendant les deux sièges.** 2 beaux vol. in-8º de XVIII-494 et 550 p. 12 fr.
LE MÊME. 3ᵉ éd. 2 v. in-12. 7 fr.
**Rome pendant le Concile** (1869-1870). 2 vol. in-8º de CXXXI-484 et 614 p.  12 fr.
**La vie de Notre-Seigneur Jésus-Christ.** 9ᵉ édition. 1 fort vol. in-12 de 626 p. 3 fr. 50
**Une gerbe**, *fleurs cueillies dans les œuvres de Louis Veuillot.* 1 vol. in-8º de VIII-232 pages, précédé d'une lettre inédite et orné du portrait de l'auteur. 2 fr.

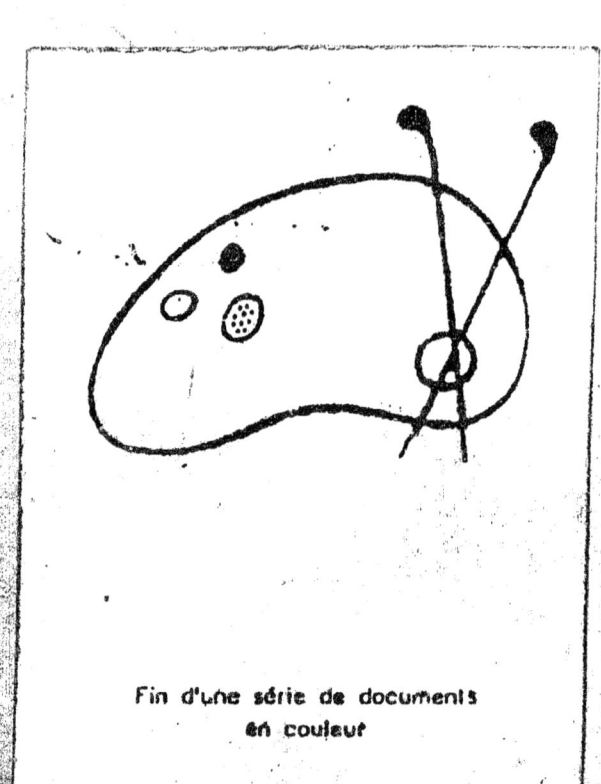

Fin d'une série de documents en couleur

HISTORIETTES ET FANTAISIES

TYPOGRAPHIE

EDMOND MONNOYER

AU MANS (Sarthe)

# HISTORIETTES

ET

# FANTAISIES

PAR

LOUIS VEUILLOT

CINQUIÈME ÉDITION

PARIS
LIBRAIRIE VICTOR PALMÉ
(SOCIÉTÉ GÉNÉRALE DE LIBRAIRIE CATHOLIQUE)
76, Rue des Saints-Pères, 76

| BRUXELLES | GENÈVE |
|---|---|
| SOCIÉTÉ BELGE DE LIBRAIRIE | HENRI TREMBLEY |
| VANDENBROECK, Directeur | Libraire-Éditeur |
| 8, Rue du Treurenberg, 8 | 4, Rue Corraterie, 4 |

1888

Droits de traduction et de reproduction réservés

# PRÉFACE

En 1844, j'ai publié un recueil de courts morceaux littéraires intitulé les Nattes, et en 1850, un autre, du même genre, intitulé Petite Philosophie. Pressé de réimprimer ces deux collections, j'ai hésité. J'y trouvais bon nombre de choses bien légères pour ce temps, et aussi pour mon âge. Mais on a allégué le besoin de fournir au public des lectures faciles et sans danger, et je me suis rendu. Tout auteur est toujours en fonds de complaisance pour ses ouvrages.

Si l'on me demande pourtant d'autres raisons, j'en ai d'assez bonnes, et je ne feindrai pas de les dire.

J'étais, il y a deux ans, ce que l'on appelle un homme établi. J'ai été ce que l'on appelle exproprié, mais sans indemnité, et sans licence de m'établir ailleurs: car on a jugé que je ne pouvais faire qu'un mauvais commerce, très nuisible à la tranquillité *publique.* Et, pour suivre jusqu'au bout la comparaison, je suis présentement réduit à la condition d'ouvrier en chambre.

Cela ne m'a point aussi mal réussi que je le devais craindre. Devenu homme de lettres par profession, après m'en être toujours défendu, j'ai eu l'agréable surprise de voir que je pouvais vivre de mon outil. Mais l'ouvrier en chambre ne peut se passer les fiertés du gros négociant : il n'a pas le droit de garder sur ses étagères, même vieillis et démodés, les petits objets dont il trouve le placement.

Du reste, pour témoigner au public combien je veux encore le respecter lorsque je lui laisse offrir ces pages oubliées et peut-être fanées, je les ai revues avec grand soin; je les ai triées, époussetées, vernissées, tâchant de les rendre aussi supportables par la forme qu'elles sont, je l'espère, irréprochables par le fond

Mai 1862.

# INTRODUCTION

Fatigué d'entendre parler de liberté, d'égalité, de fraternité, de droit au travail, de droit à l'instruction, de droit à l'assistance, et de tous les droits de l'homme et de la femme, j'avais projeté d'écrire un petit livre pour me rendre compte à moi-même de ces belles découvertes du siècle présent. J'ai composé ce recueil, où il n'est question ni de liberté, ni d'égalité, ni de fraternité, ni d'aucun droit quelconque, mais où l'on verra des exemples de charité chrétienne envers les hommes, et des conseils de soumission envers Dieu. Je ne saurais mieux indiquer à ceux qui me liront le moyen de s'assurer le *droit au bonheur*.

Paris, 1850.

# HISTORIETTES ET FANTAISIES

## L'ÉPOUSE IMAGINAIRE

— 1735 —

### I

Je ne vous connois pas, Mademoiselle; je ne vous ai point vue, jamais peut-être je ne vous verrai; je ne sais pas même quel nom vous donner. Êtes-vous de visage doux ou sévère, brune ou blonde, grande ou de taille mignonne? Je n'en sais rien. Si je vous rencontrois quelque part, serois-je frappé de votre aspect? Je l'ignore. Peut-être vous ai-je rencontrée et me suis-je retourné pour vous voir, sans que je puisse néanmoins, si je vous revois, me rappeler que déjà mes yeux se sont une fois arrêtés sur vous; peut-être même que, vous ayant considérée, vous ne m'avez point plu, sans que j'aie seulement pensé que vous ne me plaisiez pas.

Et cependant je vous écris! je vous écris une lettre que vous ne devez pas lire, et ce n'est pas sans émotion que je l'écris. Quand je pense à vous, pensée fréquente depuis plusieurs jours; quand le nom de famille sous lequel je vous connois, ce nom auquel je ne puis attacher aucune physionomie, est échangé tout bas entre ma tête et mon cœur, ici mille sentiments et là mille rêves s'éveillent, comme une pierre lancée dans un buisson en agite toutes les feuilles, et fait soudainement envoler une multitude d'oiseaux. Je songe à vous, je vous parle, je... vraiment je vous aime!...

Quel est donc celui qui vous aime? Si l'on vous le nommoit, vous seriez, certes, bien étonnée: jamais, d'aucune façon, en aucune manière, votre pensée n'a pu s'arrêter sur lui. Vous le connoissez moins que le sophi de Perse, moins que l'empereur de la Chine, de qui vous avez pu entendre parler; vous ne connoissez pas même de lui ce qu'il connoît de vous: un nom.

Pourtant quelque chose à votre insçu nous lie, c'est-à-dire me lie; un lien part de mon cœur, et va jusqu'à vous. Mais c'est tout. De votre esprit ni de

votre cœur aucun lien ne repart pour venir à moi.
Ce lien qui m'engage, je m'étonne de le sentir si fort,
puisque ce n'est qu'une parole.

Il y a quelques jours, au matin, je dormais encore;
on m'éveille. Un galant homme, un sage et prudent
ami de ma jeunesse étoit devant moi. Tandis que je
me frottois les yeux : « Vous savez », me dit-il, « que
je vous veux marier. J'ai trouvé enfin un parti convenable. » Il nomma votre père. J'avois, en je ne sais
quelle occurrence, entendu parler déjà de votre père
comme d'un homme fort considéré. Mais mon ami vit
bien que j'étois plus pressé d'entendre parler de vous.
« Pour moi », poursuivit-il, « je ne *la* connois point.
On me l'a dépeinte jolie et douce, et je sais qu'elle est
pieuse; *c'est la perle de la paroisse.* » J'ai retenu ce
mot : il m'a charmé. Ensuite vinrent maints détails
sur ce que le monde regarde, à mon gré très honteusement, comme le côté très grave du mariage :
c'est-à-dire, que la fortune convenoit; qu'avec mon
travail et votre dot, on auroit dans le ménage une
honnête et laborieuse aisance ; que votre père donnoit tant et promettoit tant; et que vous étiez fille
unique : mille choses! Enfin mon ami conclut que
votre père, sur mon portrait fait d'une main impartiale, ne répugnoit point au projet qu'il avoit formé. Et,
me recommandant de bien réfléchir, recommandation
assurément superflue, il me laissa fort agité, je vous
l'atteste : j'en perdis la moitié de mes prières du matin.

Un garçon de vingt-six ans, qui vit à l'aise d'un travail assuré, qui peut compter sur l'avenir, qui n'a point de grands défauts, qui voit un peu de monde (c'est toute ma condition), n'est pas sans entendre bourdonner assez fréquemment à son oreille des propositions de mariage. Il m'est arrivé de ces propositions-là, comme à tant d'autres. Je ne sais pour quelle raison, sans les repousser, j'y avois si peu pris garde, que tout aussitôt elles étoient tombées dans l'oubli. Dès le premier mot, il en fut de celle-ci bien autrement. Pourquoi? Faut-il l'attribuer à la même volonté qui ne permettoit pas que je fusse occupé des autres? Attendons : Dieu nous fera connoître ses desseins. Mais, vous le voyez, je crois les deviner, ces desseins pleins de mystère, puisque je vous écris.

Pourtant, comme je ne risque rien d'être sincère, et que c'est d'ailleurs une excellente habitude à prendre, je vous dirai tout.

Mon visiteur matinal étoit à peine parti, et déjà mon imagination, que je n'ai point paresseuse, avoit fait beaucoup de chemin. A force d'aller, de venir, d'aventurer de ci de là, elle s'étoit engagée dans un fâcheux pays. Je crus m'être persuadé deux choses: la première, que je n'étois point mûr pour le mariage; la seconde, qu'il s'en falloit de beaucoup que vous fussiez assez riche pour moi ; que je devois m'appliquer à former davantage mon caractère ; mais, surtout, que l'on m'avoit offert et que je trouverois sans peine des partis plus *avantageux*. Voilà un mot fort laid pour exprimer une plus laide pensée. Parti plus avantageux, cela veut dire tout simplement une femme qui apporteroit une plus grosse dot.

Dans cette belle résolution, je me mis en route pour aller consulter un autre ami, et le charger de notifier un bon refus. Tandis que je portois à pied une décision si fière, mon imagination, toujours en mouvement, me montroit à moi-même, magnifiquement assis en voiture, près d'une épouse choisie, je pense, dans le pays de Golconde; et de la dot de cette épouse orientale, je faisois mille fastueuses libéralités au genre humain. Puis, tout à coup, passoit près de moi, à pied comme moi, sur le mail, quelque jeune femme au regard modeste, menant par la main son joyeux enfant. C'étoit le rayon de jour qui dissipe les chimères. Alors je pensois à vous et au tranquille bonheur d'une existence cachée : mon imagination sautait de son superbe équipage; elle vous alloit prendre auprès de votre mère; elle vous amenoit en robe simple et de bon goût, souriante, paisible, aimant la solitude, les affectueux discours, vous plaisant à chercher, au bras de votre mari, l'honnête et charmante joie d'une promenade agreste sur le bord des rivières, dans le silence et la bonne odeur des prés. Je vous saluois de tout mon cœur, vous me faisiez grand accueil, et nous partions pour accomplir quelque pèlerinage à une chapelle de campagne, pour visiter un pauvre que vous aviez découvert. Nous nous félicitions d'aller à pied visiter les pauvres : on arrive plus lentement peut-être, mais on arrive sans bruit, mais l'on s'éloigne moins vite. Nous allions donc... Hélas! sur cette bonne route encore je vous perdois, et je me retrouvois, au bout d'un instant, sans vous, remplissant une voiture aux coussins bourrés d'or. Dans cette maudite voiture, j'arrivai à la porte de mon ami. Là, je vous congédiai définitivement, non sans vous accorder quelque léger soupir, comme si je vous trouvois bien à plaindre, et que mon abandon fût pour vous une disgrâce.

Mais juste dans le moment que je vous disois ce vilain adieu, je me trouvai face à face avec mon confesseur.

Si l'on vous dépeignoit le Père Joseph, et que vous n'eussiez, pour le connoître particulièrement, d'autre moyen que de m'épouser, je crois qu'en vérité, dans ce but seul, vous m'épouseriez. Toute bonne opinion de moi-même à part, vous feriez bien.

C'est un homme, depuis soixante et dix ans, que Dieu semble avoir pris soin de perfectionner tous les jours. Il est bon comme l'Église; il a l'esprit si rempli de lumières, le cœur si fourni des vertus de sa profession, que l'effet en est pour ainsi dire physique: quiconque l'approche, tout de suite se sent plus calme et meilleur, comme si sa seule présence inspiroit ce

détachement des choses du monde qu'il pratique à
tout instant de sa vie et dont il est devenu un modèle
achevé, mais ce qui fait qu'il prêche avec réserve,
ainsi qu'il est nécessaire, à nous autres pauvres étourdis, toujours prêts aux renoncements les plus durs et
encore plus prompts, hélas ! à nous en fatiguer. Que
de fois, en le quittant, je me suis accusé d'hypocrisie !
car à sa vue tous mes mauvais sentiments s'apaisent,
et, me sentant trop différent de ce que je suis à l'ordinaire, je ne puis croire à la sincérité d'un pareil
changement. Sa parole n'exige rien ; sa lente sagesse,
sa vigilance affectueuse, ses conseils, obtiennent tout.
Je vous en parle avec une sorte d'ostentation : il est
la belle part de ma dot, ce que j'ai de meilleur, la plus
solide garantie de votre bonheur, si Dieu nous unit.

Je le croyois absent. Agréablement surpris de le
voir, je me hâtai de lui confier tout. Il écouta paisiblement ma résolution de ne point me marier qu'à
une héritière des Indes, car je commençai par là ; paisiblement encore, le détail de tous vos mérites, que
je voulus pourtant lui faire au plus long. Mais quand
j'eus prononcé le nom de votre père, il laissa échapper
une exclamation dont je fus étonné. — « C'est »,
dit-il en entendant ce nom, « le plus vertueux
homme du monde ; un chrétien des vieux temps, etc. »
Il ne tarissoit point. Puis, venant à vous : — « J'af-
firmerois qu'elle est parfaitement élevée. Un pareil
homme doit être béni dans sa fille. Épousez-la, mon

ami, si vous le pouvez; entrez dans cette famille de saints. — Vous croyez donc, mon père, que nous ne serions pas trop pauvres? — Vous serez riche », reprit-il: « vous vivrez parmi les élus de Dieu. »

J'allai sur l'heure dire à mon plénipotentiaire d'accepter bien vite; et je courus ensuite à la prochaine église, mettre sous la protection de la sainte Vierge, vous, moi, et toute cette grande affaire. — Voilà, Mademoiselle, pourquoi je vous écris ce soir, tandis que vous dormez, sans songer certainement qu'un homme qui n'est point de votre famille, que vous n'avez jamais vu, qui ne vous a jamais vue, pense si fort à vous.

Que les anges de Dieu protègent votre sommeil! et, quoi qu'il arrive, que la sainte paix de Jésus soit toujours avec nos cœurs!

## II

Le galant homme de l'autre matin s'étoit absenté pour quelques jours, et je m'en plaignois fort; il est revenu, je l'ai vu. « Eh bien! » ai-je dit en lui serrant les mains, « s'il ne dépend que de moi, vous serez de noces avant peu. » A ces mots, il m'a paru tout embarrassé. J'ai compris qu'il cherchoit par où s'y prendre pour m'annoncer quelque chose de fâcheux. « Parlez enfin! » me suis-je écrié. « Est-ce qu'on ne veut plus de moi? Je peux encore survivre. » Je souriois, mais ma voix étoit aussi mal assurée que mon cœur.

— « Non », reprit-il, « on ne vous refuse pas; au contraire. Ce qui m'embarrasse, c'est que j'ai fait l'autre jour une étourderie. Sans le savoir, j'ai beaucoup exagéré la fortune de cette demoiselle : c'est de son père même que je viens de l'apprendre. Au compte qu'il m'en a donné, il se trouve sur ce que je vous ai dit une diminution de trente ou quarante mille livres environ.

— Voilà, en effet », continuai-je assez troublé, « qui est grand dommage : car comment nous établir, puisque je n'ai rien, si cette personne n'apporte rien ?

— Vous l'entendez mal », reprit mon interlocuteur. « Elle apporte bien ce que j'ai dit. La diminution est toute sur les prévisions de fortune à venir, sur ce qu'on appelle les espérances.

— N'est-ce que cela ? » m'écriai-je, délivré tout à coup d'un grand poids. « Mes espérances sont en Dieu; elles sont dans la force qu'il me donnera, dans les devoirs qu'il voudra m'imposer, dans l'affection que j'aurai pour ma famille, dans la bonté qui prend soin des oiseaux et des petits des oiseaux. Ainsi, point de regrets. Si celle dont nous parlons a les vertus aujourd'hui qu'elle avoit hier, ces quarante mille livres de moins ne m'appauvrissent pas. »

J'ai dit cela dans la sincérité de mon âme. J'aimois à donner cette preuve, ne vous connoissant pas, de l'étrange attachement que j'éprouve pour vous. Non, je n'apporte point ici des pensées avides! Est-ce un sacrifice que j'ai fait? Il ne m'a rien coûté. Je n'y pense que pour vous en parler; je vous en parle seulement pour vous montrer par quelle voie digne et honorable Dieu me conduit vers vous. Si un jour vous lisez ma lettre, ne serez-vous point contente de voir ceci? Je vous proteste qu'aucun avantage de fortune ne pourroit compenser le plaisir que je prends à vous ménager cette joie.

Que Dieu seulement me donne de quoi bâtir mon nid; que je puisse l'orner assez pour qu'il plaise à vos modestes désirs. Ensuite, il nous donnera d'y entretenir la concorde et la paix, et pour le reste nous compterons encore sur lui.

La seule joie du ménage, pour des époux que je connois, est de parvenir quelquefois à ne point se voir, de mettre entre eux toujours quelque divertissement nouveau, d'aller bien loin chercher des distractions, ou de les faire à grands frais venir. Il leur faut de l'argent, puisqu'il leur faut des spectacles, des fêtes, des convives, et tout ce qui fait du bruit autour d'un pauvre cœur, sans cesse importuné du silence des doux sentiments. Mais nos ennuis seraient ces distractions vaines, ces plaisirs plus coûteux encore à l'âme qu'ils ne le sont à la part de richesses dont on dispose ici-bas. Dieu ne permettra point que nos devoirs demeurent sans contentements. Nos plaisirs seront de le prier ensemble, chacun de nous excitera l'autre à le prier mieux. De compagnie nous irons le voir où nous savons bien qu'on ne manque pas de le trouver ; et lui, tous les jours aussi, aux heures de la prière, il viendra nous voir. Ses fêtes seront nos fêtes, paisiblement célébrées ; il sera notre convive : le soin de son service nous délassera des soins qu'exige la vie. Il faut bien croire encore qu'il nous donnera des enfants, pour l'allégresse de nos cœurs. Quand ces joyeux oiseaux chanteront dans notre logis, ils ne nous feront pas payer leurs chants ; quand ces convives charmants s'assoieront à notre table, ils trouveront exquis tous les mets que vous placerez devant eux, et nous n'avons point par avance à tant nous mettre en peine de ce qu'ils pourront coûter. Nous demanderons en leur nom, avec confiance, le pain de chaque jour, à CELUI qui ne le refusa jamais que pour donner mieux.

Mais il faut que je vous raconte la fin de ma visite. « Puisque », dis-je à mon ami, « je ne suis point refusé, *au contraire,* allons de ce pas faire la demande. » — « Oh ! » reprit-il, « comme vous poussez les choses ! De si grandes affaires ne se font point en un jour. Il faut premièrement que l'on se soit informé de vous ; ensuite, que l'on réfléchisse un peu ; ensuite, que l'on consulte des parents importants, et qui demeurent loin, et peut-être même les ira-t-on voir. Ainsi patientez. »

Me voilà bien ! Je vous confesse que la patience

n'est pas ma vertu. Je vais entrer dans mille humeurs noires, me faire de vous cent portraits bizarres, et devenir plus bourru qu'un Allemand. Bonsoir, Mademoiselle.

## III

Êtes-vous comme moi? Je voudrois le savoir pour vous plaindre. Il me vient parfois des pressentiments qui sont les plus sombres du monde, et cela, s'il vous plaît, à propos de rien. C'est une maladie que l'air me donne : je la gagne en sortant, au seuil de ma maison; et me voilà malade pour la journée, traînant toutes sortes de tristesses, prêt à fondre en larmes, plongeant l'espèce humaine dans les plus grands désastres, et moi dans mille douleurs. Je suis inquiet de mes amis, je vois pleuvoir sur eux des malheurs sans nombre; et, comme si je n'avois pas assez, pour m'affliger, du noir destin de ceux que j'aime, je me mets à gémir sur tous les passants. Je forge des tragédies où les bonnes gens qui courent la rue sont forcés de prendre un rôle et de porter le deuil : si je leur trouve le visage tant soit peu triste, c'est qu'ils ont mis en terre leurs parents, c'est qu'ils viennent de perdre leur procès; s'ils paraissent gais, c'est bien autre chose : je rêve qu'en rentrant chez eux, ils vont apprendre des désastres, trouver des morts; s'ils marchent vite, ils

cherchent à fuir un malheur inévitable ; lentement,
ils traînent avec effort leur chagrin. On n'est pas plus
fol, ni plus malheureux que je ne suis, ni plus désespéré ; il faudroit une infortune véritable pour me
relever. Oh! qu'un enfant qui pleure, dans ces
moments-là, sur un jouet brisé, me fend l'âme! Je n'ai
pas besoin de vous dire que je ne m'épargne pas moimême dans la distribution de mésaventures que je
fais libéralement au genre humain : si une affaire
m'occupe, elle tourne mal ; si je nourris un espoir,
le germe en est anéanti. Je n'ai point aujourd'hui
perdu cette occasion de me tourmenter à votre sujet.
Vous êtes morte, Mademoiselle, deux ou trois fois
dans la journée, fort tragiquement ; vous m'avez repoussé, non moins souvent, avec des paroles très
amères ; vous m'avez, — si je n'étois sûr de brûler
ma lettre après qu'elle sera écrite, je n'avouerois
pas cela, — vous m'avez trahi plusieurs fois aussi,
et toujours d'une âme effroyablement cruelle. Enfin,
je suis épuisé d'avoir mené votre deuil, d'avoir
subi vos dédains, de vous avoir reproché vos parjures. Pardonnez-le-moi, comme je vous le pardonne,
à présent qu'un peu reposé, je commence à rire de
ma folie. Vous n'aurez point, du reste, beaucoup
à souffrir de ces humeurs, qui sont intempérance
d'imagination plutôt que foiblesse. Dans les occurrences tout à fait tristes et sérieuses, je ne me laisse
point aller ainsi. Je me souviens que je suis chrétien,

que c'est Dieu qui frappe ; j'ai l'énergie de la prière et de la soumission.

Hélas! peut-être en aurai-je bientôt besoin. Il faut que je vous confie aussi mes peines véritables. J'ai une sœur plus jeune que moi, qui est mariée. Vous êtes fille unique : vous ne savez pas combien on aime ces enfants que vous a mis dans les bras une mère mourante, qu'on a élevés avec mille inquiétudes, dont on s'est vu longtemps le seul appui. Cette pauvre sœur, depuis quelques mois, est d'une tristesse invincible. Aujourd'hui encore, je l'ai surprise en pleurs ; mais inutilement je l'ai pressée, grondée, priée : elle a gardé le secret de cette affliction, que je ne puis attribuer à rien, car son mari est honnête homme ; elle en est aimée, elle l'aime. Mon Dieu ! dans un ménage aisé, tranquille, entre deux cœurs parfaits, il peut donc se glisser encore des chagrins! J'avois compté sur vous pour consoler ma sœur, assuré que vous ne tarderiez pas l'une et l'autre à vous chérir. Mais sur quoi compter? sur quoi l'homme peut-il appuyer une espérance? Et puis, je m'en veux, quand ma sœur est affligée, de penser à vous, qui êtes un sourire au milieu de ces larmes. Je ne sais pourquoi j'attends une catastrophe ! Parmi les doux rêves que j'ai commencés et le beau ciel que je voyais se lever, cette tristesse est un nuage qui m'annonce des tempêtes. Je n'ai point parlé de vous à ma sœur. Elle comprendroit que son affliction gâte tout ce ciel brillant, elle se contiendroit, elle seroit moins confiante encore, elle souffriroit davantage. Que Dieu prenne pitié de nous! C'est une grande consolation, devant toutes les menaces de la destinée humaine, de pouvoir dire : Dieu est bon!

## IV

Aujourd'hui tout va bien : ma sœur paroît contente, les pressentiments sont vaincus. Je veux vous conter encore une folie de ma pauvre tête, dont je vous ai déjà dit tant de mal.

Il y a six mois, je rencontrai dans le monde un autre ami, qui s'étoit imaginé, lui aussi, de me marier. Il me tire à part et m'endoctrine longuement. L'objet, pour la grâce, étoit une fée ; et il sembloit que sa dot, à l'entendre décrire, fût celle de la propre héritière du marquis de Carabas. Je m'en allai chez moi tout ébloui de tant de beauté, et de je ne sais plus combien de fermes que cette future avoit.

En chemin, au milieu d'une foule d'agréables rêveries, je m'aperçus qu'il faisoit un clair de lune admirable. Comme toutes les jeunes filles de la ville, vous avez sans doute vécu très enfermée, et peut-être ne savez-vous pas bien ce que c'est qu'un beau clair de lune dans la belle saison, quand la journée a été chaude et pluvieuse?

L'air est frais et doux ; je ne sais quelle brume

transparente étend sur le faîte des maisons, sur l'horizon lointain et jusque sur le pavé, du satin, de la gaze, du velours, qui flattent le regard de toutes sortes de couleurs délicates. Il s'élève un petit zéphyr qui rêve, qui chante, qui est tout ce que l'on peut imaginer de plus caressant. Les bruits s'adoucissent dans les rues, les masses des maisons prennent des attitudes majestueuses; la lune, comme une bonne reine, devant laquelle on ne se tait qu'un peu et qui inspire plus d'affection que de crainte, semble là-haut montrer avec complaisance à ses étoiles la belle lumière qu'elle fait ici-bas. Vous verrez..... hélas! que je suis prompt! ne désirez-vous pas voir, voulois-je dire, ces charmantes choses avec moi?

Vous comprenez qu'il me vint en pensée, au lieu de rentrer, de rester dehors, pour jouir de cet aimable spectacle et de cet air si doux. Mais tout à coup : — Si j'étois marié?... Si j'étois marié, il faudroit regagner la maison, car il se fait tard; et l'on me demanderoit d'où je viens ; et me permettroit-on d'aimer tant la lune? Cette pensée fit pire effet qu'un nuage sur la lune, et qu'une grosse pluie sur le velours du pavé. J'en perdis le désir de me promener ce soir-là, et l'envie de me marier jamais! Je rentrai tout triste, me voyant exposé à mille inquisitions fâcheuses, à des brouilleries, à des airs rechignés, et ma liberté perdue, et la lune perdue, et mille autres dragons. Enfin, je m'enfonçai si bien dans cette misanthropie, que ni la nuit, ni le jour, ni plusieurs nuits et plusieurs jours ne m'en purent tirer. Quand je revis mon marieur : « Eh bien? » me dit-il. — « Eh bien », répondis-je en Alexandre, « je ne me marierai pas. » — « Et la raison? » — « D'autres amours! »

Il me faut terminer par un compliment. Le fait est que ce soir encore la lune étoit bien belle, que j'allai promener, que je pensai beaucoup à vous, et que je ne conçus point d'épouvante. Je me suis dit : Elle aimeroit cette soirée, nous l'admirerions ensemble, et ce bon air nous sembleroit meilleur, comme un mets que l'on partage avec un ami. Ne l'eussé-je point près de moi, je serois pressé de rentrer pour la revoir; m'eût-elle un peu attendu, je lui dirois pourquoi je me suis fait attendre, et elle pardonneroit de bon cœur ce tort léger; en eût-elle pourtant un peu de peine, je ne le ferois plus! — Voilà, je veux bien l'avouer, où ma lâcheté se montre. Mais non, ce n'est point lâcheté. On peut faire sans bassesse, à quelqu'un que l'on aime, ce petit sacrifice et ce grand plaisir. Suis-je point assez galant? Enfin, prenez cela comme vous voudrez; mais, s'il vous faut immoler une rivale, croyez que la lune y passera.

## V

Toujours rien de nouveau, et je prends un besoin de causer avec vous qui m'inquiète. Déjà, peut-être, je ne saurois plus accepter sans souffrance et sans regrets la privation..... quoi? quelle privation? la privation d'un bien dont je n'ai pas joui? Certainement, je serois sage d'en rester là, d'attendre, de ne plus écrire... J'ai tant de choses à vous dire, cependant!

A un sien domestique qui vouloit se marier, saint François de Sales assuroit que, si la mode étoit d'essayer du mariage avant de conclure, peu de gens concluroient.

C'est donc un art bien difficile, de vivre en cet état? c'est donc une habitude bien rude à prendre, que ce support mutuel sans lequel on devine aisément qu'il n'y a point de bonheur? Aujourd'hui, j'ai l'esprit tourné aux alarmes, et je vous veux bien dire ce que j'aurois le plus de peine à supporter, parmi ces petites imperfections que l'on a communément. Par exemple, je souffrirois d'ouïr dans la maison une voix colère, et de vous voir disputer les servantes. Supportez-les ou chassez-les, mais ne criez point. Socrate supportoit ces tempêtes domestiques; mais j'imagine que ce sage ne tenoit guère à la dignité de sa Xantippe, et nous savons qu'il quittoit la place.

Une autre chose que j'aimerois beaucoup, ce seroit qu'il n'y eût point entre nous de tutoiement. Cette habitude qui commence à devenir générale, je la trouve contraire à la majesté de la famille, au bon ordre, à la politesse, à la pudeur des relations, je dirois presque à la cordialité entre les époux. La colère même ne fait point dire certaines choses blessantes à ceux que l'on ne tutoie pas. Ces formules de déférence que le tutoiement supprime, sont un tamis qui laisse aisément passer la poudre d'or, et qui arrête le sable et les gravois. Jamais, autant que mon cœur a d'expérience et de mémoire, aucune affection n'y a rien perdu en franchise, pour être restée dans les bornes du respect. L'homme que j'aime le plus, à qui je dis librement tout ce que j'ai dans l'âme, c'est le Père Joseph, que je ne tutoie pas. Je ne tutoie pas ma sœur ; et certes jamais frère n'aima plus tendrement, et je peux dire encore ne fut plus tendrement aimé. Pourquoi donc tutoierais-je ma femme ? La dignité d'épouse, la dignité de mère n'imposent-elles pas de scrupuleux égards? n'en est-il pas ainsi de cette autre dignité dont le mariage m'investit moi-même, et qu'il élève encore plus haut que celle dont l'épouse est revêtue? Je ne me fais pas à l'idée de vous tutoyer, et que dans votre maison, devant vos enfants, si plusieurs femmes sont là réunies, celle que je devrai davantage honorer, sera précisément celle que mon langage honorera moins. Et puis, encore une fois, ce tutoiement public des époux a quelque chose d'odieux, que je ne veux point expliquer, qui se sent assez d'ailleurs. Oh! vraiment, non, je ne vous tutoierai point. Quoi ! tandis que vous ne serez qu'une jeune fille, qu'une étrangère, je vous traiterai avec toute sorte de considération ; mais à peine vous aurai-je donné mon nom, que j'irai vous parler comme si vous aviez perdu de votre prix! Cela me révolte! Sans doute, notre union me fera découvrir en vous des imperfections que je ne puis soupçonner ; mais aussi combien de vos vertus que j'ignore, me seront révélées! Faut-il aussi perdre tout souvenir et tout vestige de ce temps où mon âme vous adresse en silence tant de chastes pensées? Restez toujours, dans notre langage, ce que vous êtes maintenant pour moi. Je vous aime comme je veux vous aimer toujours. Nous garderons sous un cristal votre blanc bouquet de mariée, et dans nos paroles une douce odeur du matin de notre affection.

## VI

De quelle couleur sont vos cheveux? Voilà ce qui m'a occupé tout le jour. Ils sont noirs ou blonds, ou châtains, ou blond cendré, ou blond doré. Dans toutes ces nuances, je n'en vois aucune qui ne me plaise beaucoup. Blond doré, c'est l'auréole dont Raphaël entoure ses ovales divins ; blond cendré, c'est une douceur plus terrestre, mais charmante : avec les cheveux blond cendré, on a la douce voix enfantine. Le blond pur m'enchante : c'est le rayon de soleil, la clarté paisible dans la maison modeste. Noir, et noir de jais : énergie prompte, intelligence rapide, fermeté qui devient aisément sévère : oh! que je ne hais point cela ! Ma mère avait les cheveux noirs. Quant aux deux nuances de châtain, elles sont un mélange heureux qui sourit à la pensée.

Vous croirez que je suis bien désœuvré, pour m'occuper de semblables bagatelles? Mais ce sont les innocentes occupations de mes loisirs ; je me repose du travail de la journée en vous écrivant. Franchement, je ne tiens guère à la couleur des cheveux, et ses pronostics ont encore moins de place dans mes superstitions qu'elle n'en occupe elle-même dans mes goûts. Ma joie, ma sécurité, mon goût très vif, c'est ce que je sais bien que Dieu a mis dans votre âme, et non point de quelle façon il lui a plu de vous embellir. Les fleurs sont diverses par la parure ; c'est le parfum qui en fait le grand prix. Soyez brune ou blonde : je demande à Dieu qu'il vous donne la sagesse, et que, par la voie de la paix, vous arriviez à l'auréole des cheveux blancs

## VII

S'il ne vous faut que d'être aimée, et de faire le contentement d'un cœur honnête qui vous aimera, votre bonheur ne m'embarrasse aucunement. Quant à vous aimer, j'en suis sûr ; quant à me rendre heureux, je pense que vous n'y trouverez guère de difficulté, car j'ai le cœur le plus simple du monde : je m'amuse de rien, et, comme un enfant se contente d'un hochet, sans s'informer s'il est de bois ou d'ivoire, je sais tirer du jouet le plus pauvre un plaisir tout entier. C'est une qualité, comme mon appétit, qui fait que je mange un morceau de pain avec plus de plaisir que mon patron, M. le premier commis des finances, ne mange toutes les préparations de son maître d'hôtel ; et comme ma force et ma jeunesse, où je puise plus d'agrément à marcher sur mes jambes qu'il n'en trouve à se faire traîner en carrosse doré. Parlez-moi d'une voix douce, cela me réjouira plus que la musique de tous les petits et grands violons ; souriez-moi, vous me verrez plus émerveillé qu'un villageois parmi les splendeurs de Versailles. Je me trouve un roi déjà puissant sur la terre, quand je songe que je possède en pleine propriété la lumière du soleil, les chansons des oiseaux, l'ombre des bois, le cristal sonore des fontaines, l'odeur des résédas, les vers de Racine, les belles pensées du grand Bossuet, le clair de lune, et mille et mille milliers de pareils trésors ; — sans que j'ose ici vous parler des espérances qui appartiennent à tous les chrétiens.

Que sera-ce donc lorsque je posséderai encore la tendre et sûre affection d'un bon cœur? lorsqu'à toutes les musiques, à toutes les beautés, à tous les parfums, se joindront encore la musique de votre voix, la douce lumière de vos yeux, le parfum durable de vos vertus? — Oui, vous me rendrez heureux : car l'absence de ces biens que j'attends de vous, parfois, comme tout ce qui manque à l'homme, me rend indifférent le plus grand nombre de ceux que je possède. Ainsi, je vous l'ai dit, et j'en rougis toujours, parfois je m'abandonne à des rêves noirs ; je me plains de la grande solitude de ma vie, et vainement je baisse les yeux : je vois tout ce que je ne veux pas regarder. Il y a bien une pensée qui me fait accepter avec courage, quelquefois avec joie, tout ce que renferment d'amertumes le présent, le passé et l'avenir. Mais mon cœur, foible et lâchement amoureux de ses misères, n'est guère prompt à s'élever jusqu'à la haute région que cette pensée habite ; j'aurois besoin d'une voix amie qui me la suggérât. Je compte, pour notre bonheur, sur ces sages avis que nous aurons soin de nous donner. Quand vous me verrez sombre, vous me direz : « Y pensez-vous ? est-ce que vous êtes las du fardeau de la croix ? » Et de même, quand vous serez dans cette tentation : « Mon amie », vous dirai-je, « si nous demandions à la sainte Vierge de rassurer notre cœur ? » Alors, nécessairement, nous regarderons en face ce qui nous afflige. Combien de douleurs lentes et lourdes s'évanouiroient vite, si l'on songeoit à les contempler ainsi ? Nous ne trouverons rien de fâcheux qu'un saint exemple ne nous enseigne à combattre ou à supporter. J'ose ajouter que vous n'éprouverez rien de triste dont je ne sois prêt à vous demander ma part. Au premier rang des satisfactions que j'espère, je mets de partager vos peines et de vous faire partager mes joies. N'est-ce pas là encore un bonheur qu'il vous sera facile de me donner ?

## VIII

J'en tremble, j'en ai la fièvre, je ne sais comment m'y prendre, mais enfin il me semble que je dois vous envoyer mon portrait ; et comme je ne me fie à personne pour un ouvrage de cette importance, j'entreprends moi-même de le tracer.

L'ensemble de ma personne n'a rien qui soit remarquable : je ne suis ni grand, ni petit, ni gros, ni maigre ; je n'ai point la taille élégante, je ne l'ai point épaisse. Je suis un garçon à peu près comme tous les autres, et je vous avoue que le public est le modèle, sous ce rapport, à quoi je m'efforce de ressembler. Cependant, une démarche aisée en même temps qu'assez grave, seroit, selon quelques-uns, le point par où je me distingue, et je crois que je peux accepter cette flatterie : je n'ai l'allure ni d'un évaporé ni d'un rustaud ; je pose mon pied sur la terre solide, je me promène par la ville comme un propriétaire dans son héritage, et cette espèce de dignité sert à compenser suffisamment une certaine carrure qui voudroit peut-être que j'eusse quelque petite chose de plus en hauteur. A tout prendre, je ne suis point mal fait.

Ce corps vigoureux supporte une tête qui pourroit être un peu moins volumineuse, sans pour cela paroître disproportionnée. Vous voyez bien ce que je veux dire ; de grâce, n'exigez point que je sois plus précis là-dessus. J'ai les traits forts plutôt que prononcés ; les lèvres grosses, le nez... eh bien ! oui, le nez ample ! Les yeux sont noirs et plutôt petits, fort vifs quelquefois ; les sourcils bien placés, peut-être un peu durs ; le menton assez agréable, malheureusement je commence à en avoir deux ; avec cela, le teint brun et pâle: Il est vrai que je ne suis point beau. Cependant l'ensemble ne repousse pas ; mais encore faut-il reconnoître, si le moindre agrément s'y trouve, que ce n'est en aucune sorte l'agrément d'un Céladon. Je me sauve par la physionomie : si je m'anime à causer, mon regard brille ; avec ceux que j'aime, j'ai le sourire bon et tendre ; avec tout le monde, l'air franc ; enfin, sur ce visage à faire fuir les amours, se peignent sans difficulté des sentiments faits pour attirer la sympathie : mes traits disent nettement ce que j'ai dans l'âme, et c'est pourquoi je ne suis pas toujours désagréable à regarder.

Je ne mets point de poudre ; j'ai les cheveux très noirs et fins, et assez fournis. Comme feu M. le duc de la Rochefoucauld, je pourrois « prétendre en belle tête »; mais je veux être modeste là-dessus.

Avant de vous écrire, j'ai demandé à une dame qui passe pour sincère, comment elle me trouvoit. Elle a répondu : — Vous avez la voix aimable; vous ne manquez pas d'esprit : lorsque l'on vous écoute..., on peut oublier qu'on vous voit.

Laissons là ces badinages. Quoique je désire ne point vous épouvanter, si je savois que votre goût et vos répugnances dussent s'établir sur quelque chose d'aussi vain que les qualités ou les défauts extérieurs, j'aurois perdu bientôt toute envie de vous plaire et tout regret de ne vous plaire pas. Parlons de mon caractère : c'est ici que j'aborde une besogne furieusement compliquée. Il y a même embarras, lorsque l'on parle de soi, à ne pas dire trop de mal qu'à ne pas dire trop de bien. Je renferme de si grandes contradictions, que j'en trouve la peinture quasi impossible. J'aurais plutôt fait de tracer deux portraits entièrement opposés, que d'en composer un seul où l'on me reconnût bien. Chacun de ces deux portraits pourroit être ressemblant; mais cependant je crois qu'il faudroit les unir, et je crois aussi que cette union indispensable, loin d'en former un troisième qui fût parfait, ne feroit que détruire l'exactitude des deux premiers. C'est obscur et embrouillé, n'est-ce pas ? Je souhaite donc qu'il vous arrive le même bonheur ici qu'à moi-même, de comprendre à peu près ce que je veux dire.

Je suis triste, je suis gai : un rien me fait rire aux éclats, un rien me feroit pleurer ; et souvent, en effet, à l'âge que j'ai, je pleure encore pour des riens. Je suis très prompt à me décider et très irrésolu : arrangez cela ; voilà longtemps pour moi que j'y ai perdu mon arithmétique. Timide, j'ai souvent osé beaucoup ; paresseux, j'ai mis fin à beaucoup de longs travaux ; étourdi, je ne me suis point conduit sans sagesse. Je suis *un*... à la façon de deux armées qui font une seule bataille. Il y a des défauts à quoi j'emprunte un air de vertu, comme ces poltrons furieux qui perdent, tant ils ont peur, le sentiment du danger. Par exemple, je concilie un goût naturel assez vif pour les aises de la vie avec une constance véritablement stoïque dans les privations. Est-ce courage ? Pas l'ombre ! c'est paresse pure. Je trouve meilleur et plus sûr compte à dédaigner mes aises qu'à me donner la peine, peut-être inutile, d'en conquérir la possession.

J'ai dans les formes une certaine hauteur qui se mêle à ma bonhomie, et dans l'esprit, avec assez de complaisance, une sorte de dédain qui vient des circonstances de ma vie, employée à lutter isolément contre des obstacles que je n'ai pas pu estimer toujours. Ce mauvais sentiment, comme les bons que je puis avoir, se peint quelquefois sur mon visage, et vous pouvez penser qu'il ne m'embellit point. Il ne fait pas bon m'entendre alors. De mes lèvres serrées s'échappent des propos non point impolis, mais on ne peut plus mortifiants. J'ai bientôt fait de trouver une expression piquante et barbelée comme la flèche des sauvages, qui entre plus avant que je ne veux, et que j'ai grand'peine ensuite à retirer de la plaie, quand la charité du blessé ne m'y aide pas. J'aurois des passions emportées et qui me pourroient perdre : grâce à Dieu et à mon confesseur, je n'en suis qu'importuné..

Voilà, ce semble, l'esquisse d'un personnage assez étrange. L'on pourroit croire ou que je me donne à plaisir des traits extravagants, ou que je suis un homme comme il s'en rencontre peu. Il ne faut croire ni ceci ni cela. Rien n'est outré dans ce portrait bizarre ; et, s'il vous plaît, ce portrait bizarre est celui d'un homme comme il y en a dix-neuf sur vingt. Tous les hommes, en effet, offrent, à peu d'exceptions, ce composé déraisonnable d'éléments ennemis : gerbe formée de paille, de bois précieux, de bois vulgaires, de branches vertes, de branches séchées, de tiges de fer, de tiges d'or, de tiges de roseau, le tout en proportion généralement pareille. Le parti que l'âme cherche à tirer de tout cela, en fait la différence. C'est ce qui a été ce soir unanimement reconnu, dans un conseil d'amis que j'avois assemblé pour m'éclairer sur mes défauts, et décider si véritablement il est possible de vivre avec moi sans trop de chagrin. Après que chacun d'eux eut mis sur mon compte une quantité suffisante de ses propres imperfections, petites ou grosses, tout le monde demeura d'accord que l'âme chrétienne essaye, avec succès ordinairement, de supprimer dans la gerbe la paille et le bois mort, pour n'user que des choses solides et pures. Avec un peu de soin on dompte la paresse, on surmonte les langueurs, on fait plier l'égoïsme et on l'asservit. Il est donc prouvé, arrêté, jugé, que je parviens, Dieu aidant, à être, au fond comme à l'extérieur, un homme supportable, qui ne manque point de bonne grâce, qui est assez sérieux au besoin, qui a le courage nécessaire pour être gai la plupart du temps, enfin qui possède en germe assez de qualités pour pouvoir, dans la sincérité de sa conscience, se charger du bonheur d'une personne qui n'auroit point juré de détruire le sien. Grâces en soient rendues à Dieu! je n'étois point naturellement terre à porter de semblables fruits, et dans la gerbe dont je vous ai parlé, je crois que la paille, le bois sec et le roseau l'emportoient de beaucoup sur le fer et sur l'or.

## IX

Oh! Mademoiselle, le triste spectacle! Une enfant, une chère petite créature que j'avois vue, il y a quelques jours, rose, pleine de santé, pleine de joie, égayant et remplissant de ses rires heureux toute la maison de son père; qui essayoit mille paroles charmantes, qui promenoit sur toutes choses de grands et doux yeux où resplendissoit l'innocence et mille ravissements; qui cessoit de jouer et de sourire pour s'élever jusqu'au visage de sa mère, et pour l'enlacer à grand'peine de ses deux bras caressants! Aujourd'hui, j'ai trouvé la maison silencieuse; la petite fille atteinte d'un mal soudain, irrémédiable, déjà mourante, prête à rendre le dernier soupir sur le sein de sa mère, qu'elle ne reconnoît plus; l'infortuné père, abîmé de douleur, cherchant pour y dévorer ses larmes le coin le plus sombre de l'appartement. Et la mère, ô Seigneur! épuisée de sanglots, de fatigues, d'angoisses, elle étoit sur son lit, elle n'avoit plus de larmes, elle sembloit ne plus vivre que des derniers soupirs de l'enfant qu'elle regardoit s'éteindre dans ses bras pétrifiés; et parfois, levant les yeux sur le crucifix de l'alcôve, elle disoit : « Ah! mon Dieu! ma pauvre petite! ma pauvre enfant! »

Je me suis enfui ; mais j'ai emporté dans mon cœur cette plainte maternelle, ces mortelles douleurs, ce râle épouvantable de la pauvre petite! et tous ces chers projets d'avenir si promptement brisés, et toutes ces belles chimères sans retour anéanties! Je suis allé voir ma sœur : elle est plus triste que jamais. Hélas! mon Dieu, quels sont vos desseins sur nous? Pourquoi donc tant d'inquiétudes à se préparer un avenir sur la terre? pourquoi mettre tant d'espérances dans un lendemain peut-être chargé de désastres? Oh! qu'il est sage, ce conseil, de n'asseoir son espérance qu'au terme de la vie!

Je ne vous écrirai plus, Mademoiselle : je ne veux plus de ces rêveries que vous embellissez trop, de ces fantômes en habits de fleurs et de satin dont vous êtes toujours entourée dans mon imagination. Puisque ces habits brillants, puisque la beauté, puisque la jeunesse et l'enfance, tout cela n'est qu'un linceul qui renferme la mort : non, je n'y veux plus attacher mes yeux ! Avec mes yeux, j'y attache mon cœur, j'y attache ma vie. Il ne faut pas attacher sa vie à un cadavre.

Eh quoi ! j'espère qu'un jour aussi, mère désolée, vous regarderez dans vos bras mourir un malheureux enfant ! Je voudrois, Mademoiselle, que vous l'eussiez vue, cette mère. Avant de vous épouser, pour le repos de ma conscience, je le voudrois. Bonté de Dieu, cet enfant, c'est un ange que vous faites ; mais quelle épreuve cependant pour un pauvre cœur !

## X

On me promet du nouveau : on doit, dans deux jours, conférer sérieusement avec votre père ; on doit vous voir ; on a mille raisons de penser que tout s'arrangera bien. Ah ! malgré l'orage d'hier, qui gronde encore foiblement dans un coin de mon cœur, la douce chose que d'espérer ! Toutefois je tiendrai bon contre les conseils d'une importune et d'une traîtresse, qui s'est mise tout entière du mauvais côté de moi-même : c'est mon imagination. Elle a, je ne sais comment, su à quelle heure, en quel lieu vous allez promener : elle veut m'entraîner aussi par là, que je vous rencontre, que je vous voie. Je n'ai garde de céder à ses tentations ! Tout ce qu'elle me dit de vous, m'occupe bien assez ; je suis assez empêtré de ses fils, sans que j'aille encore me charger des liens solides d'une réalité ! Je ne veux point vous voir avant que tout soit autant que possible arrangé ; je veux écarter de cette grande décision tous les goûts humains et passagers : je veux me marier comme Tobie, vous voir pour la première fois chez votre père, et lui dire, aussitôt arrivé : « Je ne mangerai point et ne boirai « point ici, que vous ne m'ayez accordé votre fille. » Je veux être bien sûr que c'est Dieu qui me marie. Quand je vous aurai vue, admirée peut-être, vous connoîtrai-je pour cela mieux ? Je vais à vous sur la parole de l'ange qui m'a dit, le premier jour où je sus votre nom : « Épousez-la. » C'est toute la garantie que je peux avoir, c'est celle que j'ai : elle suffit.

## XI

Quelle grave pensée, cependant, Mademoiselle ! et comme on comprend bien le mot de saint Paul lorsqu'il dit du mariage : « Ce sacrement est grand en Jésus-Christ et en l'Église ! » — Si l'on nous marie, avant ce jour solennel du mariage nous nous serons peu connus. Nous entrerons à l'église étrangers l'un à l'autre. Mais devant l'autel, en présence de Dieu, le prêtre mettra votre main dans la mienne, nous échangerons le serment de vivre l'un pour l'autre, nous recevrons ensemble une même bénédiction, nous serons unis dans les mêmes prières, et le lien est formé, et la seule mort le pourra dissoudre : nous ne faisons désormais, en quelque sorte, qu'une âme, et chacun de nous a deux devoirs à remplir qui ne forment qu'un seul devoir pour nous deux. Plus de plaisirs, plus de peines, que nous ne devions mettre en commun. Nous partagerons la joie ou le regret des actions bonnes ou mauvaises ; nous n'aurons pas un chagrin qui ne doive contrister deux cœurs. La maladie qui me jetteroit dans un lit de douleurs au sortir de l'autel, vous cloueroit à mon chevet ; l'un de nous, et nous ne savons lequel de nous, assistera l'autre à son heure suprême, récitera pour lui les prières de l'agonie, recevra son dernier soupir, priera sur sa tombe. Nous aurons en commun encore cette tâche auguste : nous porterons à nous deux cette responsabilité de former à la vertu les âmes de nos enfants. Quels devoirs! quels immenses devoirs! et que l'Église a bien raison de nous en ouvrir la route avec tant de solennité! Si Dieu n'étoit pas lui-même témoin et garant des serments que l'on prononce, combien, dans la suite, ces serments pourroient sembler lourds! Ah! Mademoiselle, songeons-y bien. Éclairons, affermissons, purifions nos cœurs, et n'entrons point dans une carrière si pénible avec aucun fardeau du passé, ni aucun doute si nous n'aurons pas l'indispensable appui du Ciel. Car, il ne faut pas se le dissimuler, le plus parfait est plein de misères. J'apporterai mes défauts, hélas! en abondance; les vôtres seront moins nombreux, mais vous en apporterez aussi. Faisons provision de pardon, d'indulgence, de douceur. Pour moi, je ne me marierai qu'après avoir formé du fond de l'âme, et mis sous la protection de la sainte Vierge et de Dieu, la résolution de ne point m'endormir un seul soir sans vous avoir priée d'oublier les torts dont j'aurai pu me rendre coupable envers vous dans la journée, fussent-ils les plus légers du monde, eussent-ils eu pour point de départ de légitimes raisons. Faites, pour notre bonheur à tous deux, faites ainsi.

Vous êtes chrétienne et l'enfant d'une sainte famille; je suis sûr de votre cœur : puisque vous me le donnerez, il ne sera qu'à moi. Mais enfin, vous allez avoir dix-huit ans, vous ne me connoissez pas : telle circonstance a donc pu se présenter dans votre vie qui vous ait fait concevoir des pensées, former peut-être des vœux qui ne m'avoient point pour objet. Rappelez-vous une dernière fois ces fugitifs souvenirs, afin de les oublier, de les bannir à jamais; afin de les laisser avec votre nom de jeune fille au seuil de l'église où vous entrerez pour n'en plus sortir qu'avec mon nom. — Ne gardez rien du passé, ni désirs ni regrets.

C'est une nouvelle vie qui commence, c'est un autre baptême que vous allez recevoir, c'est un sacrement qui ne doit revêtir qu'un cœur purifié et une âme en quelque sorte transformée, qui doit être enfin le point de départ d'une autre existence.

## XII

On a vu vos parents : ils sont décidés ; on vous a vue : vous êtes toute belle et charmante. Votre voix est mélodieuse ; votre conversation est naturelle, simple, sensée ; une douce modestie voile vos regards ; enfin, cet excellent homme qui le premier m'a parlé de vous, cet homme admirable qui a pris un intérêt si paternel au bonheur de ma vie, mais qui est le plus sérieux et le plus imperturbable des hommes, malgré le calme de sa raison, de son âge et de son humeur, après quelques heures passées auprès de vous, il est enchanté, il s'enflamme, je dirois presque, il est amoureux. Vous êtes un composé de perfections ; il vous célèbre sans cesse : et gracieuse ! et simple ! et bonne ménagère ! et très instruite ! et je ne sais quoi encore ! Il en a pour une heure quand il commence ses exclamations : « Ah ! » s'écrie-t-il à la fin, « que je voudrois avoir une semblable fille ! et que vous êtes heureux ! » Pourquoi me dit-il tout cela ? Sans doute il exagère ? Non : il prétend qu'il atténue au contraire, et qu'il oublie. Moi, je l'écoute, le cœur béant, ravi, mais d'un ravissement tout mélangé de frayeur : je pense que je ne vous mérite point si parfaite, et que vous allez disparoître comme le beau matin d'un jour longtemps espéré. Cependant, ayez toutes les perfections, ayez-en pour vous et pour moi.

Ce qui m'a charmé par-dessus tout, c'est la résolution que vous avez prise, lorsque vos parents, sans vous prévenir que vous étiez recherchée, sans me nommer, sans vous rien dire de moi, vous ont annoncé que le moment leur sembloit venu de vous établir, et vous ont demandé ce que vous en pensiez. Vous avez répondu que vous vouliez, dans la retraite et dans la prière, consulter Dieu sur votre vocation, lui demander si le temps est en effet venu, si même il doit jamais venir. Ah! que cela est bien! que cela est sensé et prudent! et que je vous en estime! Ils ont jugé comme vous; et vous allez donc, pendant quelques jours, retirée dans une sainte maison, délibérer avec Dieu sur cet objet important. Et moi qui me proposois de vous donner des conseils! Sage et aimable fille, combien de fois votre innocence devra guider l'aveugle et triste expérience que j'ai!

## XIII

Vos parents ont désiré me voir. Avec votre père, en deux mots, nous avons réglé toutes les conventions.

Ainsi les discussions d'intérêt ne viendront rien gâter, et il n'y aura aucun mélange des affaires du cœur avec ces autres affaires qui sont rarement agréables, mais qu'il faut traiter cependant, et traiter en liberté. J'allai ensuite prendre place au foyer, comme étant de la maison. Il fut question de vous. J'ai retrouvé dans les yeux, dans l'accent de votre mère, tout jeune que je suis, un souvenir de quinze ans, le plus doux, le plus triste, le plus cher de ma vie. C'est ce regard et cet accent qu'avoit ma mère lorsqu'elle nous parloit, et j'ai senti revivre dans mon âme sa dernière bénédiction.

Votre père m'a dit : « Nous avons ici un portrait de notre fille ; je veux vous le montrer. » Je ne sais quelle pensée désolante m'est alors venue. « Hélas ! Monsieur », ai-je répondu, « pardonnez un sentiment dont je m'étonne fort moi-même : trouvez bon que je ne voie point ce portrait. Je ne suis pas encore sûr d'obtenir le bien où vous me permettez d'aspirer ; mais, trop certain des regrets que j'éprouverai s'il m'échappe, je ne veux pas risquer d'en augmenter l'amertume. Tout ceci pour moi est comme un beau rêve, et je crois dormir : ne me donnez point de réalités à pleurer, s'il faut que je m'éveille demain. » Ma réponse le fit sourire, et j'eus la satisfaction de voir dans les yeux de votre mère qu'elle approuvoit ce langage. Qu'elle me plaît, votre mère ! et que toute votre maison m'est devenue chère en un instant ! J'y trouve aux moindres choses une gravité douce, qui me semble s'accorder à tout ce que je sais de vous ; j'y devine mille traits de l'image que je n'ai pas voulu regarder. Soyez persuadée que j'ai bien reconnu, en vingt endroits, votre ouvrage, votre goût, votre choix ; pourquoi plusieurs objets sont à telle place plutôt qu'à telle autre, et d'une simplicité si charmante, et d'un arrangement si parfait..... Allons, ferme, mon cœur ! donne-toi carrière, attache bien ici tous tes vœux, prends bien possession de ces lieux enchantés, marque ta place à ce foyer paisible, compte, savoure les joies qui te sont promises dans l'intimité de ces âmes affectueuses, afin que demain, si tout cela s'évanouit comme un songe, tu sentes bien et tu voies bien, par les mille blessures de ces mille liens rompus, que tu n'as pas rêvé... Car, folie de mon imagination ou mystérieux avis du Ciel, j'éprouve parmi tant d'espérances un accablement infini et une douleur qui n'a pas de nom.

## XIV

Est-ce que je regretterois ma liberté ? Non ; mais je ne puis la regarder froidement faire cent préparatifs de départ, pressée par une voix, la voix impérieuse de ce devoir nouveau qui s'approche, de vider le logis et de faire place nette à Votre Majesté. Je croyois vivre comme une fille ; et je ne me doutois pas de toutes les allures de garçon, de toutes les habitudes inconsidérées que j'avois prises, ramassées par-ci par-là, et qui s'étoient glissées, insinuées, établies, fortifiées même sur tous les points de mon caractère : c'étoit un désordre de toutes choses, un laisser-aller pour la dépense, un vagabondage de l'imagination, une hardiesse de regards, une impétuosité d'opinions et un despotisme de langage qui faisoient de moi une singulière demoiselle, sans que je le soupçonnasse aucunement. Quelquefois peut-être, voyant s'impatroniser effrontément ces hôtes, j'avois dit à ma liberté : « Que m'amènes-tu ? » — « Bah ! » répondoit-elle, « pas grand'-chose de bon : mais ta liberté de jeune homme peut bien se permettre une fantaisie. » Aujourd'hui qu'il faut déguerpir, il y a résistance ; on me fait des harangues où vous n'êtes pas toujours épargnée. « Vois », s'écrie la Prodigalité, « tu vas devenir avare ! Cette belle personne tiendra la clef du coffre, et il faudra des requêtes sans fin pour dépenser seulement un petit écu. » — « Oui », dis-je à la Prodigalité, « ce petit écu que je trouve quand vous m'avez persuadé de le jeter par les fenêtres, et qui n'est plus dès que j'en ai vraiment besoin : vous me laissez bien la clef du coffre ; mais dans le coffre, que laissez-vous ? Qu'on s'en aille au plus vite ! » Elle s'en va, mais au plus lentement ; elle affecte d'emporter mille bagatelles, mille inutilités que j'aimois, et pour lesquelles je me ruinois sottement.

Puis, c'est le tour de l'Humeur aventureuse. Celle-là résiste comme un diable. Elle a les mains pleines de féeries, le langage plein de mystères ; sa robe est la mappemonde, mais une mappemonde étrange, animée, où se montrent au naturel des rochers, des mers, des forêts, des terres étranges, et même des peuples encore inconnus. Je vous avouerai que j'ai été confondu de voir que je comptois découvrir un jour une autre Amérique, et que j'avois encore la pensée de détrôner le Mogol. Vous pouvez croire si j'ai été accablé de séductions, si l'on m'a fait valoir la gloire des grands voyages et des grands dangers, la beauté des océans, l'infinie variété des paysages, et la charmante diversité d'incidents qui remplit une vie de voyageur ; et si le clair de lune m'a été vanté ; et si l'on m'a peint le mariage et la maison conjugale comme une chaîne dans une prison ! Heureusement, j'avois réponse. J'ai dit : « Je ne verrois dans le monde que de simples curiosités, mais c'est ici une merveille que je vais posséder. « Et là-dessus j'ai congédié l'Humeur aventureuse ; elle est partie. Ainsi ont été renvoyés et sont partis le Désordre, l'Amour du bruit, toute ma liberté de garçon enfin, et avec elle tous ses enfants. Ce sont de vrais garnements, sans doute ; mais il y avoit si longtemps que nous vivions bons amis !

Ceci fait voir, Mademoiselle, que le mariage est un état plus parfait que l'état où nous sommes, par conséquent plus difficile ; où l'aide du Ciel est plus forte, sans doute, mais où les épreuves et les renoncements sont plus multipliés.

## XV

J'ai surpris dans le cœur de votre mère, aujourd'hui, un sentiment de tristesse, qu'elle voulut d'abord me cacher, dès qu'elle eut compris que je m'en apercevois, et qu'ensuite elle m'avoua simplement, voyant de quel cœur j'y saurois compatir. Elle pense qu'elle va vous perdre, et cela est bien douloureux en effet. Vous avoir élevée, vous avoir eue toujours près d'elle, et puis vous allez partir ! Sans doute, vous ne serez pas emmenée bien loin, si c'est par moi ; elle vous verra souvent : mais enfin vous ne serez plus là, comme autrefois, à toute heure. Le bon soleil de ses vieilles années va s'éclipser, et c'est un long hiver qui commence, auquel ne succédera plus de printemps. Que sa maison sera vide, étant vide de vous ! Ce tourment maternel me fait vous apprécier davantage. Il est dit que tout ce que je dois voir et entendre, sera pour rehausser la grande opinion que j'ai de vous. Mais je m'arrange aussi pour tourner toute chose au lugubre. Supposons l'avenir le plus beau : voilà encore une douleur qui nous attend ! L'autre jour, c'étoit l'heureux déclin d'une vie honorable dont je voyois chez vous la peinture ; à cette heure, j'y vois comme il faut que le cœur dépouille ce qu'il a de plus cher. Nous appelons heureux, dans la vie, ceux qui déposent lentement une belle parure avant d'entrer au lit de leur dernier sommeil. Vous étiez au front de votre mère une couronne radieuse ; mais ce matin seulement vous avez achevé d'épanouir, et vous lui serez enlevée aussitôt ! Qui donc, si ce n'est Dieu, payera de tels sacrifices ? Je l'ai dit à cette mère affligée ; elle voulut bien me remercier d'une pensée qui lui rendoit un peu de courage. Nous essayerons de ne point l'oublier nous-mêmes ; et si Dieu fait croître sous nos mains d'aussi charmantes fleurs que vous, nous voudrons les cultiver surtout pour lui.

On a donné au public, tout nouvellement, un recueil des lettres de Madame de Sévigné, — qui étoit une dame de la cour du feu Roi, — où j'ai trouvé tant de passages qui correspondent aux sentiments de votre mère, que j'ai voulu lui porter ce recueil aussitôt : elle en a été charmée. C'est vraiment un des plus beaux livres qu'on puisse voir. Cette marquise, obligée de vivre loin d'une fille qu'elle chérissoit, lui écrivoit continuellement ; et, comme elle n'avoit pas moins d'esprit et de politesse que de cœur, il ne se peut rien de plus touchant et de plus agréable que tout ce qu'elle écrit, ni de mieux tourné. Certaines gens prétendent que c'est pure feinte et grimace ; mais ils calomnient leur mère lorsqu'ils mettent en avant ce sophisme. Vous saurez que je suis grand lecteur, et que j'ai été ravi d'apprendre combien vous plaisent bon nombre d'auteurs que j'aime particulièrement. Ma joie sera extrême de vous présenter Madame la marquise de Sévigné. Je trouve à plaindre ceux qui vont chercher, avec beaucoup de peines, d'ennuyeuses compagnies, tandis qu'il ne faut qu'y songer pour faire venir chez soi tant de beaux esprits, tant d'illustres personnages, et jouir de leur commerce aussi longtemps qu'on le vent.

## XVI

Quand je songe au lieu que vous habitez présentement, aux pensées qui vous occupent, je voudrois être connu de vous pour avoir part en vos prières. Sans doute, si la pensée du mariage vous agrée, que vous priez pour celui qui sera votre époux. Mais sera-ce là une prière faite pour moi? Ah! vous devriez prier aussi pour quelqu'un qui peut-être vous espère, et peut-être ne vous obtiendra pas.

Vous voilà donc séparée du monde entier, n'y tenant plus que par les vœux que vous faites pour ceux que vous aimez et qui l'habitent encore. Dieu vous a menée dans une solitude où il parle à votre âme. Sous vos yeux paroissent de saintes femmes, qui sont la figure de mille vertus triomphantes : tout ne respire autour de vous que la chasteté, la prière, le dévouement, le travail, l'espérance et la paix. Telle que l'on vous a dépeinte et telle surtout que je vous ai devinée, combien ce spectacle doit vous plaire! Je l'ai entrevu moi-même, et j'ai remercié la bonté céleste, qui me permettoit par là d'admirer jusqu'où l'âme humaine peut atteindre, conduite par la religion. Durant plusieurs années, j'ai été admis à l'honneur de quelques entretiens avec la supérieure du couvent où ma sœur a été élevée. Dans ces entrevues, et par les récits de ma sœur, j'ai pu connoître des vertus que l'humilité la plus vigilante et la plus sincère rehaussoit et mettoit sur un brillant piédestal en croyant les cacher : c'étoit, avec l'esprit le plus délicat et le plus pénétrant, la naïve simplicité d'une colombe; dans le maniement de l'absolu pouvoir, une obéissance ingénieuse à s'exercer toujours; un jugement ferme, un conseil doux; une générosité envers toutes les misères, prodigue jusqu'à la sublime déraison des saints, qui donnoient même leurs vêtements; et à l'égard des imperfections d'autrui une charité sans bornes, mais vigilante, mais inflexible lorsqu'elle devoit protéger contre les autres ou contre eux-mêmes les cœurs qu'elle dirigeoit; au milieu de cent mille soins renaissants à toute heure, une liberté d'intelligence qui sembloit, quand on étoit là, n'avoir à s'occuper au monde que de vous; dans les austérités, dans la retraite, une gaieté, une bonne grâce, une politesse qu'on auroit admirées à Versailles, et qui, même au temps du feu Roi, présentoient un modèle inimitable aux plus parfaits courtisans. Et quelle paix profonde! et quel ardent courage au service de Dieu! Ce fut là une glorieuse mère de famille, qui pendant une longue vie nourrit du lait pur de sa piété, de son amour, de sa forte raison, des centaines de jeunes âmes, les forma par sa tendre sagesse, par ses conseils, par son exemple surtout, à la pratique des solides vertus, et trouva, pour la recevoir au ciel, tout un chœur de beaux anges, à qui elle en avoit montré le chemin.

Ah! Mademoiselle, si vous deviez avoir dans la vie religieuse seulement quelques-unes de ces puissantes vertus ; si, prenant le voile, vous deviez rendre au monde un peu de ce qu'il a perdu quand cette femme illustre en est partie, je vous dirois : Ne trahissez point un destin si beau, et j'ajoute, un destin si doux! Car, si l'on ne peut connoître les joies déjà célestes de ces vierges qui, portant la couronne d'épines de Jésus, ont choisi l'abaissement, la solitude, le travail, la pauvreté, l'obéissance, toutes les croix que nous voulons fuir, on en devine pourtant quelque chose : le chrétien voit resplendir, dans les profondeurs du cloître, des béatitudes que les fils ignorants du siècle n'y aperçoivent pas. Mais les destinées sont diverses, et la volonté qui nous créa tous pour le même but, ne nous assigne pas à tous les mêmes sentiers. Nous savons seulement que le souverain Maître donne sa grâce avec les devoirs qu'il impose, et que sur ce grand océan du monde se croisent tant de voyageurs, il fait souffler le vent pour toutes les voiles et briller les astres pour tous les nochers. Questionnez-le avec une confiance d'enfant, et marchez avec plus de confiance encore lorsqu'il aura prononcé. Vous ne savez pas que votre résolution décidera de deux destinées ; mais il me suffit que Dieu le sait. Quoi qu'il prononce, je suis assuré que je me soumettrai d'un cœur docile ; je pense encore que je me soumettrai d'un cœur content, fût-ce même à la ruine entière de ce que j'ai trop espéré peut-être. Si vous êtes éloignée de moi, le temps accoisera des regrets que je ne serai pas maître de vaincre sur l'heure ; je me dirai que Dieu ne m'avoit point remis tout ce qu'il falloit pour votre félicité. Voilà le sentiment sur lequel je compte, pour adoucir les amertumes que mériteroit l'imprudente affection où j'ai bien étrangement engagé mon cœur.

## XVII

Je refuserois de parier qu'il n'y a pas un peu de folie dans ce que j'éprouve ce soir. J'ai passé la journée presque entière avec vos parents. Ils ont tant d'indulgence, que je ne leur ai point déplu, et, sinon que je lâche un peu trop volontiers la bride à mon imagination, ils me croiroient, j'imagine, exempt de défauts ;

encore disent-ils que cette vivacité d'humeur a quelquefois son prix, me faisant assez entendre que votre grand sérieux y saura mettre ce qu'il faut de tempérament. Ainsi, voilà tout au mieux, quoique ce soit bien le monde retourné que le mari ait les imaginations légères et la femme le solide esprit. Après souper, nous avons lu quelques lettres de la chère marquise. Il s'en est rencontré une où elle conte que tout Paris s'occupe de sa fille : *Je n'ai jamais vu une personne absente être si vive dans tous les cœurs.* Dites-moi pourquoi j'ai trouvé cela si touchant? Je n'ai pu empêcher que ma voix ne tremblât, ni mes yeux de se lever sur votre mère. Elle me regardoit elle-même, fort attendrie, et d'un mouvement involontaire je baisai la main qu'elle me tendoit presque involontairement. Notez bien que ni avant ni après cette aventure, votre nom ne fut prononcé. Qu'est-il besoin de paroles? On prie, on aime, on s'engage dans le cœur; et mille discours ne m'auroient pas assuré mieux que je ne le suis maintenant, que votre mère sera mon avocat plein de zèle auprès de vous.

J'aime votre mère. Hélas ! orphelin dès la fleur de mes ans, et privé de toute intimité douce, j'ai dans l'âme un amas de tendresses contraintes, inutiles ; j'ai, comme un avare, thésaurisé mes affections: je voudrois dépenser tout cela. Si vous saviez quelles libéralités j'en fais ! Il m'arrive d'aller dans les campagnes, et là, de me mettre à aimer tendrement le soleil, l'air, les grands arbres, les petites fleurs, enfin toute cette belle nature, dont les mille objets qui la composent semblent m'aimer et s'accorder dans leur amitié pour me prodiguer de charmants plaisirs. Ne me badinez point sur ces amis, qui ne sont pas ceux que l'on choisit ordinairement : ce sont les plus sûrs et les plus doux, que Dieu donne aux cœurs isolés. Lorsqu'il éloigne de nous ceux qu'il nous avoit unis d'abord par des liens sacrés ; quand la mort vient et brise les attachements du sang et du devoir ; quand le caprice, les trahisons, mille intérêts et mille accidents de la vie anéantissent d'autres relations, qu'on avoit librement formées pour être aussi durables que l'existence, il se réveille alors au fond de l'âme un sentiment nouveau, puissant, consolateur : c'est l'amour de la nature. La nature est douce, compatissante, fidèle. Par un soin très touchant de la bonté divine, il y a dans la nature et dans l'âme quelque chose qui les met toujours aisément d'accord. J'entends que la nature a parfois une certaine douce tristesse, parfois une certaine gaieté éclatante, où l'âme s'établit parfaitement. Du moins, la nature et moi nous sommes deux amis qui différons rarement d'humeur. Cet accord pousse aux franches confidences. Aussi la nature est-elle mon intime confident. Et c'est un confident, je vous assure, commode, qui ne se lasse jamais d'écouter. On peut lui dire et lui redire cent fois la même histoire, l'entretenir cent fois d'un projet, d'une espérance, d'une tristesse toujours les mêmes : la nature écoute, n'a point de paroles amères, point d'oreille indifférente, ne dit jamais : Je le sais déjà... Mais je vous donne là l'idée d'un fol qui parle tout seul sur les grands chemins. Quelques gens le croiroient, oui, que je parle tout seul ! A vous, je veux bien dire que les bois avec qui je cause, les fauvettes mes grandes amies, les résédas qui me sont aussi très chers, les bluets dans les blés, mille autres, ne me laissent point parler seul ; et puisqu'ils me répondent, je le sais bien !

Gardez cependant d'imaginer que je suis sans amis de mon espèce, et de former à ce propos sur mon cœur de fâcheuses pensées. Jamais homme au contraire ne fut, à l'égard des amis, plus favorisé du Ciel. J'en ai en petit nombre, mais fermes, excellents, admirables, dont je me parerai près de vous, dans ma pauvreté de mérites, comme cette Romaine se paroit avec une fierté légitime de ses généreux enfants. Ils ont tous, d'une façon différente, de l'esprit, tous une probité parfaite, qui me permet de compter jusqu'au dernier jour sur leur affection. Oh! oui, gens de cœur, gens de conseil, de vraie amitié, de vraie vertu ; mais aussi, gens occupés de leurs travaux, de leurs bonnes œuvres ; qui n'ont pas pour unique affaire, en ce bas monde, d'écouter mes rêveries. Et enfin, s'il faut tout dire, au milieu de tant d'amis, mes amis les bois, les vents et les collines sont les seuls à qui j'ai osé parler de vous.

## XVIII

Encore trois jours, et vous serez revenue, et je saurai... Que saurai-je, grand Dieu? Je n'y veux point penser; je veux me bercer et me réjouir sur la surface de mon espérance, sans m'inquiéter si le fond est de rocher ou de sable d'or. Tous les jours le pêcheur ne s'embarque pas avec ses filets; mais quelquefois, en habit de fête, il ouvre au vent sa voile, et part avec ses amis, demandant pour toute faveur quelques instants tranquilles et une onde propice qui le laisse chanter. Que chanterai-je? Mon espérance. Il y faut donc revenir toujours. Non! je ne dirai rien; je vais m'éloigner; je vais chercher un désert où vous ne soyez pas; je vais lire l'histoire des Mèdes... Oui! Et quand j'en aurai lu deux lignes, je me demanderai pourquoi je fais cette lecture, et je me dirai que c'est pour ne point penser à vous. — Trois jours! qu'ils vont me paroître lents! Mais qui sait durant combien d'années ensuite je déplorerai la vitesse avec laquelle auront fui ces trois jours? Ah! Mademoiselle, il y a des gens qui trouvent triste de mourir! N'ont-ils donc jamais connu ni la rapidité des douces espérances, ni la lenteur des regrets qu'elles enfantent en mourant?

Voilà d'étranges paroles. Que le Ciel me pardonne ce langage passionné. Mais je n'y tiens plus : il est temps que cette singulière aventure finisse, n'importe de quelle façon.

## XIX

C'étoit mon destin, sans doute : Dieu le vouloit, douce merveille, et je vous ai vue. Oh! qu'il m'en coûtera peut-être! Pour payer ce rayon de miel, qu'il me faudra peut-être verser de pleurs! Je sais qui j'aime! Hélas! hélas! combien je vous aime! Ce matin, sans motif, l'envie me prend de visiter une vieille parente, retirée chez les Annonciades. Je la demande au parloir; mais, usant d'un privilège que lui donnent son grand âge et ses générosités, elle me fait venir dans le jardin réservé aux dames séculières qui habitent le couvent. Je l'aperçois de loin, assise près d'un bosquet de roses, au fond de cette vaste avenue de tilleuls ; et je me dirige vers elle, ému de la paix et de la beauté de ces lieux. L'ombre, le silence, la sérénité du ciel, les oiseaux qui chantoient, les odeurs du matin et de l'été, une cloche qui se fit entendre au milieu de ces enchantements comme une prière, car sans doute elle appeloit à la prière... non! je ne saurois dire ce qui se passa dans mon âme ; je crus sentir qu'il alloit m'arriver quelque chose de solennel. Il ne faut point mépriser ces avertissements : rarement ils nous trompent. En effet, tout à coup, dans l'avenue, parut une personne simplement mais agréablement habillée, qu'une sœur converse accompagnoit. Elle s'avançoit de mon côté. Je baissai les yeux, ne voulant point la gêner; mais déjà, involontairement, j'avois bien remarqué la bonne grâce et la décence de son maintien. Cependant elle approchoit; et, malgré moi, me reprochant mon action comme une offense faite à vous et comme une irrévérence envers cette jeune dame, je regardai. Je vis de beaux cheveux blonds qui s'échappoient d'une coiffe modeste, une taille flexible, un visage plus frais et plus pur que le matin, ingénu, mais noble, paisible et reposé, mais où l'on devine que la pensée apparoît comme un grand roi sur son trône magnifique. Je ne vis point les yeux, qui ne voulurent point me voir, et qui restèrent pudiquement voilés sous leurs longues paupières; mais quelle beauté plus parfaite que ce voile, que cette modestie? Par là je pus comprendre qu'une âme pure habite ce corps charmant. La religieuse me salua d'un aimable sourire; et cette vision passa, me laissant tout ravi. Mon Dieu! disois-je en moi-même, que voilà bien une personne faite pour vivre ici, dans cette paix, sous ce beau ciel, au milieu de ces prières et parmi ces fleurs! Je remarquai l'endroit de l'avenue d'où elle étoit sortie, et je vis là une petite chapelle, en façon de grotte rustique, dédiée à saint Joseph. Je pensai que l'inconnue

y avoit prié. Comme saint Joseph, le patron de tous
les âges et de toutes les conditions, m'inspire à moi-
même une dévotion fort douce, tout en pressant le pas
pour rejoindre ma parente, je le saluai et je le priai aussi.

« — Mais », me dit ma parente après que nous
eûmes un peu causé, « vous avez fait tout à l'heure
une rencontre dans l'avenue ?

« — Oui », répondis-je, enchanté d'aborder ce sujet,
car je mourois d'envie de savoir qui étoit cette personne parfaite, et je n'osois questionner ; « oui, j'ai
rencontré une jeune dame d'une grande beauté, autant
que je l'ai pu voir.

« — Elle est agréable, en effet », continua ma parente ; « mais ce n'est rien en comparaison de son
esprit et de ses vertus. Si je crois ce que l'on en dit,
c'est une sainte. Voilà comme il vous faudrait une
femme, mon cher enfant.

« — Madame », dis-je, « la connoissez-vous ? C'est
sans doute une personne de condition ?

« — Du tout », reprit ma parente ; « on le croiroit
à ses manières, mais elle est tout simplement la fille
d'un bourgeois de Paris, qui se nomme... »

Elle chercha un instant..., et que devins-je en entendant sortir de sa bouche ce nom tant de fois répété
dans mon cœur, ce nom si respectable et si chéri, le
nom de votre père ?... C'étoit vous que j'avois vue !

J'ignore comment je soutins le reste de la conversation, et ce que dut penser de moi ma parente ; mais

je n'étois plus à ses discours. Mon bonheur m'effrayoit. Ce fut ma première pensée, dont je ne parvins pas à me défaire. Quoique jusqu'à présent Dieu m'ait traité avec faveur, je ne puis croire qu'il me veuille donner le trésor que j'ai vu... Et puis, s'il faut tout vous dire, j'éprouve je ne sais quel scrupule indéfinissable, d'être ainsi sous ce charme de votre beauté. Il me semble qu'hier je vous aimois moins; mais j'étois fier, et plus heureux peut-être, de n'aimer que vos vertus. Quoi! sans ces grâces périssables, ne vous aurois-je point aimée ? Cette délicatesse étrange est un tourment tout nouveau. Non, vous ne seriez pas satisfaite d'être aimée ainsi; vous n'approuveriez pas cette tendresse qui se prend à ce qu'il y a de moins noble en vous. Oh! je ne vous dirai jamais que vous êtes belle ; peut-être viendrez-vous à redouter un jour de ne l'être plus!... Je la connois d'aujourd'hui cette douleur, car je tremble à présent de ne point vous plaire. J'ai des craintes qui me navrent et qui vous outragent. J'ai peur que vous ne m'ayez remarqué, que vous ne m'ayez trouvé désagréable, habillé d'une mauvaise façon ; que cette sœur, qui étoit avec vous et qui me connoît, ne vous ait dit quelques mots qui me soient funestes, et qu'enfin, me voyant, vous ne me condamniez sur ma mine, sans vouloir m'entendre. Car, ce goût de la beauté qui me trouble si fort, pourquoi ne l'auriez-vous pas ? Vous êtes sage et prudente, mais jeune, mais belle; et enfin, c'est prudence et sagesse aussi de ne point s'engager, si l'on n'éprouve cette sympathie que détermine souvent un air de tête, un regard, un son de voix, un rien ; un rien que peut-être je n'ai pas... que je n'ai probablement pas! Vous me verrez tremblant, emprunté, sans grâce... Qui vous dira que mon cœur n'est pas si indigne de vous ?... Hélas ! et moi, je vous aurai vue ; et mon âme, blessée de vos attraits, n'aura d'autre loyer de sa douleur que vos dédains, et je m'en irai traînant cette pensée deux fois amère. Si je vous revois, on me demandera : Qui est cette femme? Et je me dirai tout bas : Cette femme est le bonheur que j'espérai !

Après avoir quitté ma parente, ayant une ardeur extrême de vous rencontrer encore, et demandant à Dieu la grâce (qui me fut accordée, hélas!) de ne vous rencontrer point, je passai de nouveau devant la grotte de saint Joseph. J'entrai, et près d'une rose blanche nouvellement cueillie, déposée au pied de la statue, je plaçai une marguerite arrachée au gazon. Qui avoit mis là cette rose? Je songeai que saint Joseph est aussi le patron de la virginité, et le statuaire lui a donné pour attribut le lis sacré qui ne cessa de fleurir dans la cellule divine de Nazareth. Ma prière fut fervente : il me sembla qu'elle avoit reposé mon cœur !

## XX

Adieu, Mademoiselle ! Hélas ! il faut vous dire adieu !
Mon bonheur a duré moins que ce terme de trois jours

dont je me plaignois : les trois jours ne sont point écoulés, et mon bonheur n'est plus. Un coup de foudre a détruit ce frêle édifice bâti à vos pieds, cet assemblage de rêves posés sur une ombre. Ma pauvre sœur... c'est un malheur que j'aurois pu détourner peut-être, ou du moins atténuer, si, moins occupé de chimères, j'avois donné tout mon zèle à ses secrets chagrins...; ma pauvre sœur est ruinée ; son mari, manquant de courage au milieu d'un désastre qu'il fut impuissant à conjurer, s'est enfui, me la laissant. Jusqu'à ce qu'il ait pu refaire sa fortune dans les pays lointains, voilà cette malheureuse sœur sans appui que moi seul ; voilà des créanciers qu'il faut apaiser. Mon foible patrimoine, le produit de mon travail, toutes mes ressources y seront dévorées. Plus d'autre union possible! Dieu me marie à un devoir qui me réclame tout entier. Dans cette soudaine infortune, quel bonheur que je n'aie point confié à ma sœur les rêves dont je me berçois ! ce seroit pour en mourir, si seulement elle en avoit eu soupçon. Quel bonheur encore, grâce à la prudence de votre famille, que rien de tout cela ne soit arrivé à vos oreilles! Vous n'aurez point à regretter qu'il y ait eu des espérances rompues et des larmes, et l'ombre d'une tristesse ne viendra pas traverser votre cœur compatissant.

Voici une lettre plus inutile encore que toutes celles qui ont précédé. Je pouvois penser que vous liriez celles-là ; mais celle-ci !... N'importe, je me suis trop occupé de vous ; il me semble qu'à la fin nous nous sommes connus : je ne saurois vous quitter sans prendre congé. Je me suis trop habitué à vous souhaiter toute sorte de bonheur, pour ne pas former ce vœu, de toutes les forces de mon âme, une dernière fois. Pour que ce vœu n'aille point où sont allés mes désirs, j'en fais une prière. Si Dieu nous laisse dans le doute à l'égard des satisfactions humaines que nous appelons pour nous-mêmes, nous savons au moins qu'une humble et fervente prière n'est jamais perdue. Je ne souhaite plus qu'on me parle de vous ; cependant, si je dois entendre prononcer votre nom, que ce soit pour apprendre votre bonheur.

Je vous quitte ; je vous quitte à jamais. J'avois tout préparé pour un long voyage que nous devions faire ensemble ; je vais partir seul pour un autre pays. Malheureux de vous perdre, sans doute ; heureux pourtant de me trouver prêt à partir. Désormais je n'ai plus, grâce à Dieu, à m'entretenir qu'avec le Ciel. J'éprouve quelque tristesse, mais je ne me plains pas ; croyez bien que je ne me plains pas. Affligé, mais fourni de courage et rempli d'espérance, je vais à mes consolations, je vais à mes devoirs.

Mai 1840.

# LE VOL DE L'AME

> Voyez, mes frères, le vol de cette ame
> que l'amour de Dieu a blessée !
> BOSSUET.

Depuis que je tiens une plume, dit Louis, j'ai la tentation de décrire une belle matinée d'automne dans un beau jardin. Aucun spectacle ne m'a plus souvent procuré ce doux et cruel malaise que connaissent également celui qui peint, celui qui chante et celui qui conte, lequel tout à la fois doit peindre et chanter. On a l'âme pleine d'accords, de couleurs, d'images ; le torrent veut jaillir ; on s'est environné de silence, on a fui les importuns, on a même prié Dieu : car enfin, il s'agit de lui rendre honneur, puisque sa magnificence et sa bonté apparaissent dans les tableaux qu'on se propose de tracer... Mais le piano reste muet, le crayon tombe des mains, l'encre durcit dans la plume oisive. Par quel trait commencer, et quel trait rendra la moindre de ces merveilles qui assiègent le souvenir ?

— Hélas! dit André, Haydn lui-même, le chantre de la paix, n'a rien donné qui respire pleinement cette harmonie du matin d'octobre, quand les rayons du soleil plus pâle déposent le baiser d'adieu sur les fleurs humides et sur les feuilles rougies. L'hymne est dans mon cœur; mais il n'en sortira jamais.

— Le pinceau, dit Sylvestre, saisira la splendeur du soleil de midi et dérobera la majesté des ombres du soir; il fera respirer l'odeur des prés et des forêts. J'ai vu à Rome un tableau merveilleux : le soleil décline du côté des montagnes, il va disparaître; ses feux rougeâtres embrasent la plaine; les arbres allongent de grandes ombres sur les troupeaux couchés; au fond, de nobles édifices semblent brûler dans un brouillard de lumière; sur le premier plan, le berger chante, la bergère file, l'enfant joue avec les agneaux. C'est tout Virgile. J'aurais voulu, dans le lointain, deviner un ermite. Néanmoins, Dieu remplit cette toile. Quand je la contemplais, l'*Ave Maria* me venait aux lèvres; je prêtais l'oreille pour entendre les doux tintements de l'*Angelus*. Je connais d'autres chefs-d'œuvre aussi puissants. Salvator nous emmène dans la terreur des ravins; Hobbema s'est emparé de la grâce et de la fraîcheur des bois. J'ai rêvé longtemps, et je n'en suis pas bien revenu, d'habiter une certaine maison de garde que ce Flamand m'a montrée, au coin d'une clairière, sous un bouquet de grands arbres. Le soleil, tamisé par le feuillage des chênes, éclaire la porte moussue et fait reluire une vieille carabine, qui dort près d'une carnassière rebondie ; un bel églantier, partant du seuil, festonne la lucarne entr'ouverte. O lucarne! Madeleine, la fille du garde, la fille blonde, y a suspendu la cage de son bouvreuil, et sur la planche en saillie elle cultive une tulipe à rendre jaloux le bourgmestre de Harlem. Que dirai-je encore? Le jardin touche la maison, et par-dessus la haie fleurissent des passeroses. Pour arriver à cette maison heureuse, mon ami, tu traverses un gazon où toute mère voudrait voir jouer ses enfants; devant la porte, un banc t'invite ; sur le rebord de la fenêtre, il y a place pour ton livre, ta pipe, ton pot de bière et ton verre. Veux-tu causer? appelle Madeleine. Veux-tu méditer? quel profond silence! Veux-tu chasser? voilà le fusil et les bois..... Ces paysagistes sont dangereux! Celui-ci a failli me ravir à la société. J'ai gardé plus d'un an l'envie d'aller m'enterrer en ce paradis de Flandre. J'aurais demandé la main de Madeleine, et je serais resté là, ma vie entière, à songer creux. Voilà ce que peut le pinceau! Le peintre est le plus irrésistible des poètes. C'est lui, après la nature, qui dit le plus de choses ; il remue toutes les pensées que l'âme peut contenir. — Est-ce que jamais musicien te fera voir le coucher du soleil? est-ce que jamais la plume y parviendra? Pour me décrire la maison d'Hobbema et le monde qu'elle fait surgir, il faudrait un volume... Tâche de me faire lire ton volume!

Mais si tu parles d'une matinée d'automne, il y a là je ne sais quoi qui défie le puissant génie du peintre. La palette cherche encore le secret de cette lumière, de ce ciel, de cette rosée ; elle ne peut rendre l'accord indicible de ces tons variés à l'infini ; tant de richesses l'écrasent ; elle n'est plus qu'un hobereau de campagne à côté d'un roi des contes de fées. J'en ai pleuré d'admiration et de dépit. Je pense comme André : dame Nature nous chante alors un air que nous pouvons bien entendre, mais qui n'est pas dans notre voix.

— Compère Louis, dit Édouard, croyez-moi, ne nous donnons plus un vain tourment. Durant un mois, sur les bords de la Loire, j'ai fréquenté l'Automne. Ma plume aussi a convoité ce triste et riant visage : cette voix ineffable m'a répété ce que vous avez entendu. J'en ai voulu redire quelque chose ; je n'ai su que rêver sur les feuilles qui jonchaient le chemin, et faire tomber à terre la rosée des branches que je touchais en passant.

— Cependant, reprit Louis, c'est vous, Édouard, qui nous avez raconté *la Procession de Mazière* (1). Quel vif sentiment de la campagne dans ce récit ! quels beaux rayons de soleil ! Demandez à Sylvestre : malgré son dédain pour la peinture parlée, il vous dira que ceux qui n'ont point compris cette aimable page,

(1) C'est une page charmante d'Édouard Ourliac.

seraient capables de ne rien voir dans un Claude Lorrain.

— Et de ne rien entendre dans la symphonie pastorale, ajouta André.

— Oh! reprit Édouard, je crois comme Sylvestre que le soleil se laisse prendre ; mais quant à chanter l'hymne des matins d'automne, je dis avec André que les maîtres y échouent. Il y a dans l'air quelque chose qui se sent jusqu'au profond du cœur, et qui reste inexprimable. S'il ne s'agissait que du spectacle, avec un peu de soin, on pourrait encore ébaucher un trompe-l'œil. La moindre teinture du patois des ateliers en ferait l'affaire. Le procédé escamote la difficulté, qui serait de dire la chose en français; mais qui sera touché de ce barbouillage? quelle âme y retrouvera ses émotions, évanouies comme des parfums inconnus? Un seul mot dans la langue me semble exprimer le tumulte paisible... oui, le tumulte *paisible* de ces pensées douloureuses et chères, que les matinées d'automne font surgir en effleurant je ne sais quelles secrètes touches de l'âme : c'est le mot si profond que nous prononçons vingt fois le jour, sans songer à sa portée infinie : *Adieu!* Toute cette beauté de la nature prévoit qu'elle va disparaître : elle nous chante son suave adieu. Un tableau que Sylvestre a vu, amenait l'*Ave Maria* sur ses lèvres ; et moi, quand je vois l'automne pleurer et sourire, je répète ce verset de David : « Les jours de l'homme
« sont comme l'herbe, sa fleur est comme celle des

« champs : un souffle a passé, et la fleur est tombée,
« et la terre qui l'a porté ne le reconnaîtra plus (1). »

Mais d'où vient que, sentant la vérité de ces paroles, nous pouvons les répéter sans amertume intérieure, et plutôt avec une certaine allégresse d'amour, de confiance, d'espoir? Nous sommes résignés dans la mystérieuse attente d'un bien plus radieux, perceptible aux sens de l'âme, qui nous écherra comme récompense du consentement que nous donnons à la fuite ardente de nos joies et de nos jours. J'ai souvent rêvé sur cette pensée inépuisable. Je vous confierai l'impression qui m'en est restée toujours ; vous l'expliquerez comme il vous plaira. Il m'a toujours semblé que la nature, dans cet état de paisible et souriante tristesse, me conviait au sacrifice, et que je recevais ce dur conseil plus volontiers qu'en toute autre occasion. Oui, la pente de mon âme serait alors de faire une grande action, et de la faire grandement, c'est-à-dire secrètement, pour Dieu seul, sous les seuls regards de Dieu.

— Précisément! s'écria Louis. L'histoire que je veux conter, est l'histoire d'un sacrifice. Elle commence par un matin d'automne, et j'ai toujours cru que cette circonstance de l'automne et du matin n'était pas étrangère à la résolution inattendue qui décida tout à coup de deux belles et aimables destinées ; mais je

---

(1) Homo, sicut fœnum dies ejus, tamquam flos agri sic efflorebit. Quoniam spiritus pertransibit in illo, et non subsistet : et non cognoscet amplius locum suum. (Ps. CII, 15-16.)

craignais que ce ne fût couleur de romancier, et ce scrupule ne m'effrayait pas moins que les épines de la description préliminaire. Car l'histoire est si bien à mon gré, telle que le bon Dieu l'a faite, que je regarderais comme un sacrilège d'y mettre des enjolivements de littérature.

Je supprime donc l'inabordable tableau de l'automne; mais il faut dire où la scène se passe. Représentez-vous un vaste jardin devant une riche maison de campagne au bord de l'eau; un de ces asiles qui semblent proclamer que le bonheur les habite. Et comme s'il fallait que l'œil même de l'étranger ne pût s'y tromper, on voit, près des murs, un petit dôme qui porte la croix : en sorte que cette maison se dénonce chrétienne; et il n'est pas téméraire d'y supposer le bonheur, puisqu'on y peut supposer la vertu.

— Laisseras-tu cela dans ton histoire? demanda Sylvestre.

— Pourquoi pas? dit Édouard.

— Je crois à la vertu, continua le peintre, et je la révère sous toutes ses formes ; mais je n'en peux supporter le nom, au sens que Louis vient d'employer. Vous savez qu'il y a des mots qu'on n'aime pas : je n'aime pas celui-ci, lorsqu'on l'applique à d'honnêtes gens comme nous autres. Je le trouve janséniste, philosophe, génevois, tout ce que vous voudrez : enfin je ne l'aime pas. Cela me vient d'une entorse que j'eus à la main, l'an passé. Ne pouvant dessiner, j'entrepris de lire. J'étais chez un vieux notaire devenu rat des champs, dont la bibliothèque absurde ne renfermait rien de plus amusant et de plus chrétien que Rousseau. Je lus donc ce Rousseau.

— Eh bien? dit André.

— Eh bien, reprit Sylvestre, voilà où je me dégoûtai de la vertu... je parle du mot. N'avez-vous pas remarqué comme ce Suisse le met à toutes sauces ! Ma foi ! depuis ce temps, la vertu me fait l'effet d'un Natoire ou d'un Fragonard. Je vois toujours le vertueux Saint-Preux, la vertueuse Julie, le vertueux Wolmar, la vertueuse Lavasseur, ou encore le vertueux vicaire savoyard. Pouah ! j'en suis malade. Quelle chienne de vertu, *ostentatrice et parlière !* dit Montaigne. Tiens, Louis, ne fût-ce que par amitié pour moi, au lieu de *vertu,* mets *piété,* afin que personne ne vienne à penser qu'il s'agit de l'honnêteté des philosophes.

— Va pour piété, dit Louis, et c'est d'ailleurs le caractère propre des habitants de cette maison. L'édifice, très ancien, n'est pas sans style, quoique souvent retouché. Pignons, toits aigus, fenêtres ouvrées, perron, terrasses, balustres. A droite, la rivière, assez imposante, et des collines ; à gauche, des bois ; derrière, de grands potagers ; au delà, d'autres collines vertes et grasses, d'autres bois, des îles, deux clochers et quelques manoirs : un de ces beaux pêle-mêle qui s'ordonnent si bien sur les grands cours d'eau. La rivière ondule à travers ce charmant et riche pays. A l'horizon, terminant la vallée, longue et large d'une lieue, une jolie ville est assise les pieds dans l'eau, la tête au grand air, couronnée de son château seigneurial, ancien nid de vautours, maintenant peuplé de moineaux francs, mais qui fait mine encore. Quand le soleil se lève, les façades blanches de la ville reçoivent ses premiers rayons, et tranchent vivement sur la verdure des collines et sur l'azur du ciel. En automne, la rivière forme des brouillards sur lesquels les maisons les plus hautes, éclairées seulement à la pointe, semblent voguer. Au soleil couchant, le spectacle est grandiose : arbres, maisons, collines, tout se détache en l'air sur un fond de feu.

Or, la maison d'où l'on a ce coup d'œil, bien pourvue de fermes à droite et à gauche, en arrière et en avant, de vignes et de bois sur les coteaux, de pâturages ici, de blés là-bas et autres bonnes terres, reçoit largement, sans fouler le fermier, quarante mille livres, année commune ; mais ce n'était pas ce qu'elle avait alors de plus précieux.

Un garçon de vingt-cinq ans, bien fait, l'air modeste, se tenait debout à la fenêtre fermée d'une des chambres qui donnent sur le jardin. Le vieil in-folio ouvert sur la table, près de la lampe encore allumée, lui avait fait sans doute oublier le jour. Il contemplait le gracieux espace que je viens d'indiquer, lorsque son attention fut captivée par un autre objet. La petite porte du jardin s'ouvrit ; il vit entrer une femme encapuchonnée d'une pelisse de soie. Malgré ce vêtement, il n'eut pas de peine à la reconnaître : c'était la fille de la maison, l'héritière de ce beau domaine, et, pour lui donner un titre qui sonnait mieux au cœur de notre jeune homme, c'était sa fiancée.

Elle avait dix-huit ans. Je ferai son portrait avec une image des contes de fées : elle était « belle comme le jour ». N'entendez pas une statue grecque, ni une Circé parisienne. Cette beauté, c'était un éclat de candeur, une grâce ingénue. Voilà ce que veut dire « belle comme le jour ». Du reste, toute la splendeur, tout le rayonnement d'un sang pur. Une charmante et vigoureuse fleur de tige patriarcale. On pouvait remonter dans sa fortune sans y trouver une injustice, dans sa race sans y voir une félonie. Elle se nommait Claire.

Le jeune homme qui devait l'épouser, Fabien, était de très loin son parent : ils s'appelaient cousin et cousine. Le mariage était arrangé depuis la naissance de Claire. Toute petite, on lui disait : Aime-le bien, voilà ton mari ; et à lui, plus âgé : Prie le bon Dieu pour Claire ; elle sera ta femme. Les désirs des deux familles furent remplis : ces enfants s'étaient aimés comme des anges. N'ayant jamais cessé de penser qu'ils s'appartiendraient, aucune autre affection n'avait effleuré leurs cœurs, aucune dissimulation n'avait existé entre eux.

Orphelin, presque sans patrimoine, Fabien devait son éducation à la générosité des parents de Claire. En le faisant magnifiquement élever, ces vrais chrétiens songeaient sans doute à leur fille ; mais ils voulaient également mettre Fabien à l'abri d'un changement possible dans le cœur de la jeune fille ou dans son propre cœur, afin que, si Claire le refusait, ses talents lui restassent comme une fortune, et que, se sentant lui-même riche et libre par l'effet de cette culture d'esprit, aucun calcul ne le tentât de s'engager contre son goût. Imaginez les sentiments d'une âme qui sentait ces nobles délicatesses, puisqu'elle avait pu les deviner.

Tandis que Claire achevait son éducation chez les Visitandines, Fabien, déjà docteur en droit, perfectionnait la sienne par des voyages. Il n'avait pas encore fait choix d'une carrière. Les lettres le tentaient ; mais il était si sincèrement modeste, qu'il ne pensait pas pouvoir jamais s'y rendre utile. Ses plans se terminaient donc à faire autour de lui le plus de bien qu'il pourrait, étudiant et servant Dieu dans cette obscurité, puisque Dieu semblait ainsi le vouloir. Cependant la paix n'était pas parfaite dans son âme ; il avait frôlé des doutes graves. Durant ses voyages, lorsqu'il visitait un lieu de dévotion célèbre, ou lorsqu'il contemplait certaines misères navrantes de l'Église, il lui était arrivé souvent de se jeter à genoux, de s'offrir à Dieu tout entier : « — Mon Dieu, s'écriait-il, vous aimer, vous servir, vous servir uniquement ! » Et il prêtait l'oreille, attendant presque une voix du ciel et une mission. Il n'avait rien entendu, ou il avait cru n'entendre que de vagues murmures. Son avenir était fait ; il l'accepta, comme chose sérieuse quoique douce et séduisante, et qui venait de Dieu aussi. Il y mit toute son ardeur, il se dévoua pleinement au bonheur de ceux qui l'avaient tant aimé, faisant de sa vie, qu'il leur donnait, une première récompense dont le ciel couronnait leur charité envers lui.

Sylvestre interrompit le conteur.

— Ami Louis, dit-il, soignons la vraisemblance. Si tu as fait un fidèle portrait de Claire, c'est une femme que l'on irait demander assez loin, quand même on ne serait pas certain de l'obtenir, et l'on pourrait se mettre à labourer la terre du bonhomme Laban pour un pareil gage. De plus, quarante mille livres de rente font un beau denier, sans compter que la maison entre cour et jardin est encore une assez jolie nacelle à descendre le fleuve de la vie ! Ton Fabien se dévoue donc à prendre tout cela ? Je l'en approuve. Mais il soupire, et tu as presque l'air de le plaindre ! Il n'y a pas de quoi...

— Je m'étonne constamment, dit Édouard, que ce peintre-ci ait tant de goût pour les vieux maîtres chrétiens. Tu devrais être de l'école de Rubens, mon cher : il ne se peut rien de plus charnel que ton premier mouvement. Tu ne conçois pas que ce digne Fabien gémisse un peu en se chargeant d'une aimable femme et de tant de fermes, prés et bois qui, forment son bouquet de mariée? Voilà ce que l'on gagne à ne rien lire! Apprends que dans les *in-douze* et dans les *in-octavo* les choses ne se passent guère autrement, et connais l'âme des gens de lettres. C'est ainsi que nous regardons les biens de ce monde.

— Plaisantez, dit Louis ; je vous attends à la fin : nous verrons s'il s'agit de littérature. Nous sommes tous chrétiens, en âge d'homme, et trop engagés dans le siècle pour nous en pouvoir déprendre. Mais supposons-nous libres, plus jeunes de quelques années ; supposons qu'au lieu d'être chargés de la fangeuse expérience du monde, nous avons l'ingénuité plus sage de la foi et cette pureté qui donne à l'âme des ailes toujours ouvertes au-dessus des choses de la vie : je dis que nous sentirions au moins la moitié de nos vœux se porter vers ces beaux renoncements dont l'instinct nous reste, après même que le courage de les accomplir est perdu. C'est comme un membre amputé, que l'on croit parfois posséder encore ; et, selon ce que nous disait tout à l'heure Édouard de l'effet des matinées d'automne, il s'en ressent, comme les invalides, aux changements de saison. Mais je te prends, toi, Sylvestre : on peut bien aimer le bon Dieu avec autant d'ardeur pour le moins que tu aimes ton art, et faire en outre une part dans son cœur à de très légitimes affections? Eh bien, on te propose des rentes, une maison, une aimable femme, cette Claire dont nous parlons ; tu l'aimes, tu en es aimé ; tu en es aimé à ce point que peut-être la félicité de sa vie dépend de toi ; pourtant, il y a une condition au mariage : tu ne pourras plus peindre... Qu'en dis-tu?

— La condition serait dure, répondit Sylvestre, et il y faudrait songer.

— Tu vois donc, reprit Louis, qu'on peut encore avoir besoin d'une certaine résignation pour emprisonner sa vie dans la main d'une fille de dix-huit ans, riche, vertueuse, aimée. Avant de sacrifier la peinture, la musique, l'art, et seulement le travail, on regarderait deux fois. Que sera-ce donc, s'il s'agit, non pas d'abandonner Dieu — la supposition serait absurde, et ce n'était nullement le cas de Fabien — mais d'abandonner la joie peut-être vaguement entrevue de faire à Dieu un sacrifice entier, d'entrer dans la royale voie des saints, d'aller volontairement aux combats, à la douleur, à la croix ? Ces actions-là ne sont pas de notre pratique, à nous autres chrétiens de mine, affadis par toutes les langueurs du temps, qui ferions volontiers l'abjecte prière de Luther et qui ne dirions qu'en rechignant nos grâces, s'il fallait dîner d'un morceau de pain. Hélas ! nous avons horreur de la croix ; mais il y a des âmes qui l'aiment, qui la désirent, qui la recherchent. Et j'ajoute que ces aspirations ne sont pas tellement étranges, que nous-mêmes, lâchement et en nous replongeant dans notre mollesse, nous ne les sentions parfois.

— Il est vrai, dit André, l'eau du baptême développe en nous des germes sublimes ; l'esprit du monde fauche avec soin la floraison naissante, mais les racines demeurent.

— Puisqu'il a été question de littérature, continua Louis, je suis bien aise de vous dire que la dévotion de Fabien n'avait rien de littéraire. La religion n'était point dans son âme ce petit terrain réservé où tant de grimauds arrosent des élégies. Il y allait tout franchement. Il aimait beaucoup sa fiancée, mais il ne se proposait pas moins de devenir un saint, et il pensait quelquefois qu'en prenant le chemin le plus doux, il prenait aussi le moins sûr. Sa foi le tourmentait du désir de montrer à Dieu plus de générosité. Enfin (ce que vous appellerez peut-être de la poésie, mais ce que je voudrais nommer d'un autre nom, car j'en suis pour la *poésie* comme Sylvestre pour la *vertu :* j'aime la chose et ne puis souffrir le mot, à cause des petits rimeurs et de leurs petites préfaces), enfin la virginale pureté de Claire était si profondément chère à Fabien, il respectait tant lui-même l'angélique chasteté de son cœur et de son amour, que la pensée de la voir autre et de l'aimer autrement, lui apportait je ne sais quoi de pénible, qu'il ne traversait qu'en fermant les yeux. Me comprenez-vous? Je suis troublé des difficultés que la langue m'offre ici. Il y a des choses souverainement nobles et pures qu'on ne sait plus comment expliquer pour les oreilles françaises, pleines de hideux échos.

Après cela, pour confesser toute la vérité, Fabien avait vingt-cinq ans, et ces idées lui venaient plus particulièrement quand il voyageait loin de Claire. En définitive, il était épris, elle était heureuse, et on allait publier les bans.

— Et Fabien n'avait aucune envie de se jeter à l'eau, dit Sylvestre.

— Aucune, reprit Louis. Néanmoins, regarde sur sa table le livre où il lisait tout à l'heure, avec une admiration qui soulevait sa poitrine : c'est l'*Exhortation au martyre*, de saint Cyprien.

La présence de Claire produisit sur Fabien l'effet accoutumé. C'était un certain rayonnement, où saint Cyprien, les martyrs et le reste du monde ne tardèrent pas à disparaître. Il se demandait d'où la jeune fille pouvait venir si matin, lorsqu'il la vit remettre à une femme de chambre qui l'accompagnait un livre et un petit panier caché sous sa pelisse. « Chère sainte! pensa-t-il, elle a déjà visité Dieu et les pauvres... »

— Que votre goût, dit Louis en s'interrompant, me pardonne ce trait digne de la morale en action; mais nous entrons dans l'histoire, et il s'agit d'être exact. Il est vrai que Claire venait de visiter un pauvre.

Quand on entreprend de conter la vie des chrétiens, le pauvre en est inséparable, et il faut s'attendre à rencontrer de ces incidents vulgaires. Fabien ne s'étonna point d'une chose aussi simple ; il ne se défendit pas non plus d'en être ému. Touché de la beauté du matin, il remercia Dieu du rayon de soleil qu'il avait envoyé réjouir aussi la demeure de l'indigent, et il continua de regarder sa cousine à travers les pleurs qui lui venaient aux yeux. Il vit que Claire, au lieu de rentrer à la maison, restait dans le jardin ; bientôt il eut une espèce de honte de rester lui-même, comme en contemplation, à cette fenêtre. Il éteignit sa lampe et reprit sa lecture. Au bout de quelques instants, il s'aperçut que le bruit des pas de Claire, qu'il n'entendait point, étouffait cependant la voix de saint Cyprien. Une attraction irrésistible le ramena promptement à la fenêtre. Claire était toujours là, se promenant, ou plutôt marchant avec cette joyeuse activité de la jeunesse, heureuse et fière de toute la vie qu'elle peut dépenser. Fabien sentit qu'il ne tenait plus dans sa chambre. Il se mit à chercher des prétextes pour descendre au jardin. Il ne lui en fallait aucun, si ce n'est pour lui-même ; et s'il avait pu réfléchir à ce qui se passait dans son cœur, il eût eu beaucoup de peine à reconnaître d'où lui venait cet embarras de conscience. Il trouva enfin que l'air pouvait être froid, et qu'il se formait sur la rivière un léger brouillard, à l'humidité duquel sa cousine s'exposait imprudemment. Satisfait de cette découverte, il jugea qu'il fallait avertir Claire, et qu'il ne serait pas séant de crier par la fenêtre. Au moment de sortir, ses yeux tombèrent sur un crucifix d'ivoire, seul et grave ornement de sa chambre. Il fléchit les genoux. — « O mon Dieu ! que vous donnerai-je et que me demanderez-vous pour tant de bonheur ? » Et il partit comme un oiseau dont on ouvre la cage, ne s'attendant guère à ce que Dieu lui allait demander.

— Allons donc ! dit Sylvestre, c'est invraisemblable.

— Quoi ? demanda Louis ; qu'est-ce qui est invraisemblable ?

— Je te vois venir ! répondit Sylvestre : tu nous prépares cela depuis une heure. Claire a changé d'amour, comme une demoiselle de feuilleton. Elle va le déclarer à ce pauvre Fabien, qui s'en ira chercher le Nouveau et lui dira généreusement : « Donnez-vous donc la peine d'entrer ! »

— Je t'avertis que tu m'indignes, dit Louis. Dans le fond, tu es Flamand.

— Et moi je t'avertis, dit Sylvestre, que ce genre de femmes perfides est usé, que ton Fabien va tourner à la *vertu*, et que le tout est invraisemblable à choquer une bourgeoise de Chignac.

— Il n'y a d'invraisemblable que toi-même, reprit Louis. A-t-on idée d'un peintre qui voit dessiner une église, et qui devine qu'on y va mettre les mannequins du *Journal des Modes!* Pour qui me prends-tu ? Crois-tu que j'aie étudié le cœur humain dans les romans de l'an passé? Quelle touche ai-je donnée au caractère de Claire, — j'en appelle à Édouard, il connaît le métier, — qui fasse supposer que cette aimable fille...?

— Mais, observa doucement André, si tu achevais ton histoire, la démonstration serait meilleure, — et nous irions peut-être déjeuner.

— C'est vrai, dit Louis ; seulement je crois qu'à l'avenir nous ferons bien d'exclure ce peintre de toute conversation sérieuse.

Donc, Claire sourit en voyant arriver Fabien ; elle prit son bras.

— Mon cousin, vous êtes un paresseux, lui dit-elle, et je suis scandalisée de ne vous avoir point vu ce matin à la messe. Savez-vous seulement que c'est aujourd'hui la fête de sainte Thérèse?

— En effet, s'écria Fabien, je l'avais oublié. Pourquoi ne m'avez-vous pas averti, cousine?

— Puis-je supposer qu'on oublie ces choses-là, et qu'on dort à six heures du matin?

— Jugement téméraire! je ne dormais pas. A six heures du matin, chère cousine, je lisais depuis longtemps, et avec une si grande attention, que je n'ai pas entendu sonner la messe.

— Voilà bien la science! on étudie, et on ne prie pas.

Vous avez besoin qu'on vous réforme. Laissez faire, je vous tirerai de la dévotion des livres, et je vous mettrai dans celle des bonnes femmes. Que lisiez-vous de si beau ?

— Du latin.

— Que c'est fier ! Suis-je digne d'apprendre ce que disait ce latin ?

— Très digne. Je vous en lirai tantôt, et vous serez ravie. C'est un traité de saint Cyprien, où il exhorte les chrétiens de son temps à supporter le martyre.

— Oh ! dit la jeune fille, riant de tout son cœur, quel compliment ! mon fiancé se fait exhorter au martyre.

— Ce n'est pas cela tout à fait, reprit Fabien ; mais je l'avoue, dans l'enivrement de mon bonheur, j'ai besoin de me rappeler ces beaux exemples, pour ne pas oublier absolument que le métier de chrétien est de souffrir, et que toujours il faut être prêt.

— Pauvre cousin ! dit Claire, vous tombez mal, car j'ai le dessein formel de vous rendre heureux. Sérieusement, voyez ce qu'il en coûte de manquer la messe, même pour écouter saint Cyprien. J'avais aussi, en me levant, je ne sais quelles vapeurs sur l'esprit. J'ai prié, j'ai communié : me voilà contente. Le malheur paraîtrait à trois pas d'ici, que je l'attendrais de pied ferme. Au couvent, il y avait ordre d'être gaie. *Gaudete in Domino semper :* je vais aussi vous parler latin, moi ! Si vous avez la bonté de trouver que votre bonheur est grand, je vous assure que le mien ne me paraît pas moindre. J'aime et je suis suffisamment aimée sur la terre; j'aime au ciel encore plus, et jusqu'à présent je n'ai pas lieu de croire que j'y sois haïe. La vie s'offre à moi comme une suite de prospérités : partout la paix, l'affection, le bonheur. Quelquefois j'en ai été inquiète; j'ai dit dans mes prières : « Mon Dieu, que ferai-je donc pour vous? » Et tout à l'heure encore, me rappelant les paroles de sainte Thérèse : *Ou souffrir, ou mourir*, il m'a semblé que j'allais au ciel par une route étrangement douce et fleurie.

— Eh bien? demanda le jeune homme attentif.

— Eh bien, reprit Claire, j'ai pensé que ce n'était pas ma faute. J'ai prié Dieu d'arranger cette affaire comme il l'entendrait, protestant que je n'y mettrais nul obstacle, et j'en suis revenue à la consigne du couvent : Réjouissons-nous dans le Seigneur! Remercions-le des grâces qu'il nous envoie aujourd'hui, en attendant les épreuves qu'il peut nous envoyer demain, et dont nous le remercierons et nous réjouirons également. Sa miséricorde me fait un doux oreiller : j'y dors, mais tout habillée, en lui demandant l'unique grâce de me lever au premier mot, au premier signe, acceptant d'avance les épines de Jésus pour ce front qui n'a porté que des fleurs.

— O mon Dieu, pensa Fabien, voilà ce que vous apprenez aux enfants et aux tendres vierges!

— Pourquoi s'épouvanter de la prospérité plus que

du malheur? poursuivit Claire : ni l'un ni l'autre ne sont assurés du lendemain. Au couvent, j'avais une religieuse spécialement chargée de mes mystères, à qui je me plaignais d'être si riche, si bien portante, de faire si facilement tous mes devoirs, et même d'avoir un si bon cousin. «Bah! bah! « me répondait-elle, » tout cela n'a qu'un temps. Examinez seulement si parmi ces trésors vous avez la chose nécessaire, c'est-à-dire la ferme volonté de toujours obéir à Dieu, et vivez en paix. Quand vous aurez tout perdu, ce bien vous restera et remplacera tout. Il ne faut que celui-là. » Et je pourrais encore vous le dire en latin, mon savant.

— Vous êtes plus savante que moi, cousine : j'irai à votre école; vous m'apprendrez à être saintement heureux.

— Oui, s'écria Claire avec un chaste enthousiasme, saintement heureux pour l'être toujours, même dans les larmes, même sur un tombeau ! Nous embrasserons avec une chrétienne ardeur tous les devoirs de notre état, de notre position, de notre bonheur même. Que de bien à faire autour de nous ! Ce pays est plein de pauvres. Nous serons la main de la douce Providence. Nous irons voir tous ces malheureux: je les soignerai, et vous les convertirez.

— Vous aurez encore cette besogne, Claire : c'est la charité qui convertit. Ah! que je vous aime! et que Dieu est bon pour moi !

— Dites qu'il est bon pour le monde. Où n'éclate

sa bonté? Sur la terre même, il prodigue des merveilles qui semblent n'avoir d'autre but que de nous réjouir. Ne dirait-on pas une mère qui s'est plu à parer le berceau de son enfant ?

En prononçant ces mots, Claire promenait des regards ravis sur la belle et joyeuse nature qui les entourait.

— Tenez, poursuivit-elle en présentant à Fabien une scabieuse qu'elle venait de cueillir, je vous donne cette fleur comme un grand témoignage des tendresses de Dieu envers nous, comme un grand témoignage de ma reconnaissance éternelle envers lui. Je n'aurais à le louer que de la joie dont m'ont remplie la beauté, l'innocence et le parfum des fleurs, ce serait assez pour m'inspirer l'hymne sans fin que je chanterai dans le paradis. Ces fleurs ont un langage, et je l'ai toujours mieux compris à mesure que je gagnais des années. Toute petite, je leur parlais ; leurs doux balancements semblaient me répondre. La variété des formes et des couleurs me disait des choses inouïes. Je croyais que le parfum des fleurs était une prière ; et quand le vent les agitait, je pensais qu'elles faisaient effort pour s'en aller au ciel avec cette prière incessante. Alors j'entreprenais de les consoler. Après que nous avions bien causé, je cueillais celles que j'aimais davantage, et tantôt je les abandonnais feuille à feuille au vent, pour qu'il leur fût plus facile de s'envoler ; tantôt je les portais devant la statue de la sainte Vierge. Je les trouvais si heureuses de se faner à ses pieds! A présent je ne leur parle plus, mais parfois j'en suis tentée encore ; l'aspect des fleurs n'a pas cessé de m'enchanter et de m'édifier. J'imagine que ce sont des sourires du bon Dieu, comme les étoiles : les uns sont tombés sur la terre, les autres sont restés en chemin. Combien de fois, traversant cette allée le matin, et la trouvant tout éblouissante de ces divins sourires, je me suis dit que Dieu m'avertissait d'être bonne, simple, douce à chacun, pareille à ces généreuses fleurs qui s'épanouissent à la place que Dieu leur assigne, sans s'inquiéter qui les regarde ou qui ne les regarde pas, sans que les humbles envient l'éclat des brillantes, sans qu'aucune demande plus qu'il ne lui est donné de rosée et de soleil !

— Et si nous examinons le monde, dit Fabien, c'est là que Dieu fait des miracles d'amour! Il forme, en nombre suffisant, des âmes incomparables, qu'il établit les messagères de ses bienfaits. Ce sont comme de vivants réservoirs qui vont partout répandre les trésors de sa bonté. Que font dans le monde ces êtres dévoués? Ils n'y sont pas pour eux-mêmes, car ils s'oublient continuellement ; mais ils n'oublient qu'eux, ils se souviennent de tous les autres ; et quelque douleur que l'on ait, quelque besoin que l'on éprouve, de quelque mal que l'on soit atteint, on les voit arriver, les mains chargées d'offrandes, le cœur riche de charité, l'esprit illuminé d'une sagesse divine. C'est Dieu qui les envoie : rien ne les arrête, rien ne les décourage ; il n'y a point d'entraves pour eux. Les parfums ne volent pas si loin sur l'aile des vents ; un oiseau qui retourne à son nid, se hâte moins dans les airs, et ne connaît pas mieux sa route. Dieu les a donnés à tout ce qui gémit dans l'univers : ils vont à leur mission sans se détourner un moment, et pour ainsi dire sans reprendre haleine. L'un apporte aux esprits une lumière plus douce que celle du jour et de la liberté ; l'autre s'arrête parmi les malades, les soigne, les caresse, les guérit, ou fonde la vie éternelle dans l'âme des mourants. Ils se partagent les orphelins, suppléent la vigilance endormie des mères, servent comme des fils le vieillard délaissé. On en voit qui vont aux limites du monde combattre le démon et lui arracher des âmes, dans les lieux mêmes où son empire est le mieux affermi ; ils veulent bien donner tout leur sang pour l'espoir de verser sur le front d'un sauvage la goutte d'eau du baptême. Saintes âmes, trésor de Jésus-Christ ! elles se livrent pour les misérables, elles souffrent pour les heureux. Combien y en a-t-il, toutes les nuits, en prière dans les cloîtres, offrant leur pénitence afin que la justice divine remette nos oublis !

— Âmes dignes d'envie ! s'écria la jeune fille. Et penser qu'elles ne font rien en comparaison de ce que fait Dieu lui-même ! penser que le roi de ces ambassadeurs sublimes sert le pauvre, pardonne à l'ingrat, s'offre et se donne à tous avec incomparablement plus de générosité que n'ont pu le faire les plus grands saints! Il est descendu du ciel, il s'est livré aux tortures et à la mort, il renouvelle incessamment son sacrifice; il se tient là, dans de pauvres tabernacles, à nous attendre comme un indigent qui sollicite notre charité. Et qu'attend-il? Que nous venions auprès de lui, puiser par avance à la source de l'éternelle joie. Hélas! combien peu nous y pensons! que nous répondons froidement à tant d'amour! O Fabien, excitons-nous à l'aimer davantage; servons-le de tout notre cœur et de toutes nos forces : c'est un si grand bonheur de le servir!

— De le servir uniquement, dit Fabien, soudainement rempli de pensées plus enivrantes que tous les rêves de son amour.

— Oui, reprit Claire, et de ne recevoir que de lui sa récompense.

— Et de ne demander qu'à lui sa joie ici-bas, continua Fabien.

— Ah! dit en soupirant la jeune fille, c'est là aimer Jésus! Que ceux qui le servent ainsi ont une vocation heureuse!

— Il y a, poursuivit Fabien, des âmes qui sont appelées et qui ne répondent pas. Quel sera leur sort?

— Hélas! dit Claire, cette pensée fait frémir.

— Sans vous, ma cousine, je l'ai senti bien souvent, j'aurais été prêtre.

— Et moi, je serais déjà sous le voile si vous n'aviez pas existé, Fabien.

— Tout mon cœur ne pouvait être qu'à Dieu.

— Je n'aurais voulu donner qu'à lui toute ma vie et tout mon cœur.

— Prêcher, instruire, sauver des âmes !... quelle autre gloire et quelle autre joie peut désirer un chrétien ?

— S'enfermer dans le silence et dans l'humilité, travailler sans relâche à l'éclat de la couronne céleste que l'on portera devant Dieu, n'être connue ici-bas que des anges, mortifier sa vanité et la vaincre, sans cesse prier pour ceux que l'on aime, avoir dès ce monde sa société au ciel, mourir pure et deux fois chère à Marie dans la robe du baptême et de la communion... ô désirable destinée !

— Ainsi, chère cousine, vous m'avez préféré à tous ces biens ? Vous auriez fait une sainte religieuse.....

— L'autre jour, Fabien, vous parliez de Dieu. Votre voix était si touchante, vos raisonnements me paraissaient si forts et si beaux, je voyais tout votre visage si brillant de zèle!... je me disais que vous auriez fait un bon prêtre, et que je ravissais peut-être une grande grâce aux malheureux impies.

— Oh ! moi, Claire, je ne suis rien, mais du moins j'aurais dit la messe et j'aurais pu consoler encore quelques infortunés. C'est quand je vous vois, que je m'épouvante de concentrer sur moi seul ces trésors de douceur et de charité que je vénère en vous. Sœur hospitalière, verrait-on un malade qui ne s'empressât de bénir vos soins et de prier avec vous? Carmélite, vous seriez une de ces roses de la solitude qui parfument le monde. Dans une maison comme celle d'où vous êtes sortie remplie de tant de foi et brillante de tant de candeur, heureuses les enfants qui recevraient vos leçons! Quel caractère difficile vous résisterait? quel esprit sauvage ne sauriez-vous pas assouplir? On ne peut dire combien de familles vous auraient dû leur bonheur.

Ils gardèrent quelques instants le silence. Claire, d'une voix plus timide, le rompit la première.

— Nos parents, dit-elle, ont peut-être eu tort de nous destiner au mariage, avant de savoir si nous ne serions pas choisis de Dieu pour un état plus parfait...

Fabien a révélé ce qui s'était passé dans son cœur en ce moment. Ce fut comme un éclair où il vit Jésus lui présenter d'une main la couronne d'épines et de l'autre des fleurs empourprées par le sang de ses plaies. Il ferma les yeux, il eut peur. Les paroles de Claire lui déchiraient l'âme, mais une voix intérieure lui criait d'achever.

— Oui, dit-il, triomphant de cette angoisse, je crains davantage, depuis un instant, que nos parents ne se soient un peu trop hâtés, et que Dieu ne leur en demande compte.

— Je veux bien, continua Claire, que vous m'ayez préférée au reste du monde, mais je m'estimerais malheureuse que vous m'eussiez préférée à Dieu.

— Certes, ma cousine, si j'étais le seul osbtacle entre la paix du cloître et votre cœur, je me trouverais de trop sur la terre. Dieu sait pourtant si je vous aime!

— Un jour, Fabien, pour me faire de la peine, on me dit que l'on vous avait vu très empressé de plaire à une de mes amies, et que vous vouliez l'épouser. Je n'en crus rien, et pourtant cette méchanceté me fit pleurer et troubla mon cœur. Un autre jour, on me dit que vous parliez d'entrer dans les ordres : je pleurai encore ; mais, paisible, je vous offris à Dieu.

— Et moi, ma cousine, quand vous fûtes, il y a deux ans, si malade, une nuit, je rêvai que vous étiez morte. Persuadé par ce rêve, je pensai mourir moi-même, et je demeurai dans un abattement inexprimable, jusqu'à ce que l'on m'eût bien rassuré. Plus tard, lorsque je partis pour mon dernier voyage, je vous vis à la grille du couvent. Vous alliez faire une retraite. Jamais encore vous ne m'aviez tant charmé. Vous veniez d'obtenir un rang d'honneur. Vous étiez enveloppée des plis d'un grand voile blanc, et je ne puis vous dire combien j'étais ému de cet éclat d'innocence et de grâce qui brillait en vous. Une religieuse vint vous chercher, ma mère vous embrassa, et vous partîtes en me laissant un sourire radieux... Vous rappelez-vous ce jour?

— Oui ; et moi j'étais enchantée de vous voir si modeste, si grave, et pour ainsi dire tout rayonnant de la paix de Jésus-Christ.

— Quand vous nous eûtes quittés, reprit Fabien : « C'est un ange ! » s'écria ma mère ravie. — « Oui », dit la religieuse, « c'est l'honneur de notre maison. » Chacun vous loua, et je n'en perdis pas un mot. Cependant je pensais que cette retraite où vous entriez, pouvait avoir pour résultat de vous séparer à jamais de moi et du monde. Eh bien ! me dis-je, au Seigneur les anges du Seigneur ! Si elle est religieuse, je serai prêtre. Et, sachant bien ce que je perdrais, je priai néanmoins avec ferveur, demandant que Dieu vous inspirât des résolutions conformes à sa gloire et à votre salut. D'avance je m'inclinai sous sa volonté souveraine, sous la vôtre. Cent fois, dans mes rêveries, je vous vis prendre le voile, je vous entendis me dire adieu, et je ne pleurai point.

— Hélas ! que faut-il conclure, dit Claire, sinon que nous sommes faits pour le service de Dieu ?

— Nous le reconnaîtrions un peu tard, observa Fabien.

— Pourquoi, dès qu'il n'est pas trop tard ? répliqua-t-elle.

Insensiblement Claire avait quitté le bras de Fabien, et depuis quelques instants ils marchaient à côté l'un de l'autre, parlant la tête baissée, sans se regarder. A ce mot : « Il n'est pas trop tard », Fabien leva les yeux sur sa cousine, le cœur gonflé d'un singulier mélange de foi, de courage, de bonheur et d'amour. Elle attendait ce regard. Ses yeux brillaient d'un feu céleste. Le jeune homme y reconnut tous les sentiments qui remuaient son cœur.

— Que dites-vous, Claire? s'écria-t-il.

— Je dis, répondit Claire pâle d'émotion, que Dieu m'appelle et vous appelle aussi; que vous entendez sa voix, et que, ne sachant pas si je l'entends moi-même, vous n'osez m'avertir. C'est pourquoi je vous avertis.

Dès ce moment leurs combats furent terminés. Dieu était content : ils le connurent à la paix de leurs âmes.

— O sainte ! s'écria Fabien, je n'aurai ni moins de foi ni moins de courage que vous.

—Eh bien ! reprit Claire avec la sérénité d'un ange, en retirant de son doigt un anneau que Fabien lui avait donné, il n'est pas nécessaire d'attendre plus longtemps : anéantissons l'alliance de la terre, nous sommes fiancés dans le ciel.

Elle pleurait. — Je pleure aussi à la communion, ajouta-t-elle : ne vous inquiétez pas de mes larmes.

— Gardez l'anneau que vous avez reçu de moi, ma sœur, dit Fabien. Qu'il soit désormais le souvenir d'une union plus durable et plus sainte. Pour moi, je ne vous rends pas cette fleur que vous m'avez donnée en témoignage des bontés de Dieu. Vous en faites une relique : elle séchera sur mon cœur, et j'en conserverai la poussière ; et le jour même où je recevrai le sacerdoce, je ne la rejetterai point, tant est pur l'amour dont je vous chéris devant mon Maître, et libre et content le sacrifice que je lui fais !

— Bientôt, dit Claire, je serai dans mon cher couvent, où je ne vous ai jamais oublié.

— Demain, dit Fabien, je prierai pour vous dans ma cellule.

Il y a dans un coin retiré du jardin une salle de verdure au fond de laquelle s'élève un petit calvaire. A l'autre extrémité, un piédestal de gazon, dressé entre deux arbres, supporte une statue de la sainte Vierge. Fabien et Claire s'y rendirent en silence. Étant arrivés au pied du calvaire, ils se mirent à genoux et prièrent quelques instants. Claire ensuite, se levant, prit la main de son fiancé, et, lui montrant l'image de Notre-Seigneur :

— Je vous donne, dit-elle, à Jésus crucifié. Réservez-moi quelque petite part dans le prix de vos travaux, de vos fatigues, de vos souffrances ; et, quand vous offrirez le saint Sacrifice, pensez à moi.

De là ils allèrent à la statue de la sainte Vierge, et, ayant encore prié, Fabien prit à son tour la main de sa cousine :

— Que la Reine des vierges et des martyrs, dit-il, daigne accepter l'offrande pure que je lui fais ici. Abraham n'avait pas résolu d'immoler au Dieu éternel une victime qui lui fût plus chère. Je vous donne sans regret, mais ce n'est rien à présent de donner ma vie. Que les bons anges, à qui je rends une sœur, m'obtiennent les vertus sublimes dont le prêtre a besoin !

Ils se séparèrent, n'ayant plus désormais rien à se dire dans le langage d'ici-bas.

Ils ne se revirent jamais. Fabien quitta le château une heure après cet adieu, n'emportant de tout ce que Claire lui avait donné que la scabieuse cueillie le matin, fleur de deuil, humide des pleurs de l'automne. Le lendemain, comme il l'avait promis, il était au séminaire. Quelques semaines plus tard, les parents de Claire, soumis à la volonté divine, ramenèrent leur fille au couvent.

Les supérieurs ecclésiastiques, toujours un peu défiants des résolutions soudaines, exigèrent de longues épreuves avant d'admettre nos deux fiancés. Mais il fallut bien voir que tout venait de Dieu, et que la vocation était des deux côtés irrévocable. Claire prononça ses vœux; Fabien devint prêtre.

Je connais Claire, j'ai vu Fabien, et leur histoire m'a été contée par un saint prêtre, leur ami. Si j'étais peintre, du doux visage de la religieuse et des nobles traits de son fiancé je ferais un tableau pour quelque chapelle consacrée à Marie *étoile du matin*.

Solesmes, septembre 1843.

## DE L'ANCIENNE VILLE DE CHIGNAC

En 1836, toute la bonne société de Chignac fut agitée pendant quinze jours par une lettre manuscrite, sans nom d'auteur, que chacun se flattait de pouvoir rendre à sa véritable adresse, inconnue comme la main qui l'avait lancée. Toutes les demoiselles y reconnaissaient toutes leurs amies. Bientôt elles prirent chaudement fait et cause pour ces amies qu'elles prétendaient indignement calomniées, et il y eut de terribles clameurs contre un certain Léonce, à qui l'on finit par attribuer cet écrit séditieux. Ce Léonce était un fort honnête garçon, original et même bizarre, et très capable d'avoir commis le crime. Cependant il ne s'en vanta point.

Ayant lu à mon tour son badinage, je n'y ai point trouvé les méchancetés dont on parlait ; j'y ai trouvé une philosophie dont on ne parlait point. Seulement, cette philosophie est un peu absconse et volatile. Je laisse au lecteur le soin de la découvrir. Certaines friandises d'esprit sont comme ces fruits sauvages qu'il faut cueillir soi-même dans la haie; cueillis par d'autres, ils n'ont plus rien d'agréable.

Quant à la ville de Chignac, c'était une charmante ville, et la société de Chignac était une charmante société. La ville avait de quatre à cinq cents ans, la société avait de seize à vingt-cinq ans. On voyait dans la ville quantité de vieilles maisons étranges, de petites rues tortueuses, de tourelles, de balcons grillés et d'étroites fenêtres où paraissaient de jeunes visages. Le jour, il faisait frais dans les rues ; la nuit, on entendait de tous côtés des sérénades, et cette vieille ville était comme ces aimables ruines qui sont pleines de fleurs, d'arbustes et de nids. Autour de la ville, il y avait de grands arbres, vieux comme elle ; sous les vieux arbres se promenaient de vieilles amitiés et de jeunes tendresses, et des rêves plus chantants et plus voltigeants que les oiseaux. Dans ce pays-là, en ce temps-là, il courait des chansons, des contes, des mélodies, et même des odes et des histoires tragiques ; et la vie semblait un fleuve tantôt tranquille, tantôt tumultueux, toujours profond et plein de flots puissants.

Tout est bien changé. Maintenant c'est la ville qui est jeune et la société qui est vieille. La ville a seize ans ; elle est correcte, alignée, fraîchement fardée de plâtre. Elle est éclairée au gaz ; elle a un égout central, un commissaire central, un grand préfet, un chemin de fer, des arbres neufs. La société a cinquante ans et pas de souvenirs. Elle lit *le Siècle*. Ce serait fort inutile aujourd'hui de jeter dans Chignac des lettres anonymes comme celle que l'on va lire : personne n'y comprendrait rien. Oh ! que de choses en ce monde, qui semblaient si vivantes il y a trente ans, sont depuis longtemps mortes aujourd'hui !

Voici l'écrit attribué à Léonce :

### CLORINDE ET CLÉMENTINE.

Qui vous a dit, Clorinde, que je vous haïssais ? Vous seule, peut-être ! Lorsqu'elles ne se sentent plus aimées, les femmes ont la faiblesse de vouloir être haïes. Vraiment non, je ne vous hais point : car enfin, quelle raison à cette haine ? je ne vous ai pas fait de mal, Clorinde, et vous ne m'avez pas fait de bien. Vous entriez dans la vie, je sortais de l'école ; vous cherchiez un danseur, et je dansais ; je demandais une muse, et quel plus fantasque lutin, quelle matinée d'avril plus claire, plus brumeuse, plus changeante que vous ? L'éducation n'avait embarrassé nos esprits d'aucun de ces préjugés de retenue extrême et de sauvage pudeur qui réservent toute l'âme à de secrets et glorieux combats ; nous nous acceptâmes, après quelques façons obligées de votre part, dont je vous suis reconnaissant. Vous saviez déjà, sans les avoir lus, tous les romans de France et d'Allemagne. Vous me fîtes faire les relais marqués sur la carte du Tendre. Je les fis, en poste, il est vrai. Néanmoins, lorsque j'obtins votre premier sourire, j'avais assez langui. Véritablement, Clorinde, nous étions formés l'un pour l'autre. N'étais-je pas le plus facile à désespérer du monde? Je pense que cela vous faisait bien quelque honneur lorsque, me dérobant au bout de cette grande salle où nous dansions l'hiver, chacun me pouvait voir, le front triste, l'œil dolent, souffrant de si bon cœur, parce qu'un rival, n'importe lequel, tenait votre main. J'attirais dans un coin mes meilleurs amis, et je leur disais de vous tout le mal imaginable. Plusieurs, ayant vu mes tourments, ont pensé que je pourrais en mourir. Il y eut de vos cruautés qui furent célèbres.

Un jour, à la campagne, vous aviez à passer la Lisonne. Le gué était de pierres chancelantes, et l'eau n'en laissait voir qu'une petite pointe, suffisante à peine pour y poser vos petits pieds. Jeunes gars, jeunes filles, pères, mères et grand'mères passèrent toutefois sans encombre; mais vous restâtes au bord, effrayée, et d'une frayeur, certes, qui vous allait bien. Or j'étais là, paré comme un berger de Florian: j'avais de fins souliers, des bas de soie, un pantalon de couleur tendre. Vous demeuriez donc, le pied sur la première pierre, l'autre pied sur le rivage, joignant vos mains pleines de fleurs des champs, vous écriant de la voix la plus charmante que vous n'oseriez jamais! Était-ce vous que nous entendions? était-ce quelque fauvette cachée dans les feuillages? C'était vous; la voix des fauvettes n'avait point alors ce riche et doux éclat. Le vent jouait dans les rubans de votre chapeau de paille, l'odeur des foins coupés était enivrante, le soleil vous entourait des plus obligeantes clartés. Ah! Flavie..., Clorinde, veux-je dire...

Il est sûr que depuis ce jour-là j'ai vu de beaux paysages : j'ai vu l'Océan ébranler ses rochers, l'Adriatique caresser les marbres de Venise; j'ai traversé d'une course rapide, au milieu des bruits de guerre, le lit plein de lauriers-roses des fleuves africains ; j'ai rêvé dans les herbes odorantes des Alpes, ayant à mes pieds la beauté des lacs et sur ma tête la beauté des glaciers ; j'ai contemplé, dans les solitudes de l'Italie, la majesté des ruines romaines ; j'ai vu les châteaux du moyen âge se mirer dans les eaux limpides du Rhin ; la brise de juillet m'a bercé tout un soir sur les paisibles flots du lac de Trasimène ; je me suis arrêté aux danses des mortels fortunés dont les moissons environnent le lac Majeur... Mais qu'ai-je vu, jusqu'à certain jour, qui me soit resté dans la mémoire autant que cette odeur des foins coupés, cette richesse du soleil et ce jeu du vent dans les rubans de votre chapeau de paille, ce brin de réséda sauvage qui tomba de vos mains et s'en alla doucement au cours de l'eau, cette touffe d'herbe, cette pierre au bord de la Lisonne, d'où il me semblait — tant j'étais poète alors! — que vous alliez prendre votre vol, ô sylphide évanouie des légendes de mon jeune temps!

Écoutez, Flavie, sans rancune : vous faisiez bien de ne point passer. Cependant votre mère s'impatientait ; je craignis qu'on ne vous accusât de malice, et qu'à la fin vous ne fussiez embarrassée du dénouement de cette petite comédie. — Alors, — et souvenez-vous de mes bas de soie, de mes souliers fins, de mon pantalon de couleur tendre! — aux yeux du public émerveillé, j'entrai stoïquement dans la rivière, j'allai jusqu'à vous, je vous offris la main... Cœur de bronze! à peine vîtes-vous cela, que, légère et moqueuse, semblable aux oiseaux des rêves, en trois pas, en trois bonds, en trois coups d'ailes, ce passage qui vous effrayait fut franchi sans mon secours ; et je vous présentais encore la main, que, parvenue de l'autre côté, vous regardiez comment j'allais revenir. Hélas! je sentis que ma marche à travers le courant n'avait point d'élégance, que je pataugeais, que j'étais de mauvaise humeur. Il m'arriva cent désastres : je faillis tomber, j'enfonçai dans la vase, il fallut me tendre un bâton pour m'aider à sortir, je sortis botté jusqu'aux genoux d'une boue affreuse, et vous me dîtes pour consolation que je m'étais fait de beaux brodequins! Ce fut au point que chacun me plaignit, dont j'enrageais au fond de l'âme. Oh! que vous étiez fière de mon silence farouche! oh!

que vous étiez vaine de voir dans mes yeux que j'aurais voulu vous tuer ! car il est vrai que je maudissais la Lisonne de n'avoir point de précipice assez profond pour vous précipiter, et me perdre avec vous. Voilà pourtant comme vous me traitiez, cruelle Edmonde ! S'il ne fallait faire qu'un volume du lamentable récit de vos caprices et de mes désespoirs, il serait bientôt écrit. Heureusement, deux ou trois heures après, il vous plaisait de cueillir dans l'herbe une campanule bleue. « Voyez », me disiez-vous, « cette jolie fleur... elle est bleue : je vous la donne. » Il était anciennement convenu entre nous que nous aimions les fleurs bleues ; notre tendresse était tout habillée de bleu. La campanule bleue était un symbole. Je la mettais, avec la date de ce grand jour, dans un portefeuille bleu, qui devait expressément ne point quitter cette poche de l'habit qui avoisine le cœur.

Il ne la quitta point, Florine ! Mais il faut avouer que moi, je quittai l'habit, qui s'était fait vieux ; et que le portefeuille, ayant également subi la vieillesse, devint, avec tout ce qu'il contenait, en même temps que l'habit, la propriété de ce garçon qui me servait si mal, et que je gardais néanmoins, Aglaure, par considération pour vous.

Donc vous me donniez ce brin d'herbe, et c'était une victoire vengeresse du passage de la Lisonne, désastreuse un moment comme une Bérésina. Mais si vous consentiez encore, Éliante, à me faire entendre au retour, sur votre clavecin, *la Dernière Pensée de Weber* — qui m'a tant fait pleurer sur votre harpe, Clélie! — c'est alors que charmé, je m'en allais sous les arbres, murmurant en vers la gloire de vos cheveux blonds... Je ne me trompe pas, Clorinde : vos cheveux certainement sont blonds? à moins que ce soient pourtant les vôtres, Flavie? Blonds et longs, cela faisait deux bonnes rimes. Il était bien doux et commode, Flavie, de vous adresser des sonnets : *belle, rebelle, toujours poursuivie, toujours ravie, toujours aimée pour la vie !* Votre nom, Clorinde, est loin d'offrir ces facilités.

Comment arriva-t-il qu'un jour je ne pensai plus à vous, et que vous ne pensâtes plus à moi? Il est peu nécessaire d'en entreprendre le conte. Faut-il écrire vingt pages pour dire que certaines herbes ne croissent qu'à certaines époques, et que la saison des sonnets finit avec les derniers jours d'avril? — Il se trouva que vous prîtes plaisir à tourmenter Léandre, et que vous ne fûtes point fâchée que cette taquinerie ne me fâchât point. Ce fut donc à Léandre de traverser la Lisonne, à moi de le regarder faire en souriant. Il eut les fleurs bleues, *la Dernière Pensée de Weber*, l'enthousiasme sous les arbres, le travail aisé de chercher des rimes à Flavie, le plaisir plus rare d'en trouver à Clorinde ; j'eus le souci de résoudre, au seuil de mes vingt-cinq ans, des problèmes autrement sombres que celui de notre inconstance. — Mais le plus clair de cette histoire sera toujours que vous m'oubliâtes, et que je vous oubliai. Clorinde, Flavie, Edmonde, Florine, Aglaure, Clélie, Éliante, je ne sais, il est vrai, guère plus que vous-même, ce qu'est devenu l'amour éternel que je fis profession d'avoir pour vous, ma chère. Cependant, il n'y a point là de quoi nous haïr.

J'ai regretté, sans doute, amèrement regretté, tant de jours précieux ravis à l'étude, à la méditation, à de plus graves devoirs, pour vous les donner ; pour apprendre au bout de quatre ou cinq années, que vous étiez de simples mortelles et que j'étais un assez grand ingénu ; que je prétendais obéir à mon âme, et que j'obéissais à quelques grimauds dont je lisais le mauvais français ; que je prétendais me gouverner en homme, mais qu'un visage attifé de rubans, un son de voix, un sourire, un regard, défaisaient toutes mes résolutions... Et quels regards ! quels sourires ! quelles voix ! Tenez, Clorinde, c'est peut-être que j'ai peu de mémoire : mais quand je me rappelle nos conversations, il est à peine croyable comme je me prends à penser que vous n'aviez pas tant d'esprit que je vous en trouvais ; et cependant je voulus un jour me couper la gorge avec ce pauvre Léandre, qui pensait tout justement de même avant de vous aimer.

Voilà, Flavie, qui est bien étrange : il me semble que vous ne jouiez pas en mesure *la Pensée de Weber !* Et je vous confesse, Florine, que la dernière fois où je vous priai de chanter la romance du *Saule,* — vous

savez pourtant si cet air m'avait souvent bouleversé !—
je me mis en tête que vous chantiez un peu faux,
avec toutes sortes de petites mines presque bizarres.
Clélie peut se souvenir qu'elle était là, et que je lui fis
part de mes remarques, dont elle ne s'offensa point,
quoiqu'elle eût été jusqu'à ce jour votre bien sincère
amie. Bonne Clélie ! comment ai-je fait pour voir que
vos regards n'étaient pas réguliers ? ou comment ne
l'ai-je pas toujours vu ? Vos beaux yeux, Éliante,
m'aidèrent en cette découverte, qui vous vengea de
Clélie et qui me vengea de Damon. Est-ce donc que
je faisais moi-même le grand éclat de ces beautés, la douceur extrême de ces voix, le charme infini
de ces sourires ? Pourquoi non ? Vous faisiez bien
l'agrément de mes vers, qui n'ont eu la fortune de
plaire qu'à vous. Enfin, toutes ces amours étaient
plaisanterie pure et temps perdu, et je ne sais où prennent ce qu'ils disent ces oisons qui nous font de
l'amour une passion formidable ; qui nous montrent
deux cœurs s'aimant uniquement, deux cœurs de
tourtereaux séparés par un destin barbare, qui s'en
vont, loin l'un de l'autre, *languir, puis mourir*, ainsi
que je l'ouïs l'autre jour chanter sur la vielle, par
un Savoyard en habit noir et une vieille petite femme
bossue.

Et savez-vous, ma chère, ce qui me console ? C'est
qu'après tout vous êtes restée honnête fille, et que je
me conduisis en honnête garçon. Ce peu que nous

connaissions de morale, au moins nous ne l'offensâmes jamais. Voilà toute la joie qui me reste, Madame ou Mademoiselle, de vous avoir aimée, d'avoir cru vous aimer ; voilà d'où vient uniquement que je n'ai à faire nul effort pour ne point vous haïr.

Vous souvenez-vous, Éliante, d'un certain soir azuré, où je vous fis une querelle sur le motif légitime qu'en me donnant des campanules et même des myosotis, tous vos serments n'étaient néanmoins que contes bleus, puisque positivement, en ce même temps-là, vous étiez fort douce et suave pour le grand Cléobule, qui soupirait comme un soufflet de forge ? Vous le prîtes tragiquement : et comme une victime innocente, et d'une voix mouillée, et d'un regard fait pour tripler mes chaînes, vous me demandâtes en quoi méritait ce Cléobule qu'on me le préférât. Je le savais, je vous le dis avec une naïveté cruelle : je n'étais que le germe douteux d'un mari ; Cléobule était un mari en fleur, en graine, en héritage, mûr et bon à cueillir ; il portait le deuil de son oncle, il avait fini de pleurer son cousin, le médecin désespérait de sa marraine. Ah ! l'aimable homme ! et que je sentais bien sa supériorité, quoique la fortune, au milieu des enterrements qu'elle lui prodiguait, lui refusât encore vos myosotis ! — Et à la fin il les eut, les myosotis, et aussi la charmante blanche main qui les donnait : Cléobule — tant je fus sorcier ! — est devenu votre époux, le plus heureux et le plus respecté des époux, — de quoi je vous assure que je fus vraiment charmé..... Car voilà votre trahison, Cécile, et voici la mienne :

Vous avez certainement jeté plus d'un regard dédaigneux sur l'humble Clémentine, la fille du vieux juge, qui demeurait auprès du pont, entre les Clarisses et l'église de Saint-Nicolas. Elle était pauvre, modeste, à peine jolie. Elle n'allait pas quatre fois l'an dans le monde ; il fallait être assidu aux promenades, à l'heure où vos beautés n'y paraissaient point, pour l'y rencontrer. Elle entendait tous les jours la messe, soit aux Clarisses, soit à Saint-Nicolas ; mais c'était la première messe, que l'on dit le matin, quand nous dormons encore, pour les servantes et les gens de travail. Vous la connaissiez à peine, l'humble Clémentine. Si par hasard on parlait d'elle, c'était une dévote, c'était une niaise. Quelquefois un instinct de jalousie, étrange contre des vertus si peu vantées, faisait dire : « C'est une orgueilleuse ! » Je me taisais : je craignais d'attirer sur ce doux nom les sarcasmes du monde, je ne me trouvais pas digne de le prononcer.

Cette dévote, cette niaise, cette orgueilleuse, c'était vraiment mon amour. Elle ne le savait pas ; longtemps je l'ignorai moi-même. Je l'admirais seulement ; je savais seulement qu'elle fuyait les regards et les louanges, qu'elle donnait tous ses soins aux vieux jours de son père, qu'elle aimait les pauvres, qu'elle menait enfin une héroïque et sainte vie. Je l'avais découvert, on ne s'en doutait pas dans la ville.. Fier et jaloux de mon secret, je ne voulais pas le révéler. A mon admiration chacun aurait deviné mon amour. Je laissais donc passer vos railleries; mais elles me blessaient plus que tous vos caprices, et je ne vous ménageais guère, quand par hasard vous aviez touché cette corde cachée, frappé dans mon cœur ce coup de stylet. Pour vous je pouvais passer la Lisonne et faire d'autres folies. Savez-vous ce dont j'étais capable pour Clémentine ?

J'atteignais vingt-cinq ans; je l'aimais, quoique attaché toujours à vous par des liens ridicules ; je pouvais prétendre à plus de richesse et de beauté qu'elle n'en avait : et je n'aspirais pourtant au bonheur de l'obtenir qu'en me disant que je ne la méritais pas. Elle n'allait point dans une maison où je n'eusse trouvé le moyen de m'introduire, non pour la voir — j'aurais craint d'éveiller de méchants propos — mais pour entendre parler d'elle ; elle n'avait pas un parent de qui je ne fusse bien vu, pas un pauvre qui ne reçût ma visite lorsqu'elle venait de le quitter et qu'il y avait encore dans ces grabats je ne sais quelle bonne odeur et quelle douce lumière que son passage y laissait. J'entrais à l'église même — que Dieu me le pardonne ! — après qu'elle y avait prié : car de l'y suivre, d'aller porter là des pensées bien pures pour moi, mais non pas assez pures pour elle, et qui l'auraient désolée si elle avait pu les soupçonner un jour, jamais je n'osai. Enfin, je la voyais partout, et ses chastes yeux baissés sous le voile de leur modestie ne m'apercevaient nulle part. C'est ainsi que je l'aimais !

Comment se faisait-il qu'en même temps je semblasse vous aimer ? Hélas! c'était un mystère pour moi-même, et ce mystère était mon supplice. Je ne saurais vous dire à quel point je m'humiliais de cette légèreté, de ce mensonge, de cette bassesse où m'enchaînaient vos caprices pleins d'art, et ma vanité plus encore que vos coquetteries. Vous ne me fîtes pas, sur la fin, Éliante, — il me semble que c'est par vous que j'ai fini — commettre une lâcheté, dont je n'aie demandé aussitôt pardon dans le fond de mon cœur à cette chère et respectée Clémentine. J'avais une vengeance dont j'usai souvent. Vous savez ces gros bouquets dont vous aimiez à charger vos mains durant nos promenades du soir? J'en obtenais toujours quelques débris, — car c'est le destin des pauvres fleurs, de servir à ces éternelles fadaises, et j'en ai cueilli dans ma vie en votre honneur, Mesdames, assez pour le dîner d'un bœuf; — mais que faisais-je de ces chers débris ? Oh ! je les avais bien désirés, c'est la verité pure. Mais à peine de vos mains avaient-ils passé aux miennes, que je pensais à Clémentine et je brûlais de vous quitter.

Prenant tout de suite les rues sombres qui mènent aux Clarisses, et faisant de mystérieux détours, j'allais pourtant, Clorinde, jeter sur le seuil de Clémentine les fleurs que vous aviez cueillies, que vous aviez portées, que vous m'aviez données ! Ma grande joie était d'espérer que Clémentine les foulerait aux pieds, sans même les voir, en se rendant à la messe le lendemain.

Comme mon cœur battait ! comme il me venait aux yeux de douces larmes, quand je pensais qu'un jour, bientôt, je pourrais démasquer tous mes plans, demander la main de Clémentine, l'obtenir et jouir de vos dépits !... Non, non, je ne songeais guère à vos dépits : je songeais au bonheur de mon âme, à la sécurité de ma vie, à cette félicité d'une affection pleine d'estime et de confiance ; et, sans remords, je portais en espoir à Clémentine un cœur fatigué de vos liens, parce que je sentais ce cœur l'aimer véritablement, d'une première affection, forte, sérieuse, et qui n'était pas du tout celle que je vous offrais.

Hélas ! je ne méritais même pas le bonheur de ces rêves, et Clémentine, par ses vertus, avait déjà mérité un autre sort. Elle mourut ; elle alla connaître dans le ciel un amour meilleur. J'avais caché mes rêves, je cachai mon désespoir ; je ne me plaignis qu'à Dieu, qui seul savait que je fusse frappé. De même que jadis, pour passer devant la porte de Clémentine, j'attendais la nuit, je l'attendis encore pour aller visiter son tombeau. Je n'y portai plus des fleurs que je ne songeais plus à vous demander ; mais je sentis là se sécher enfin pour jamais, sous le feu d'une vraie douleur, ces vains sentiments, ces plantes folles qui envahissaient mon cœur comme un terrain stérile. Et ce fut la fin de ma jeunesse, qui, perdue aux frivolités du monde, y aurait peut-être engagé ma vie entière, si quelques rayons de l'auréole d'une sainte cachée, éblouissant mon âme, n'étaient venus me révéler de plus nobles desseins que je n'en formais, des beautés plus durables que vous n'en saviez montrer, des affections qui sont les chastes sœurs de la vertu et les filles sérieuses du devoir.

Tel est, Clorinde, le mystère de ce changement tout à coup survenu dans ma vie, dont on s'occupa beaucoup alors, et dont j'ai ouï dire que vous aviez badiné souvent. Je ne voulais point vous l'apprendre, à cause du nom de Clémentine ; mais puisque ce nom, toujours présent à mon cœur, est venu se placer sous ma plume, et que l'histoire en est faite, je ne l'effacerai point. A force de pleurer Clémentine, je finis par prier ; à force de m'asseoir à sa place dans les églises, j'y vis l'autel où se portaient ses yeux. Je l'aimais, je la regrettais comme une épouse, et Dieu voulut bien se servir de ce moyen pour toucher mon âme, dont la frivolité n'aurait pas supporté peut-être une autre lumière. Qui sait, d'ailleurs? qui osera dire que cette sainte enfant n'a point connu là-haut ce qu'elle ne sut jamais ici-bas, et qu'elle n'a point intercédé pour moi? Connaissons-nous la sereine compassion des anges? Enfin je devins un homme, vous restâtes un hochet.

Maintenant, mes beautés, où en êtes-vous ? Je

l'ignore ; mais ce que je sais et ce que j'ose vous déclarer, c'est que nous vieillissons. Certes, vous seriez pardonnables de n'y pas songer ; hâtez-vous néanmoins d'en convenir : plus tard vous ne voudriez plus le savoir, et ce serait fâcheux. Nous vieillissons, cela veut dire qu'il faut changer de maximes : car ce qui semblait charmant hier, ne sera plus pardonné demain. Et il arrivera une chose effroyable, dont il faut encore que je vous avertisse : vous ne trouverez point de maris ; — si vous trouvez des maris, vous ne trouverez point le bonheur.

Parmi vos courtisans, plusieurs sont fort empressés de vous plaire, et comme moi fort résolus d'en épouser une autre qui n'aura point toutes vos splendeurs. Je sais qu'il ne faut pas se fier à ces sortes de résolutions, et que vous êtes capables de mener un pauvre garçon plus loin qu'il ne voudrait aller. Mais considérez tout ce que peut enlever cette diligence qui, chaque soir, part de la ville, et met en une nuit quarante lieues entre les entraînements de la veille et les actions du lendemain ! Honnêtes et belles filles, tremblez de n'être, à la fin, épousées que par un rustre épris de votre dot ; tremblez d'être épousées même par un galant homme, s'il ne le fait qu'à contre-raison, dans le trouble d'une de ces frénésies qui ont la violence et la durée de l'ivresse. La paix ni le bonheur ne sont point le fruit de ces calculs sordides et de ces surprises. L'ennui, j'oserai dire le vrai mot, le dégoût les suit, le soupçon y mêle ses venins, les larmes y viennent avec le remords. Voilà ce que savent ou pressentent presque tous les hommes, et par quelle sorcellerie tant d'amoureux font si peu d'époux. Les plus enflammés comme les plus tièdes éprouvent ce désir bizarre d'avoir une femme qui n'aime qu'eux, qui ne soit sensible qu'à leur tendresse, et qui sache, dans l'avenir, élever ses filles comme ils souhaiteraient qu'elle-même eût été élevée.

Si beaucoup de gens vous admirent et vous le disent, si votre figure est jolie, si votre taille est fine, si votre démarche est pimpante, si votre chant est plein d'expression, si votre danse enlève les cœurs..., vous êtes encore au-dessous de cinquante actrices qui chargent nos théâtres ; vous n'avez là que des mérites qui charment autant que moi le dernier des commis ; — et vous pouvez très bien, d'un jour à l'autre, aimer dans un sous-lieutenant ce que j'aime en vous. — Si vous êtes pure, modeste, pieuse ; si vous avez du sens, de la douceur ; si vous méprisez ou seulement si vous craignez d'indiscrets hommages, il n'y a au-dessus de vous que les anges de Dieu, et je n'ai pour mon repos à redouter ni les avantages extérieurs d'un imbécile, ni l'esprit et même le cœur d'un rival plus distingué. Je trouve en vous une amie indulgente, qui sous le poids de mes torts possibles s'efforce doucement de me rendre meilleur, qui ne demande vengeance à personne, et ne cherche consolation qu'en Dieu. —

Comprenez-vous maintenant, mes Clorindes toutes belles, toutes souriantes, toutes bien-aimées en ce temps-là, que je vous aie fuies, et que je n'aie pas eu besoin de vous haïr?

1842.

# LES HISTOIRES DE THÉODORE

A M. P. G. DE DUMAST.

Nous dinions chez Théodore de Bussière, pour fêter Eugène Boré, arrivé de Perse avec le beau titre de *voyageur missionnaire*, qu'il a si bien mérité et si bien porté. Nous étions en famille, nous causions pleins de confiance et d'allégresse. Il y a trois semaines, je ne connaissais de Théodore et d'Eugène que leur foi abondante en œuvres, à peine avaient-ils entendu mon nom, et nous voici intimes. C'est la joie chrétienne à laquelle je m'habitue le moins, que cette promptitude et cette plénitude des relations entre chrétiens. J'en suis toujours charmé comme aux premiers instants. Je suis présenté, je suis reçu en frère. On ne me demande pas de titres, ni d'où je sors, ni ce que je vaux. « Béni soit celui qui vient au nom du Seigneur! » Il est chrétien, c'est son nom glorieux et vénérable. S'il n'a point d'œuvres, il a de bons désirs. Qu'il prenne

place à ce bon foyer du Christ qui brûle dans nos
cœurs. Ardent et doux foyer, resserré comme la
famille, large comme le monde! Frère, as-tu laissé
quelqu'un sur la route? va l'appeler, qu'il vienne! As-
tu des malades? nous tâcherons de les secourir. As-tu
des affligés? nous saurions les consoler peut-être.
Veux-tu des efforts? veux-tu des aumônes? veux-tu
des prières?

Ô prévoyants bienfaits de Jésus! ô fontaines
vives! ô secourables oasis semées dans l'aridité de la
vie humaine! que de fois j'ai vu déjà mon chemin soudainement embelli par ce repos, par cette joie que
vous y répandez! On a quitté le compagnon de la
veille; la tente hospitalière s'est repliée, peut-être
pour jamais; on est seul, on traîne le poids d'un
inquiet ennui; tout est morne, et l'on sent germer en
son âme je ne sais quel ingrat et farouche chagrin. Un
inconnu croise le chemin; vous approchez : c'est un
frère! La volonté de Dieu ne le conduit pas sur la terre
au même lieu que vous : il vient d'un autre rivage, il
se rend sous d'autres cieux; mais Dieu, qui connaît
votre poids et votre douleur, et qui a mis dans l'âme
de ce frère ce qui peut vous alléger, veut que vous le
rencontriez ici. Dans l'espace immense des lieux et
des temps, votre Père qui est aux cieux a désigné le
point où vos pas se rencontrent, où vos cœurs se
reconnaissent et se confient. Vous allez goûter une
joie qui fleurira tout ce désert, vous allez entendre

des paroles pleines de force et de douceur, vous sentirez que l'on soulage en vous des plaies que peut-être vous n'y connaissiez pas. Ainsi l'on vous aime et l'on vous secourt en Dieu ; ainsi Dieu lui-même vous secourt et vous aime. Ah! mon ami, que je comprends bien pourquoi le nom impie du *hasard*, retranché de la langue que nous parlons, ne vient jamais sur nos lèvres outrager les grandes actions de la Providence !

Nous causions donc, nouvelles connaissances, vieux amis, comme des frères qui n'ont cessé de vivre ensemble, quoique séparés ; ne sachant rien de nos aventures réciproques, connaissant tout de nos sentiments les plus profonds ; et, selon ce que racontait n'importe lequel d'entre nous, les autres s'affligeaient ou se réjouissaient avec lui, sans qu'il eût besoin de dire : Là, j'ai été heureux ; là, j'ai souffert. Ces discours étaient francs et modestes. Une mère et deux enfants écoutaient ; leur présence purifiait dans l'expression jusqu'au plus amer souvenir que les spectacles du monde avaient pu nous laisser : autre bonheur que vous ne sentez pas aussi vivement que moi, sans doute ! car vous vivez, vous parlez toujours dans cette chaste atmosphère de la famille, dont l'influence, unie aux conseils d'une indulgente raison, ferme votre bouche à toute parole violente, vous fait taire les plaies que vous ne pouvez guérir, et seulement plaindre des excès qu'un zèle moins sage s'emporte parfois à maudire inutilement.

Cependant la conversation nous avait conduits en Angleterre. Théodore nous racontait comment il avait jadis passé un été à Londres, au milieu du beau monde. La suprême élégance était de vivre la nuit, de dormir le jour. On se levait après midi, on s'habillait pour déjeuner, on déjeunait de une heure à deux, et tout de suite on courait à la promenade. Il y fallait paraître, non pour jouir du beau ciel, des arbres, des fleurs, mais pour voir et pour montrer des habits, des robes et des chevaux. Vers quatre heures on s'habillait de nouveau pour les visites du *matin*. Ces toilettes n'étaient pas une petite affaire et ne prenaient pas peu de temps. Les visites du matin se faisaient de cinq à sept heures du soir ; après quoi l'on avait à s'habiller encore, afin de se rendre aux invitations à dîner. Les invitations étaient pour huit heures ; l'élégance voulait qu'on n'arrivât pas avant neuf heures. Le convive sans usage qui se serait présenté à huit heures et demie, aurait appris que la maîtresse de la maison n'avait pas terminé ses visites du matin. On dînait à grand appareil de vins, de viandes, de laquais ; on restait jusqu'à onze heures à table, jusqu'à minuit chez l'hôte. Après minuit, quatrième toilette, et alors on allait en *soirée ;* l'on ne rentrait plus qu'au jour, pour fermer au jour les volets de la chambre à coucher.

Cette folie des riches Anglais, qui emploient ainsi à brûler de l'huile et de la cire les courts moments de l'année où le ciel leur accorde de la lumière et des fleurs, nous paraissait presque incroyable.—De tout ce temps, ajoutait Théodore, je n'ai pas ouvert un livre; si j'avais voulu réfléchir un peu sur moi-même, je ne l'aurais pu. Toute ma vie, comme celle des autres, était de m'habiller et de me montrer; et le plus ridicule est que ce fol usage n'amusait personne. Chacun en maudissait la tyrannie; mais ainsi le voulait *l'élégance*. Dans ce pays du libre arbitre religieux et politique, une semblable raison domptait les plus révoltés. Ces gens qui m'auraient dit que la religion exige trop de veilles, d'abstinences, de pratiques et de rigueurs, se soumettaient à changer d'habits cinq fois par jour, se privaient de sommeil, de liberté, de réflexion, détruisaient niaisement tout l'ordre de l'existence humaine, obéissaient en esclaves aux plus puériles prescriptions d'une loi que changeait tous les jours le caprice du tailleur et de la couturière.

Là-dessus nous mesurions le degré de misère morale où il fallait que ces pauvres riches fussent tombés pour imaginer de si maussades extravagances et s'en faire des plaisirs; puis d'autres discours venaient, et d'autres histoires. Vous savez quels exemples redoutables, quels phénomènes affreux peuvent produire ces trois plaies : la richesse, le désœuvrement, et la plus terrible de toutes, l'ignorance de Dieu. Malgré la noble femme et les deux anges qui étaient là, nous en eûmes bientôt dit plus qu'il ne fallait pour nous attrister.

— Laissons ce pénible sujet, reprit Théodore, comme si, se rappelant l'anathème prononcé contre ceux qui deviennent le scandale de leur prochain, il eût craint d'ajouter notre légitime colère au lourd fardeau de ces malheureux. Voilà des excès de folie et de vice ; mais j'ai vu aussi sur la terre des merveilles de vertu qui sauront bien vous consoler.

Alors il nous conta les histoires de son village, un bon village d'Alsace, tout ignoré, tout caché dans les bois, tout catholique au milieu des protestants; très dévot à Dieu, à la bonne sainte Vierge, à sainte Odile et à tous les saints du Paradis. J'ai retenu ces histoires et je les écris, tandis qu'elles sont encore vives dans mon cœur, tandis que les douces paroles de Théodore résonnent encore dans ma mémoire. Je les écris par mandement spécial de ceux qui furent, comme moi, ravis de les entendre ; je les adresse à vous, parce que je ne sais pas de plus fier et de plus noble esprit qu'elles puissent charmer. Lisez-les à nos amis, répétez-les : qu'elles aillent partout réjouir tous les cœurs qui s'aiment en Dieu.

## I

« J'ai connu », nous dit Théodore, « une vieille femme qui dans sa jeunesse avait fait le vœu de ne jamais refuser assistance aux pauvres de Jésus-Christ.

Elle était pauvre elle-même, ne possédant que sa chaumière, un petit champ et sa robuste santé. Jusqu'au jour de sa mort, c'est-à-dire pendant cinquante ans et plus, à travers tout ce que Dieu lui voulut envoyer d'infortunes, de maladies, de mauvaises années, elle fut fidèle à son vœu. On la connaissait : on savait que sa maison ni sa main n'étaient jamais fermées ; qu'elle était toujours prête à veiller un malade, à ensevelir un mort, à donner au mendiant qui passait la meilleure part de son dernier morceau de pain ; et, s'il passait deux mendiants, ou que le morceau fût trop petit, elle donnait tout. Que de fois, au milieu de la nuit, elle entendit frapper à sa porte ! Chaque fois elle se leva diligemment, même dans sa vieillesse et dans ses maladies, ouvrit à l'hôte que Dieu lui adressait, et le remercia, quel qu'il fût, d'être venu chez elle. S'il avait froid, elle allumait le feu ; s'il avait faim, elle préparait en hâte un repas aussi bon qu'elle pouvait l'offrir ; si c'était un infirme, un malade, elle pansait sa plaie et lui donnait son lit, heureuse de prendre pour elle la paille réservée aux hôtes bien portants. Le matin arrivé, elle renouvelait ses remercîments, ajoutait quelque chose à l'aumône de la veille, et le pauvre pouvait partir sans dire son pays ni son nom. »

— Mon Dieu ! s'écria l'un de nous, interrompant Théodore, quand le jugement viendra et que la charité de cette femme sera glorifiée aux yeux de tout l'univers, quelle pensée aurons-nous de nos misérables aumônes, si pompeuses et pourtant si avares?

— Oui, reprit un autre, quelques-uns recevront le ciel pour un verre d'eau, mais beaucoup recevront seulement ce qu'ils auront donné. Eussent-ils donné des millions, qu'ils seront pauvres alors ! Dieu, qui se sert souvent de notre paresse et de notre vanité pour nourrir les pauvres, peut-il nous savoir gré d'un peu de monnaie jetée à l'indigent, afin d'écarter sa vue et sa prière? Autant vaudrait dire que c'est vertu de prendre une voiture pour s'épargner le mauvais chemin ! Et ces riches qui achètent à prix d'argent un renom de charité, sans songer le moins du monde à ranimer la charité dans leur âme, ils peuvent s'attirer le sourire des quêteuses ; mais que leur doit le bon Dieu? Trop heureux si cette générosité ne s'appelle pas hypocrisie dans le ciel ! Cent hôpitaux bâtis avec pompe seraient une œuvre petite devant l'humble cabane que tenait toujours ouverte cette servante de Jésus-Christ.

« C'était une femme ignorante », continua Théodore, « mais vive, gaie, avec ce bon sens supérieur et parfait des ignorants qui connaissent Dieu. Je ne pense pas qu'elle ait su lire ; mais, quand elle parlait du ciel, de l'âme, de Dieu, je vous assure qu'elle en parlait plus clairement, plus éloquemment et plus savamment que nous. J'ai rencontré dans ma vie des philosophes entêtés, contre lesquels je m'épuisais vainement : combien j'aurais voulu les voir au foyer de cette ignorante, ou à son chevet lorsqu'elle attendait paisiblement sa fin ! Elle fut charitable envers la souffrance, et douce envers la mort. Elle les vit venir et les reçut comme elle avait reçu les pauvres, ces autres visiteurs de Dieu : avec le sourire, l'empressement et la paix. Les souffrances lui donnaient souvent le délire ; alors elle s'agitait, criait, bondissait, devenait folle, et il fallait la lier. Or elle ne voulait pas qu'on la liât. Quand une crise s'annonçait, sa fille prenait tranquillement les cordes : — Allons, ma mère, il faut que je vous lie. — Pourquoi donc, ma fille ? — Votre mal vous reprend. — Je t'assure que non. — Si, ma mère : je le vois. — Je ne veux pas qu'on me lie ! s'écriait-elle avec force. — Eh quoi ! reprenait la fille, Notre-Seigneur lui-même n'a-t-il pas été lié ? — L'effet de ce mot était immanquable. Le nom puissant de Jésus-Christ calmait soudainement tout le désordre de la nature. Cette pauvre malade présentait ses bras : — Fais, ma fille, disait-elle. — Et elle se laissait lier.

« Je l'aimais beaucoup ; j'allais souvent m'édifier auprès d'elle. Sa prière était entraînante ; elle disait d'admirables choses. Un jour, au premier coup d'œil, son état me parut amélioré. Elle semblait avoir plus de forces, elle parlait gaiement et nettement. — Vous voilà bien, lui dis-je. — Mais oui, me répondit-elle, c'est aujourd'hui que je meurs. — Je me tournai vers sa fille, et je lui demandai ce que pensait le médecin, ne pouvant croire qu'elle fût si bas. — Le médecin est content, me répondit cette fille avec la même fermeté ; mais moi, je crois que ma mère va mourir, puisqu'elle le dit. — Oh ! j'en suis bien sûre, reprit la bonne femme ; de minute en minute je sens que le moment approche. Je suis prête : j'ai vu M. le curé, il m'a promis de revenir ; j'aurai le temps de me confesser encore une fois : j'irai jusqu'au soir. — Et elle se mit à me parler du ciel avec cet accent de la foi et de la vérité qui prophétise dans la bouche des saints mourants.

« C'était là surtout ce qui me faisait penser qu'elle allait en effet mourir, car extérieurement elle n'affaiblissait pas. Vous jugez bien qu'il n'y avait en elle pas plus de philosophie et de jactance que je n'y voyais de terreur. L'humble créature ne s'était jamais dit qu'il convenait de mourir bravement. Elle ignorait que sa vie avait été sublime, et je savais seul quel grand spectacle m'offrait sa mort. Point de faiblesse, point de regrets, point d'impatience : c'était le voyageur au bout de sa course, qui, voyant à peu de distance la maison de sa famille, oublie le chemin, ne doute pas de l'accueil, et déjà se sent tout reposé au seul aspect du lieu de son repos. Le médecin vint ; il dit encore, sans ébranler la conviction de la malade, qu'elle n'était pas au moment de mourir : il ne lui trouvait qu'un peu de fièvre. Et moi, persuadé comme elle que son heure était heureusement venue, je me demandais si cette fièvre qui lui donnait la force et l'éclat de la santé, venait de la faiblesse du corps ou de la force de l'âme, si elle trahissait la nature expirante ou révélait l'assistance de Dieu. Le curé vint. La mourante se confessa une dernière fois: semblable à l'envoyé fidèle, qui, sans songer au mérite de sa mission remplie et du long chemin parcouru, secoue, avant de paraître à l'audience de son roi, un reste de poussière jeté sur lui par l'effort du vent. Oh! qu'il faisait bon la voir, toute revêtue de la splendeur du pardon suprême, attendre, pour ainsi dire debout, le jugement, la récompense magnifique du tout-puissant Maître qu'elle avait si bien servi! Elle ne cessa point d'être modeste ; et néanmoins, entre elle et moi, la supériorité du rang temporel disparut. Son lit, où les pauvres avaient si souvent pris sa place, était vraiment un trône. Au pied de ce trône, je reçus avec bonheur la promesse d'être protégé. Je ne lui demandai pas de me bénir, elle ne m'aurait pas compris ; je lui demandai de prier pour moi. Elle m'en donna l'assurance.

« Le soir même, elle me tint parole. Ainsi qu'elle l'avait annoncé, elle acheva le jour, mais elle n'alla pas plus loin. Au moment où le soleil entre dans la mer, cette âme bénie s'éleva paisiblement dans l'éternité. Elle arriva devant Dieu avec les prières de l'*Angelus*. Si les bienheureux laissaient ici-bas une autre lumière que celle dont ils illuminent nos cœurs, l'œil aurait, ce soir-là, compté une étoile de plus parmi les flambeaux charmants qui dirigent, la nuit, les pas fatigués du pauvre et du pèlerin.

## II

« Comment dire toutes les héroïques vertus qui fleurissaient dans ce cher village ? Vers le même temps, j'y connaissais un jeune paysan, qui, depuis plusieurs années, était frappé d'une maladie horrible. La moitié de son corps tombait en lambeaux, il exhalait une odeur épouvantable, il souffrait des douleurs que l'on ne peut exprimer. Jugez de ce que c'était ! Celui-là aussi, je l'aimais beaucoup ; je savais quelles consolations lui procuraient mes visites, et moi je ne pouvais penser à lui sans être pénétré d'admiration : car tant de tortures, qui lui arrachaient des cris, ne pouvaient lui arracher une plainte ; au contraire, il bénissait Dieu et le remerciait tendrement. — Néanmoins, cette odeur de chair en putréfaction était si terrible, que je tremblais de l'affronter ; le cœur me manquait ; quand je l'avais subie, j'en étais malade. A cause de cela, je laissais passer souvent plusieurs jours sans pouvoir prendre sur moi de faire une visite à l'innocent martyr. J'allais jusqu'à la porte, et je n'osais entrer. Une fois, j'avais été plus lâche que de coutume, et je m'en faisais d'amers reproches, car le malheureux m'avait demandé. Enfin je m'efforce, j'y vais lentement, par le plus long. A peine au seuil, je crois entendre ses gémissements : un insurmontable dégoût me saisit, me suffoque ; je perds tout courage et je m'enfuis..., mais en courant..., et je fais ainsi plus de deux cents pas. Alors la réflexion vient : j'ai honte, je retourne ; et je me condamne, si cette pusillanimité me reprend encore, à découvrir le malade et à regarder ses plaies. Au moment d'entrer, on m'appelle d'une autre maison : c'était une bonne vieille voisine. Elle m'apprend qu'elle me guettait depuis plusieurs jours pour me donner des fleurs hâtives, que les premiers soleils du printemps avaient fait éclore dans son pauvre jardin. En un clin d'œil, elle me compose un énorme bouquet, dont l'agréable senteur me fit penser que Dieu avait pitié de ma faiblesse. Mon bouquet à la main, j'aborde le malade.

— Ah! s'écria-t-il, soyez béni! Depuis quelques jours cette infection est devenue telle, que je ne la puis supporter moi-même, et je priais tant la sainte Vierge de m'envoyer des fleurs ! »

Ce fut tout le récit de Théodore sur cet enfant. Il n'ajouta rien, sinon qu'après cinq années de souffrances, sans avoir une seule fois murmuré contre la volonté de Dieu, il mourut saintement. Ah! Prosper, dites! ne songez-vous pas combien elles durent briller aux yeux de Théodore, ces aimables fleurs, dans les mains du pauvre affligé? J'ai vu la belle rose s'épanouir au soleil du matin, le lis bercer dans son calice les gouttes de la rosée, le chèvrefeuille et l'aubépine réjouir les haies sauvages, les branches souples de l'églantier, toutes chargées d'étoiles, former des arceaux embaumés où chantaient la mésange et le bouvreuil ; et ce sont là, certes, d'heureux et charmants spectacles. Cependant, que j'échangerais volontiers le souvenir de la plus belle matinée de mai, dans les champs les plus ornés de la terre, pour la vive image de cet infortuné sur son lit de torture, souriant en remerciant Dieu, dont la bonté daignait lui envoyer quelques-unes de ces fleurs qui s'étalent par essaims innombrables aux regards de tant d'ingrats heureux!

Mais Théodore nous fit connaître encore une histoire plus touchante : c'est celle de Matthias, l'idiot, et de ses parents adoptifs.

### III

« Une femme du village allait mourir. Elle était très misérable, et n'avait rien à regretter dans la vie ; elle était très chrétienne, et ne redoutait rien dans la mort; mais elle était mère, et elle laissait sans appui deux enfants : une fille affligée d'un goître qui la rendait impotente ; un garçon, Matthias, tout à fait idiot. Elle avoua ses inquiétudes à une amie qui l'assistait en ses derniers moments. —Ne soyez point en peine, répondit celle-ci : mon mari et moi nous adopterons vos orphelins. — Sur cette assurance, la pauvre femme mourut en paix. Les orphelins avaient pourtant un père, mais c'était un malheureux abruti de vices. L'amie, fidèle à sa parole, présenta les deux enfants à son mari, qui les accueillit avec joie.

« Or, quelles ressources possédaient ces gens pour se charger d'une telle famille? L'homme était le fossoyeur du village, la femme travaillait à la journée. Dans toute la paroisse, on ne connaissait point d'habitants plus pauvres. Leur maison valait bien, en tout, deux cents francs. Elle se composait d'une seule chambre. Ils y firent un second lit, et s'en remirent à Dieu pour ne pas mourir de faim, puisque ces enfants, qui allaient accroître les dépenses, prendraient encore bien des heures au temps du travail, par les attentions et la surveillance qu'ils exigeraient. Ils vécurent, Dieu sait comment, Dieu sait à quel prix! Tout ce que nous avons su, nous, c'est que, durant dix-huit longues années, les deux orphelins reçurent sans interruption les soins les plus assidus, les plus tendres, et que jamais le fossoyeur ni sa femme, voyant qu'ils suffisaient à leur œuvre céleste, ne demandèrent des secours qu'ils savaient pourtant bien qu'on ne leur eût point refusés. Non qu'ils y missent de l'orgueil, ô mon Dieu! mais en travaillant avec une ardeur sans pareille, mais en se privant avec une rigueur inexorable, mais en jeûnant lorsqu'il n'y avait du pain dans la chaumière que pour la goîtreuse et pour l'idiot, mais en se refusant le sommeil après leurs journées pleines de fatigues lorsque ces pauvres êtres tombaient malades, ce qui arrivait souvent ; mais en se dépouillant l'hiver pour les couvrir, comme ils s'épuisaient et s'abstenaient en toute saison pour les nourrir, ces cœurs héroïques parvenaient chaque jour à leur but, et, l'ayant atteint, ne songeaient plus qu'à remercier Dieu. Vous qui m'écoutez, vous êtes chrétiens : le constance de ces saints n'est pas pour vous un problème ; vous mesurez aux insondables profondeurs de l'amour de Dieu leur confiance, leur bonheur et leur paix... »

J'y songe, Prosper, peut-être connaissez-vous déjà cette histoire ? Elle a été publiée en détail dans un rapport de l'Académie sur la distribution des prix Monthyon, et vous demandez comment arriva au pauvre fossoyeur l'aventure étrange d'être au bout de dix-huit ans découvert et couronné par l'Académie ? Ce ne fut pas sa faute, assurément ! Toute la paroisse s'était émue : les pauvres admiraient ; les riches s'informèrent, admirèrent à leur tour, firent des démarches ; enfin ils obtinrent, non sans peine, un second prix ou un demi-prix de vertu, trois mille francs, que l'humble héros à qui on les donnait ne voulut jamais recevoir en personne, tant il craignait les regards du monde! Et quelque étonnés que fussent les gens de Paris au récit de ce qu'il avait fait, il s'étonna lui-même bien plus encore de leur étonnement. Ce fut un mystère au-dessus de son intelligence, de voir qu'on se mettait en frais d'argent pour payer un homme qui s'était constitué le créancier du bon Dieu. Toutefois il prit l'argent, et là s'arrête pour vous l'histoire. Vous allez voir ce qu'il fit de ces trois mille francs, et comment le diable, qui a peut-être fané de bien belles couronnes avec les prix du bonhomme Monthyon, perdit ici sa peine.

— Çà, dit le lauréat à Théodore dès que la somme lui fut rendue, je n'ai nul besoin de cet argent, et ce n'est pas à moi que Dieu vient de l'envoyer ; mais, dans sa bonté, il a songé à nos pauvres enfants : il a voulu les mettre à l'abri du besoin, quand ma femme et moi viendrons à leur manquer. Plaçons donc tout de suite la somme en leur nom, afin qu'ils la trouvent entière avec les intérêts, lorsque nous serons morts. Et que Dieu soit béni!

« Peu de temps après », poursuivit Théodore, « le fossoyeur tomba malade, et, comme tous les saints que j'ai vus souffrir, il souffrit cruellement. Cependant il faudrait trouver un mot pour caractériser ces douleurs pleines d'espérances, pleines de joie et d'amour, durant lesquelles le chrétien est comme une statue intelligente, qui, sous le fer et le marteau du sculpteur divin, aurait, par-dessus le sentiment de la douleur, l'inénarrable conscience du travail qu'elle subit, verrait à chaque coup apparaître en elle une nouvelle beauté, une ressemblance de plus au Modèle sublime qu'elle doit reproduire, et la vie gagner partout la pierre morte, et son Créateur, qu'elle aime, l'aimer davantage lui-même à mesure qu'il la rend plus digne du lieu d'honneur où, vivante et glorieuse, et parfaite comme il est parfait, il veut la placer sous l'éternité de ses regards.

« Je ne puis vous rapporter toutes les paroles pieuses, surprenantes, ineffables, que ce pauvre homme prononçait ; j'ose dire à peine de quelles grâces Dieu daignait le prévenir, et les ravissements de sa prière, et les visions ou tout au moins les beaux rêves qui le consolaient. Un jour, en sortant, dirai-je du sommeil ou de l'extase? il regarda sur son lit, comme s'il cherchait quelque chose qu'il était fâché de ne pas y voir : — Eh bien! demanda-t-il enfin, où sont donc mes roses? — Quelles roses? lui dit-on : il n'y en a point ici. — Les roses, reprit-il, que la sainte Vierge m'a données : il y en avait six, trois blanches et trois rouges. Elle est venue, elle m'a souri, elle m'a présenté ce bouquet de roses, et je l'ai gardé. — Nous crûmes qu'il avait le délire ; mais il jouissait de sa droite raison.—J'ai rêvé, ajouta-t-il doucement ; et il nous parla de bon sens, selon sa coutume.

« Lui et sa femme m'honoraient de leur amitié; j'allais fréquemment les voir. Souvent leur pauvre maison n'était qu'un hôpital. Joly (c'était le nom de ce digne homme) languissait sur son lit; la goîtreuse, sujette à des oppressions effrayantes, étouffait sur le sien, râlant plus qu'elle ne respirait; l'idiot, immobile et muet dans un coin, laissait deviner des souffrances dont il ne pouvait parler. Au milieu d'eux, M^{me} Joly, épuisée de vieillesse, de fatigue, de misère, mais valide encore, puisque, hélas! les autres ne pouvaient remuer, allait à son mari, à ses enfants, faisait boire celui-ci, soulevait celle-là, tâchant qu'un peu d'air entrât dans sa poitrine; veillait à l'idiot, devinait son mal, l'embrassait, était secourable à tous et n'avait besoin de consoler personne, parce que le malade, la goîtreuse, l'idiot lui-même, on le vit plus tard, se tenaient comme elle dans la sainte présence de Dieu, offraient leurs maux au Sauveur crucifié, priaient sans cesse. Oh! l'admirable femme! oh! les sublimes cœurs! ô bénédictions de Dieu qui tombaient sur cette pauvreté, plus abondantes que la rosée et la manne, et qui rassasiaient ces indigents des fruits de lumière dont se nourrissent les anges! Vous ne pouvez imaginer combien cette femme était humble. Il m'arriva, la rencontrant faible et lasse, de prendre son bras sous le mien, afin de l'aider à marcher; et cela lui parut un tel effort de charité, qu'elle en parlait sans cesse avec admiration. Il semblait, à l'entendre, qu'à côté de cette action, toute sa vie ne fût rien, qu'elle n'avait rien fait que de naturel, d'ordinaire, et que le grand exemple était donné par moi.

« Mais je voulais vous raconter l'histoire de Matthias. Je ne dis point que je vais vous faire le récit d'un miracle. J'ai vu une chose surprenante, que je ne qualifie point ; et je vous la dis simplement, comme je l'ai vue.

« Ce garçon était idiot. A dix-neuf ou vingt ans, il ne savait prononcer que quelques mots à peine, ou plutôt il poussait des cris inarticulés, dont sa sœur et ses parents adoptifs savaient seuls pénétrer le sens. Il fallait deviner tous ses besoins, et le servir comme un petit enfant. Un jour, pendant que Joly était malade, Matthias fut tout à coup saisi d'une inquiétude et d'une angoisse extraordinaires. Il parut très souffrant. On le déposa sur son lit, et l'on jugea qu'il allait mourir. Il fit entendre par des signes, en indiquant ma demeure et en prononçant mon nom, qu'il voulait me voir. Je n'étais pas chez moi, ou j'étais occupé ; enfin je ne pus me rendre à son désir que sur la fin du jour, et il ne cessa de me demander. Lorsque j'arrivai, il laissa voir sa joie, me prit la main, et la plaça sur sa tête, comme s'il demandait une bénédiction. Je m'informai : on me dit qu'on l'avait cru à l'extrémité. Cependant il se leva, s'approcha avec une sorte de solennité du lit où gisait son père adoptif, et, posant ses deux mains sur les bras de Joly, durant quelques instants, il arrêta silencieusement sur lui un œil intelligent qu'on ne lui avait jamais vu. Surpris, et ne devinant ni ce qu'il voulait ni ce qu'il allait faire, nous attendions la fin de cette scène. — Mon père, dit enfin à son bienfaiteur, et d'une voix distincte et tendre, celui qui n'avait jamais parlé, mon père, je vous remercie de tout ce que vous avez fait pour moi! — Que dis-tu, Matthias? s'écria sa sœur, saisie comme nous tous d'une profonde stupeur. — Oh! reprit Matthias en regagnant sa couche, après avoir baisé pieusement le front de son père, je m'en retourne, je vais à *la maison*. — Il remonta sur son lit, mit ses bras en croix, leva les yeux au ciel, poussa un soupir... C'était le dernier. Matthias était mort.

« Voilà ce que j'ai vu. »

Et moi, très cher Prosper, voilà ce que j'ai été heureux d'entendre, et ce que je suis heureux de vous redire. Oui, heureux et bienheureux, après tant de spectacles, tant de discours, tant de lectures, tant d'écrits pleins et saturés des violences et des passions du temps, de sentir en mon cœur des frémissements et des larmes devant ces tableaux de l'humble vertu chrétienne! heureux et bienheureux d'être encore jugé digne de les voir! heureux et bienheureux de connaître dans le monde de nobles esprits à qui je peux les montrer à mon tour!

1842.

## LA JOURNÉE D'UN MISSIONNAIRE

Je connus l'abbé Planson déjà vieux, ou, pour mieux dire, déjà fatigué : car sa vie, si longue par les œuvres, fut en réalité bien courte. Il mourut avant cinquante ans, ayant mis, comme il le disait lui-même, les morceaux doubles. Mais il n'était pas une ville de France qu'il n'eût évangélisée ; et quelle campagne a-t-il traversée, dans quelle église de village s'est-il arrêté pour prier, sans y annoncer la parole de Dieu? Des fruits abondants, humbles devant le monde, précieux devant Celui qui créa les âmes, germèrent et mûrirent sur le sol arrosé des sueurs de l'abbé Planson. Ce qu'il a fait, Dieu le sait ; nous ne pouvons pas même l'imaginer.

Il possédait un don particulier pour ouvrir les cœurs, pour les attirer, pour les enchaîner au travail de la charité. Il fondait partout des sociétés de bienfaisance, non pas philanthropiques — il avait horreur de cela, — mais catholiques, occupées surtout du besoin spirituel des malheureux, à quoi la philanthropie ne songe guère. Quand ces sociétés existaient déjà, il les réformait, les laissait en partant plus chrétiennes, plus riches, plus solides. Voilà ce que j'appelle faire un bien qu'on ne peut imaginer : car on saurait en combien de lieux et combien de fois il a prêché, combien de gens il a convertis, combien il en a consolés, combien il en a sauvés à l'article de la mort, ce ne serait rien ; il faudrait savoir combien d'autres sont et seront prêchés, convertis, consolés, délivrés de leurs péchés à l'heure suprême, par les œuvres qu'il laissa derrière lui, pleines de sa charité. C'est ce qui est incalculable. Jamais il n'eut d'autre propriété que son bréviaire et sa soutane, et il fit bâtir plus de vingt églises, plus de cinquante maisons de refuge ; jamais il ne dépensa trente sous pour son dîner, et il versa des millions dans le sein des pauvres.

Il était plus naïf qu'un enfant, et parlait de ses travaux sans se douter qu'il eût fait quelque chose. Voyant uniquement la miséricordieuse intervention de Dieu dans tout ce qui arrive de bon aux hommes, il comptait pour rien l'instrument dont Dieu daignait se servir, surtout quand cet instrument n'était autre que lui-même. Je mis à profit cette simplicité. Dès notre première entrevue, je lui fis conter de merveilleuses choses. Je prends au hasard, dans mes souvenirs, le récit d'une des journées du missionnaire à Paris, où il était venu pour se reposer en veillant à diverses affaires de sa communauté. Puissé-je, rapporteur fidèle, rendre à ceux qui ont connu le saint quelque chose de ce doux et naïf accent qui remuait leurs cœurs ! Je le laisse parler :

« J'étais allé de bonne heure voir un pauvre homme dont j'avais pu, la veille, obtenir l'admission dans une espèce d'hôpital particulier, fondé par des gens que je ne connaissais pas, de bien saintes âmes ! Ah ! Monsieur, que dirons-nous au bon Dieu, nous autres prêtres, quand il nous montrera ces laïcs dévoués ? Mais dès qu'il y a quelque part un hôpital, il y a des postulants qui se battent à la porte pour entrer. J'avais dix fois traversé Paris, sans venir à bout de faire agréer mon candidat. J'importunais ces excellents fondateurs, je les fatiguais, j'en étais honteux. D'autres à leur place m'auraient chassé. Enfin, un lit est vacant : on me le donne. Voilà donc le pauvre homme bien placé, bien soigné, en bon air : une sœur de charité pour le servir ; un prêtre zélé dans la maison pour le confesser, pour l'administrer ; si Dieu veut qu'il guérisse, une chapelle où il pourra entendre la messe tous les jours pendant sa convalescence, et sa foi ravivée quand il sortira ; s'il meurt, toutes les facilités de mourir en saint. Je ne le plains pas ! Mon cher ami, les hommes qui ont peur de l'hôpital, ne font pas réflexion que l'hôpital, c'est comme la grande porte du paradis : y a-t-il un endroit au monde, excepté les couvents, où l'on soit plus assuré de bien mourir ? il ne faut vraiment que le vouloir. Ces sœurs ont une grâce pour vous préparer à la mort !... Quand je vois passer une civière, je me dis : Gloire à Dieu ! encore un prédestiné !

« Ce n'était pas tout : mon malade avait une petite fille, qui ne laissait pas de nous embarrasser; j'y songeais en allant dire ma messe. A point nommé, sous le portail de Saint-Sulpice, je rencontre une dame que l'on m'avait fait remarquer la veille, et qui était bien digne en effet qu'on la remarquât : la comtesse de\*\*\*, qui, depuis quarante ans, a nourri et sauvé plus d'orphelines que n'en fit mourir le cruel Hérode. Une foi de saint, un courage d'apôtre, un cœur... je ne puis le comparer qu'au cœur de Marie, la bonne mère ! Son temps, sa fortune, sa vie, elle a tout donné. On voit toujours chez elle... ah ! quel spectacle ! plus de cent petites filles qu'elle nourrit, qu'elle habille, qu'elle élève, qu'elle place, qu'elle n'abandonne jamais. Je l'aborde. — Madame, j'ai une enfant de sept ans, un petit chérubin ; sa mère est morte, son père est à l'hôpital : pas un parent, pas d'autre ami que moi dans le monde, pas d'autre espérance que Dieu et vous. Je vous en conjure, prenez cette enfant. — Hélas ! Monsieur l'abbé, je ne saurais où la mettre: tous mes lits et tous mes berceaux sont occupés. — Je le sais bien, Madame ; mais que deviendra-t-elle, si vous la refusez ? — Nous étions justement au temps de Noël : il faisait un froid âpre et pénétrant. — Madame, poursuivis-je, au nom de Joseph et de Marie renvoyés des hôtelleries de Bethléem, au nom de Jésus pauvre et nu dans la crèche, prenez mon enfant. — A qui ai-je l'honneur de parler? me demanda la bonne dame. — J'aurais voulu être cardinal! — Hélas! dis-je, un pauvre missionnaire, qui n'a aucune recommandation près de vous; mais cette petite fille se recommande de Jésus souffrant. Voyez comme il fait froid! Quant à moi, je suis l'abbé Planson, missionnaire. — Croiriez-vous, mon cher, qu'elle me connaissait? — L'abbé Planson! dit-elle, j'aurais dû m'en douter. A Dieu ne plaise que je vous refuse! Venez chez moi, à trois heures. Je n'ai pas de place ; mais, s'il plaît à Dieu, nous en trouverons une quelque part.

« Je vais dire ma messe, bien content, le cœur plein d'actions de grâces pour l'Enfant Jésus : car, Dieu merci! j'ai toujours vu la Providence arriver à temps pour relever ceux qui n'avaient plus d'appui; jamais je n'ai douté d'un miracle, quand j'ai pensé qu'un miracle était nécessaire aux malheureux, et rien ne m'étonne dans tout ce que Dieu fait ; mais rien de ce qu'il fait ne s'accomplit que je ne m'émerveille et que je n'aie le cœur épanoui de reconnaissance, comme si je voyais mon bon Maître manifester sa miséricorde pour la première fois. C'est la vie du prêtre et du missionnaire : aucun homme ici-bas n'a été plus heureux que moi.

« Ma messe dite, mon action de grâces achevée, je commençais à sentir que j'avais besoin de manger un morceau. J'étais trop pressé. Une jeune personne vient à moi, dans l'église. Je la reconnais pour l'avoir vue et dirigée cinq ou six années auparavant, pendant une mission d'assez longue durée. Bonne créature, âme candide, esprit joyeux et charmant.—Vous voilà, ma chère Louise! — car je l'avais vue si jeune, que je la nommais ainsi tout familièrement, ne songeant plus au temps qui s'était écoulé. —Je ne suis plus Louise, me répond-elle, je suis Madame *une telle*. — Et elle se met à pleurer. Puis, me présentant un petit être rose et joli comme un ange : — Bénissez ma fille, et qu'elle soit plus heureuse que sa mère!

« Louise était bien vêtue ; son visage triste n'annonçait d'ailleurs ni la maladie ni la misère, et l'enfant resplendissait de santé. Je vis de quoi il s'agissait : ménage troublé ; plaie terrible, où nous ne pouvons guère apporter de remède !

« En effet, un musicien, un poète, je ne sais quoi ; un homme qui a de la réputation et du talent, à ce qu'on assure... vous le connaissez peut-être, mais je ne puis le nommer, — s'était fatalement épris de cette candide Louise, s'en était fait aimer, et, ne pouvant sans doute la séduire, l'avait épousée. La malheureuse refusa un honnête garçon qui la pleure encore, et qu'elle a bien de la peine à ne pas regretter aujourd'hui. Enfin!... Je lui demandai si son mari l'avait abandonnée. — Hélas! me répondit-elle, il fait pis. Je reste souvent plusieurs jours sans le voir... et il amène chez moi... — Ses pleurs la suffoquèrent. Je frémis de ce qui pouvait se passer dans le cœur de cette jeune femme. — Ma fille, continuai-je, êtes-vous restée fidèle à la religion? — Mon père, reprit-elle, je suis si malheureuse et Dieu m'éprouve si impitoyablement! Je viens quelquefois pleurer dans cette église, mais j'ai négligé tout le reste. Ma foi est bien affaiblie. M*** est tout à fait un impie : de mon malheur même il tire contre la religion des raisonnements que j'ai trop écoutés. Hier, je lui reprochais de m'oublier. — Je fais, me répondit-il, comme ton fidèle Jésus; demande-lui qu'il me ramène! — Enfin, elle m'avoua qu'elle ne s'était pas approchée des sacrements depuis Pâques, c'est-à-dire depuis près d'un an, et qu'elle n'avait point de directeur. — Il faut vous confesser, lui dis-je. — Oui, mon père, reprit-elle avec un courage admirable : il en est temps! — Elle donna sa petite fille en garde à la loueuse de chaises, et je l'entendis tout de suite. Ah! vigilance de mon bon Maître, qui ne veut point que ses brebis s'égarent et que le loup ravissant les dévore! Il me fut bien facile de faire accepter à cette pauvre femme toute la rigueur de ses devoirs, et je la communiai après sa confession. Au pauvre malade, Dieu avait donné un asile; à l'enfant orphelin, il avait envoyé une mère; à l'âme éprouvée, combattue, il se donna lui-même avec une surabondance de force et de foi qui la mit en mesure d'affronter le péril et de porter le fardeau de sa destinée.

« La petite fille de Louise n'était pas encore baptisée. Ce fou cruel, qui abreuvait sa femme de chagrins, ne voulait pas que son enfant fût rattachée au ciel par le lien sacré qui nous sauve. Il jurait de tuer le prêtre qui oserait faire le baptême. Vous comprenez que la menace ne m'intimida guère. Louise étant décidée à tout braver, je la renvoyai chez elle, lui donnant rendez-vous à l'église pour midi, avec une marraine. J'avais mon idée sur le parrain, une idée qu'elle trouvait impraticable. Vous allez voir si Dieu est bon.

« Je courus... ma foi, je pris un cabriolet pour aller plus vite; je courus au fond du Marais, et je trouvai, dans une maison noire, au dernier étage, une espèce de vieux Flamand qui semblait n'avoir d'autre occupation que de fumer sa pipe et vider son cruchon de bière. C'était le beau-père de Louise, qui vivait là des rentes que lui faisait son fils. Des rentes assez maigres, comme vous pensez bien; mais enfin, elles faisaient vivre le bonhomme, et j'en eus meilleure opinion de notre garnement : s'il abandonnait sa femme, du moins il n'abandonnait pas son père. C'est une remarque à faire, et je l'ai toujours faite avec beaucoup de consolation, que Dieu se ménage presque toujours, dans les âmes les plus ingrates, quelque petite porte par où il pourra rentrer, un petit recoin où reste une petite vertu qui parle de lui. Cet écervelé de poète a certainement la mine de vouloir mépriser tous les commandements de Dieu et tous ceux de l'Église. Eh bien ! non ! je le surprends en flagrant délit de piété filiale : *Père et mère honoreras...* »

J'interrompis le missionnaire.

— Mon bon abbé, lui dis-je, permettez-moi d'enlever à votre charité une erreur si douce. Je crois que votre homme nourrit son père, mais je doute qu'il l'honore. Si vous saviez ce que c'est qu'un père, pour ces gens-là !...

— Allons donc, rigoriste ! s'écria l'abbé Planson. Je sais qu'il ne faut pas demander à ces étourdis des raffinements et des délicatesses ; mais, s'ils n'honorent pas leurs parents, ils n'en ont que plus de mérite à les nourrir. Quand je leur vois les vertus des sauvages, je suis fort content d'eux : leur fonds est meilleur que leurs maximes.

« Je trouvai le vieux Flamand très bon homme, et pas du tout ennemi de la religion. Je lui fis comprendre qu'il fallait que sa petite-fille fût baptisée. A vrai dire, il n'en voyait guère la nécessité ; mais il se rendit aux raisons de sentiment. Par bonheur, il aimait Louise. Il me parla de sa défunte, de son jeune temps, de son pays. Providence de Dieu qui songe à tout ! J'avais justement visité son pays, j'avais prêché dans l'église où il fut baptisé lui-même, et cette circonstance nous mit au mieux. Je bus de la bière : —A votre santé, Monsieur le curé ! — A la vôtre, Monsieur un tel ! — Véritablement, j'aurais fumé s'il l'avait voulu. Pourquoi pas ? Saint Paul et saint Pierre mangeaient bien avec les gentils ! Bref, en moins d'une heure, je décide ce brave homme à devenir parrain, et je l'emmène. Nous trouvons Louise à l'église, avec sa mère, qui devait être marraine de l'enfant. Le baptême est fait : voilà cette jolie petite devenue chrétienne, voilà Louise plus heureuse qu'elle ne l'avait été depuis son mariage ; et, ce qui n'est point à dédaigner, le père du mari et la mère de la femme, qui s'étaient un peu brouillés, se réconcilient, unissant leurs mains et leurs cœurs sur cette tête innocente. Au fait, je crois qu'on peut bien abjurer ses rancunes dans une pareille occasion. Mais, dites-moi, vous qui faites de la littérature, j'espère que le missionnaire a joué un fameux tour à l'homme de lettres ! Eh bien ! il n'en a pas été fâché. Le soir même, Louise lui apprit que sa fille était baptisée : et que croyez-vous qu'il a fait, cet original ? Il m'a envoyé ses œuvres : des contes, des romans, des vers, haut comme cela ! des ouvrages, ma foi, très bien imprimés ! Ça m'a paru un peu frivole ; mais je tâcherai tout de même de les lire. Dans le fond, je le crois plus étourdi que méchant. C'est comme beaucoup d'autres de ces gens de lettres : ils écrivent, ils écrivent ; ils ne se doutent pas seulement qu'ils couchent sur le papier des hérésies absurdes, car ils ne savent rien de rien.

« Mon cher ami, vous croyez que la journée est finie? Pas du tout! Il était dit que j'aurais encore une rencontre dans cette bienheureuse église. En faisant mon baptême, j'entendais des gémissements... bah! des gémissements! des sanglots. — Qu'est-ce que c'est que cela? — Justement, Monsieur, me dit le suisse, c'est une personne qui vous demande. Elle est là, dans une chapelle, qui s'étouffe de pleurer.

« Aiguillonné par ces cris qui me pressaient d'accourir, je congédie Louise, et je fais dire à la personne inconnue que je l'attends à la sacristie.

« Elle arrive. Quelle pitié! Le suisse la soutenait, elle pouvait à peine marcher, et, tout de suite en arrivant, elle tombe à genoux. Un désespoir inimaginable! Je la conduis dans une seconde sacristie, où nous nous trouvons seuls. Ses sanglots redoublent; elle veut parler, et tout ce qu'elle peut articuler d'une voix entrecoupée, c'est : Mon père! mon père! pardonnez-moi! — Ma fille, lui dis-je, cherchant inutilement à mettre un nom sur ce visage qui ne me rappelle que de très vagues souvenirs, ma fille, d'abord, consolez-vous et espérez, puisque vous venez à moi. S'il ne vous faut que mon pardon, il vous est bien acquis; s'il vous en faut un autre, nous l'obtiendrons. — Elle se remet un peu, elle me regarde, et, voyant que je ne peux me rappeler qui elle est : — Vous avez été si

bon pour moi ! ne me reconnaisséz-vous donc pas? s'é-
crie-t-elle. — Alors, par un effort de cette paternelle
mémoire que Dieu donne à ses ministres, dans cette
femme affligée je revois une jeune fille dont j'avais
bien longtemps auparavant, étant prêtre auxiliaire,
dirigé avec un soin tout particulier l'âme ardente,
mais revêtue alors d'innocence et de candeur. D'un
coup d'œil, je devinai tout ce que ces sanglots et ce
repentir laissaient trop deviner. — Eh quoi ! m'écriai-
je en joignant les mains, triste à la fois de ce que
j'avais redouté jadis et de ce que je voyais maintenant,
ma pauvre enfant, c'est donc vous ! — Hélas ! mon
père, répondit-elle à ce mot qui redoubla ses larmes,
oui, c'est moi, mais non plus telle que vous m'avez
connue. Vous voyez une malheureuse qui de faute en
faute a quitté Dieu, sa famille, son nom ; et je suis à
présent... Elle ne put continuer. — A présent, lui
dis-je, vous êtes une repentante qui veut retrouver
Dieu, sa famille et son nom. Dieu est bon, ma fille : si
vous lui rendez votre cœur, tout vous sera rendu. Priez
ici, séchez vos larmes, et, dans quelques heures, venez
me trouver ; nous verrons ensemble ce qui convient à
votre situation.

« Je la laisse et je ne perds point de temps. En
quelques minutes, je suis chez M<sup>me</sup> de \*\*\*. — Il ne
s'agit plus, lui dis-je, de me donner seulement un lit
pour mon enfant ; donnez-moi une belle chambre pour
une grande pénitente qu'il faut retirer du monde à

l'instant même : car elle veut bien se repentir aujourd'hui ; mais le diable ne manquera pas de se jeter à la traverse, et peut-être ne voudra-t-elle plus demain. — Pour cela, me répond M<sup>me</sup> de ***, c'est une affaire urgente, et nous avons toujours ce que vous désirez. Je lui laisserai plutôt mon lit, et j'irai passer la nuit dans la chapelle. — Voilà parler en chrétienne, m'écriai-je ; mais mon enfant ? — Notre-Seigneur, reprit-elle, y a pourvu. Par un enchaînement de circonstances heureuses, une de nos orphelines a retrouvé ses parents, que l'on croyait perdus : ils sont à leur aise, ce sont de bons chrétiens, et ils viendront tout à l'heure nous la reprendre pour la garder chez eux. Nous donnerons sa place toute chaude à votre petite fille : allez donc nous la chercher, car nous avons horreur du vide.

« Je ne prends pas même le temps de remercier M<sup>me</sup> de *** ; je me sauve, bondissant de joie, et je vais chercher mon enfant. On l'avait déposée chez une portière, comme un paquet, pauvre petit ange ! Elle était dans un état ! Elle portait sur elle toute sa garde-robe, comme un vrai missionnaire, et tout son linge tenait dans ses deux poches. Le mobilier resta pour payer le terme, et encore le propriétaire n'était pas trop content. Qu'il y a d'abandonnés dans ce triste Paris, mon cher, malgré les bons chrétiens qui se multiplient pour les secourir !

« J'avais pris une autre voiture, car il faut rouler

carrosse dans votre Paris, qui n'en finit pas. Je me fais conduire à la communauté où je logeais, et l'on me dit qu'une dame m'attendait au parloir. C'était ma repentante. Je fus charmé de son exactitude, et j'en augurai bien.

« Elle était émue encore, mais à son émotion se mêlait déjà la crainte des sacrifices que je pourrais demander. Je m'y attendais, et j'avais pris mes mesures, décidé à ne pas laisser perdre la grâce dont cette pauvre égarée était l'objet. — Avant toute chose, lui dis-je, promettez-vous de ne sortir d'ici que pour aller où je vous conduirai ? — Elle hésita, et voulut m'expliquer sa situation. — Non, repris-je, je n'entendrai rien que vous n'ayez juré de m'obéir : car, si vous ne voulez que m'attrister par le récit de vos fautes et le spectacle de vos inutiles remords, je les connais. Ce n'est point là ce qu'a voulu Notre-Seigneur en m'envoyant à vous. Au nom de votre mère et des souvenirs qui vous ont touchée quand vous m'avez vu, soyez obéissante comme vous l'étiez avant vos égarements, pour retrouver le bonheur et la paix dont vous jouissiez en ce temps-là.

« Vaincue par l'autorité que Dieu voulut donner à ma parole, elle reprit le joug qu'elle avait autrefois si doucement porté, et promit de faire ce que je lui commanderais. Alors j'écoutai son récit. Il n'est point nécessaire que je le rapporte : on sait trop par quels chemins peut passer une pauvre fille qui fuit la maison de sa mère. Enfin, elle arrivait au théâtre, et sous peu de jours elle allait débuter. Comme elle était fort belle personne, et qu'elle avait reçu une éducation distinguée, avantage qui manque à toutes ces comédiennes, m'a-t-on dit, les meilleurs juges s'accordaient à lui prédire un succès éclatant. Elle se berçait dans cette espérance. Famille, religion, passé, tout s'effaçait de son cœur ; elle ne s'inquiétait que de se faire applaudir. Elle était venue à l'église pour étudier (voyez, voyez l'admirable industrie de la Providence!) une figure peinte dont elle voulait copier le costume et l'attitude dans son rôle de début. Ah! je fus confondu quand j'entendis cela. Machinalement, par ce secret besoin de prier que l'air des églises réveille toujours lorsque l'on a connu Dieu, elle se mit à genoux et pria. La prière lui rappelait plus vivement que de coutume ce qu'elle s'efforçait de ne jamais se rappeler. Ce fut en ce moment que, sortant de la sacristie pour aller aux fonts baptismaux, je passai près d'elle, revêtu du surplis et de l'étole. Comme ce général français, chargé d'arrêter le Saint-Père, qui, à l'aspect du pontife, recula, voyant apparaître sa première communion, elle vit passer avec moi les jours de son innocence et de sa ferveur, la tendresse de ses parents, ses promesses à Dieu, ses parjures, toute la chaîne fatale de ses péchés. Elle vit ce qu'elle avait été, ce qu'elle était, ce qu'elle allait être pour toujours. Jadis, noble vierge, elle rougissait du moindre regard jeté sur elle ; désormais, créature effrontée, elle provoquerait audacieusement tous les yeux ; jadis, dans le mystère du confessionnal, elle trouvait des larmes de repentir pour les fautes légères de son âge, et maintenant elle regardait avec une sorte de paix les vices de son cœur ! Elle songea qu'elle avait changé, mais que Dieu ne change pas ; qu'il pouvait pardonner, mais qu'il pouvait aussi punir... Elle me conta plus longuement ces pensées qui éclatèrent tout d'un coup. Sans former aucune résolution, sans savoir ce qu'elle faisait, involontairement, troublée d'une peur sainte, elle cria vers le prêtre qui l'avait si souvent rassurée. Ainsi, enfant, dans les terreurs soudaines de la nuit, elle criait vers sa mère.

« — Vous avez bien fait, lui dis-je, et ce ne sera pas en vain que vous m'aurez appelé. Je vous réconcilierai avec Dieu, j'en suis sûr ; avec votre famille, je l'espère ; je vous rendrai votre nom, je vous rendrai la paix et l'honneur. Mais il faut le vouloir, il faut rompre avec le mal. Je vais tout de suite vous conduire dans une sainte maison, d'où vous ne sortirez plus que pour rentrer dans la maison de vos parents.

« Elle m'avait promis de ne rien objecter, elle tint parole. Je vis pourtant que l'effort était grand; que ce pauvre cœur, en dépit de ses repentirs, demeurait indécis. — Quoi donc ! ajoutai-je, quelles réflexions vous reste-t-il à faire encore ? Faudra-t-il plus de temps pour rompre avec le vice qu'il n'en fallut pour rompre avec le devoir? Non! je ne veux pas que personne vienne combattre vos chancelantes résolutions. Abandonnez tout, et sauvez votre âme.

« O puissance de la grâce! ô clémence infinie de mon Sauveur! J'obtins non seulement l'action généreuse que je demandais, mais le plein consentement que je n'osais espérer. —Allons, mon père, me dit cette courageuse fille, c'en est fait ! Dieu l'emporte : partons, fallût-il en mourir! — La voiture attendait ; nous y retrouvâmes la petite orpheline, qui dormait dans ma houppelande ; et bientôt nous fûmes tous trois chez M$^{me}$ de ***, où l'on nous reçut à cœur ouvert. L'orpheline fut aussitôt conduite à une bonne maîtresse, qui l'habilla de pied en cap ; et mon héroïque pénitente, menée à la cellule qui lui était préparée. A peine y eut-elle mis le pied, qu'elle trouva la paix. M$^{me}$ de *** la vit se jeter à genoux avec des torrents de larmes, protestant que ses yeux se dessillaient, et qu'autant le monde l'avait attirée, autant il lui faisait horreur. Ce ne fut point un enthousiasme passager. Bientôt, par la méditation, par la prière, par l'absolution, par la nourriture eucharistique, cette âme affaiblie et non perdue renaquit à l'innocence, non pas sans doute la blanche innocence de l'agneau, mais l'innocence glorieuse aussi des larmes, du repentir, de l'expiation. Maintenant, heureuse dans sa famille, ma chère convertie bénit Dieu : c'est une chrétienne exemplaire. »

— Mais, mon bon père, dis-je à l'abbé Planson, ce jour-là, où donc avez-vous dîné?

— Je ne m'en souviens plus, répondit-il tout étonné. Qu'est-ce que cela fait? pourquoi voulez-vous savoir cela?

Je l'embrassai, et, me mettant à genoux, je le priai de me bénir.

1841.

# AU TEMPS DES DILIGENCES

## I

#### QUI SONT CES DAMES?

J'AVAIS à choisir entre la troisième place du coupé et la quatrième place de l'intérieur. Je vis dans le coupé deux dames qui paraissaient se trouver bien ensemble, et dans l'intérieur trois hommes. Je pris l'intérieur, moitié par politesse, pour ne point gêner ces dames, moitié par attachement grossier pour mon cigare, que je trouvais bon. Mes compagnons me laissèrent fumer, je les laissai parler de Mademoiselle Lolotte. Au relais suivant, le conducteur ouvre la portière; un gros homme entre sans façon, et après lui se glisse timidement une dame bien vêtue. J'avais entamé un autre cigare, qui était excellent : je prêtai mon coin à la nouvelle arrivée, et je montai sur l'impériale. Quand je fus là-haut, une pluie assez drue vint nous fouetter au visage ; la journée avançait : je descendis. Mais, au moment de reprendre ma place, j'eus honte : c'était contraindre cette pauvre femme à passer une nuit de diligence entre deux hommes qui s'endormiraient sur ses épaules. D'un autre côté, je ne voulais point faire le galant : je me décidai pour le coupé, où un appareil de bandes fort ingénieux m'offrait la possibilité de sommeiller à peu près sur moi-même.

Les dames du coupé m'avaient vu monter sur l'impériale, un cigare à la bouche ; j'étais un peu mouillé, je les dérangeais fort, je les privais du plaisir de causer : elles me reçurent mal. Il faut dire que mon habit de voyage, passablement fatigué, ne me laissait que tout juste l'aspect d'un homme comme il faut. La petite moue qu'elles firent en reprenant une quantité d'objets dont la place où j'allais m'asseoir était encombrée, ne me prévint pas non plus en leur faveur. Je ne m'établis point impoliment, mais j'usai de mon droit sans trop demander grâce. Il restait un amas de parapluies, sur lequel on avait sans doute pensé que je voudrais bien me tenir, et qui me désobligeait étrangement. Je retirai ce faisceau, et je l'offris à mes voisines. Mon action leur parut hardie ; elles échangèrent en allemand quelques mots, que je jugeai n'être pas à ma louange. Je pris ombrage de cet allemand. J'envahis toute la largeur du siège, et je manœuvrai des coudes, voulant me procurer la satisfaction de toucher de mon dos le fond de la voiture. J'y parvins, mais je passai pour un rustre. Deux ou trois autres mots d'allemand, où je n'entendis rien, et que je compris à merveille, ne me laissèrent pas le moindre doute là-dessus.

Cependant ma mauvaise humeur s'apaisa. Je compris et je pardonnai l'ennui dont j'étais cause; et, en attendant une occasion de me rendre utile, j'essayai de deviner quelle sorte de femmes j'avais le malheur de gêner.

La mise annonçait au moins l'aisance et de bonnes coutumes : tout était décent, propre, solide; aucun colifichet. Les figures n'annonçaient rien du tout, que quarante-cinq ans à droite, et trente ans à gauche. Un petit air gourmé, joint à l'allemand, pour lequel j'ai peu de tendresse, me fit penser qu'elles étaient protestantes. L'une d'elles, la plus âgée, tira d'un sac du pain et une aile de poulet. Quel jour est-ce aujourd'hui ? C'est samedi. Du poulet, le samedi ! Plus de doute ! elles sont protestantes. Je me fis petit, je résolus d'être aussi obligeant que possible, pour ne point donner à ces « prétendues réformées » une idée trop défavorable des jeunes gens catholiques. Pauvres femmes ! car la femme protestante m'inspire une compassion profonde. Eh quoi ! elle ne prie pas la sainte Vierge; son mariage n'est pas bénit, ses enfants n'iront pas prier sur sa tombe... Mais peut-être mes compagnes ne sont-elles que païennes ? Non ! leur mine, après tout, est des plus honnêtes, sinon des plus avenantes... Dieu a laissé quelque chose de sa pensée sur ces deux visages : elles ne sont point païennes, elles sont protestantes.

Celle qui tenait le pain et le poulet, était ma voisine de droite. Elle rompit le pain et essaya de partager en deux la viande ; mais elle n'avait point de couteau, et l'opération se trouva difficile. O bonheur ! je sentis dans ma poche un couteau. Je l'offris, tout ouvert, de l'air le plus engageant, le plus suppliant, le plus... Que ne m'ont-ils vu en cette rencontre, ceux qui m'accusent d'intolérance !... Ma voisine accepta, reconnaissant ma politesse par un sourire qui lui retira cinq années, et qui me parut catholique. Assurément cette femme a de la religion. Quel dommage qu'elle mange du poulet le samedi !

Le poulet partagé, elle en offrit la meilleure part à sa compagne : au moins, elle n'est point égoïste. Si vous étiez catholique, pauvre femme, vous tireriez plus grand avantage de cette charité. Mais que vois-je ? La compagne, avec un petit air de bonne humeur étrange, refuse le poulet et ne prend que le pain. L'autre sourit, se ravise, et lui présente une pomme. La pomme est acceptée. On accepte aussi mon couteau pour éplucher la pomme ; ce bienheureux couteau me vaut un second sourire, non moins aimable que le premier.

Réfléchissons.

Je dis donc que ma voisine de droite est protestante ; mais sur quelles raisons ai-je établi ce jugement ? Elle est Allemande, c'est vrai : est-ce à dire qu'elle soit Prussienne ou Saxonne ? Elle paraît quelque peu froide et pincée, malgré son sourire de tout à l'heure : est-elle donc obligée de m'accueillir en amitié, avant de savoir quel homme je suis? Je n'aurais pas bonne opinion d'une femme qui chercherait tout de suite à lier conversation : je la prendrais pour une bavarde, je croirais qu'elle écrit dans les journaux. Enfin, elle mange du poulet le samedi. Il n'y a que cela de sérieux, mais cela est très sérieux. Cependant, raisonnons : en Allemagne, on est fort relâché sur les abstinences ; il y a beaucoup de diocèses où l'on ne fait maigre que le vendredi, et l'on trouve que c'est bien assez ; il se peut que cette dame ignore nos usages de France... Et puis, si elle est malade ? si elle a une dispense pour le voyage ?...

Parbleu ! je suis un grand sot. Elle n'est pas protestante ; j'en ai la preuve trop claire : une protestante, avant de manger, aurait dit le bénédicité. Les protestants n'y manquent jamais ; il n'y a que les catholiques qui l'oublient ou qui s'en cachent.

Quant à cette jeune femme, ma voisine de gauche... je lui ai donné trente ans, mais alors elle n'avait point accepté mon couteau... quant à cette jeune personne donc, je la tiens pour catholique : son sourire est franc, ses yeux sont pleins de candeur ; et d'ailleurs, qui peut préférer une pomme à une aile de poulet ? Ce n'est point mortification : elle est forte et parfaitement nourrie ; ce n'est point simagrée : tout en elle respire la naïve nature. Catholique, vraie catholique, j'en jurerais !

Et l'autre?... Quoi ! la croirai-je protestante parce qu'elle a quelques années de plus ?...

Je n'écoutai point des *si*, des *mais*, des *cependant*, qui me parurent suggérés par la malice humaine; je me tins dans le sentiment le plus favorable à mes voisines, et poussai tous mes raisonnements du côté de leur gloire.

Ce sont des personnes distinguées. Quoique je ne connaisse point encore la couleur de leur français, elles entendent le français, puisqu'elles ont accepté mon couteau ; elles le parlent, puisqu'elles voyagent toutes seules en France : donc elles sont instruites. Une bonne instruction suppose une bonne naissance. Pourquoi voyagent-elles ? Assurément ce n'est pas pour le commerce : rien, sur ces visages, ne décèle le négoce. Ce ne sont point des marchandes. Ce ne sont pas davantage des bourgeoises : une bourgeoise d'Allemagne ne sait pas le français, ne laisse pas sa maison, ne va pas courir le monde. Des aventurières?... Fi ! quelle pensée et quelle sottise ! Des aventurières n'ont ni cette bonne et simple façon, ni cette honnête physionomie, ni cette fière retenue devant un étranger; des aventurières ne m'auraient point reçu de si mauvaise grâce; surtout, des aventurières ne sont point catholiques. J'en reviens à l'aile de poulet : quelle aventurière préférera jamais une pomme à une aile de poulet?

On changea de chevaux. Le relais avait été long, mes voisines ne m'avaient pas dit un mot encore. Je me demandai si des aventurières auraient fait un relais sans parler. Je prie le lecteur de peser ce dernier argument.

Mais enfin, que sont-elles ?

Je ne doute pas qu'elles ne soient des personnes de condition, libres d'elles-mêmes, qui voyagent pour leur plaisir, et peut-être dans un but plus élevé. On me dirait qu'elles sont dames d'honneur de quelque margrave, ou chanoinesses de quelque chapitre noble, que je ne m'en étonnerais nullement. Et si elles étaient de la cour de la duchesse d'Anhalt, par exemple, il n'y aurait rien d'invraisemblable à supposer qu'elles viennent pour entrer en religion dans un de nos monastères. Cette duchesse d'Anhalt est une sainte. Une demoiselle de son palais, que j'ai connue, formée par elle à la vie religieuse, fut, durant plusieurs années et jusqu'à la mort, l'honneur d'un des couvents les plus réguliers qu'il y ait à Paris et dans le monde.

Ainsi, ce sont des personnes instruites, des personnes de condition, des catholiques : je m'en tiens là.

Je voudrais bien en être sûr !

Par quel moyen arriver à la certitude? Si je parle le premier, je serai peut-être indiscret, je peux faire une question maladroite ; si je ne parle pas, elles se tairont peut-être, et je ne saurai rien. Mais est-il supposable qu'elles se taisent encore longtemps? Instruites ou ignorantes, nobles ou bourgeoises, catholiques ou quoi que ce soit, elles sont femmes : ce serait un grand miracle qu'elles gardassent le silence jusqu'à demain.

Je ne présente point ce raisonnement comme inattaquable ; mais il est gaulois. Une personne qui avait, je pense, l'esprit un peu de travers, pétitionna devant la Chambre élective pour obtenir que les femmes de France pussent recevoir le mandat électoral et s'asseoir sur les banquettes de la députation et de la pairie. L'orateur qui rapportait la pétition, en exposa le but à ses collègues. Ensuite, il se contenta de remarquer qu'on avait déjà assez de peine à s'entendre entre hommes, vu les développements et l'abondance des discours. Il donnait par là suffisamment à connaître que nos concitoyennes ne se taisent pas volontiers ; et, sans aller au fond des choses, la pétition fut repoussée sur cette seule raison. Pour moi, je ne veux rien dire contre les dames allemandes, et à Dieu ne plaise que j'accuse les femmes françaises de parler trop !

Cette réserve faite, il m'est permis de dire que mon attente ne fut point trompée.

Le petit repas terminé, et le couteau m'étant rendu, ma voisine de gauche, la plus jeune, serra sa pelisse autour d'elle, se redressa, roula sur ses doigts fort blancs une boucle de cheveux fort blonds, fit un petit bâillement, allongea ses jambes, baissa la glace de la voiture et regarda le temps: signes d'une femme qui s'ennuie.

Une femme qui s'ennuie, est une femme qui va parler.

J'aurais pu, sans indiscrétion, en ce moment lui dire bien des choses : Madame est fatiguée? ou : Un vilain temps! ou : Les nuits sont longues en voiture, etc., etc. Je n'en fis rien, et ce fut de ma part méchanceté pure : j'avais gagé avec moi-même qu'elles parleraient les premières.

La voisine de droite, dont l'ennui était stoïque, se montra plus charitable. Elle regarda sa compagne, et, avec un sourire compatissant :

— Chère, lui dit-elle, vous voudriez bien être arrivée, n'est-ce pas ?

— Oh! oui, reprit l'autre. Cette route ne finit point.

A part une petite pointe d'accent, un certain chant qui avait bien son charme, le français de la rue de Varennes n'est ni plus pur ni plus doux.

— Évidemment, pensai-je, elles sont pour le moins baronnes.

Mais, puisque l'on parle français, on veut bien que

j'intervienne. Je vois que mon couteau a détruit les palissades qui s'élevaient entre nous.

— Madame, dis-je, il faut s'armer de patience : les chemins sont mauvais, et nous arriverons tard.

— Faisons des actes de vertu, ma chère, ajouta, toujours avec son charmant sourire, celle qui avait mangé du poulet.

Propos qui me parut des plus catholiques, et où je crus même entrevoir ce qu'on appelle, au Collège de France, « le mysticisme d'outre-Rhin ».

— Des actes de vertu! répliqua l'autre avec un peu de mutinerie; l'occasion s'en présente si souvent, qu'elle devient importune.

Voilà, par exemple, pour une chanoinesse, qui me semble un peu mondain, pensai-je. Mais ceci peut n'être qu'une bouffée de jeunesse. N'oublions pas qu'elle fait maigre.

La voisine de droite répondit d'un ton sérieux et néanmoins indulgent :

— Ce n'est pas l'occasion qui est importune, c'est le regret de l'avoir négligée.

— Oh! oh! me dis-je, celle-ci est puritaine.

Malheureusement, je me rappelai une parole de mon excellent ami M. le comte de Cabre, dont la conversation est la plus aimable encyclopédie politique, historique et religieuse que j'aie lue. M. de Cabre fut longtemps ministre plénipotentiaire en Allemagne. Il m'a dit cent fois qu'il avait connu des personnes, des femmes surtout, d'un haut mérite, d'une haute vertu, d'une piété véritable, qui prient, font du bien, lisent et goûtent les meilleurs ascétiques, se nourrissent de l'*Imitation,* du *Combat spirituel,* des écrits de Louis de Blois, et qui néanmoins restent dans l'hérésie. — « Aussi », ajoutait M. de Cabre, « leur foi a toujours quelque chose de tendu et de rigide. »

Je me mis à craindre que ma voisine de droite ne fût une de ces pauvres personnes, et je penchai à trouver l'enjouement de l'autre plus catholique que sa gravité : car, s'il faut le dire, à moins qu'on ne fasse résolument son affaire d'être saint, et qu'on ne soit obligé par caractère d'y mettre beaucoup de vigilance, je préfère un peu d'imperfection qui se montre naïvement, à cette raideur qui semble vouloir ne laisser au bon Dieu rien à pardonner et rien à reprendre. Hélas! nous savons ce qu'il y a le plus souvent sous ces belles maximes. J'en ai tant prononcé, pour mon compte, qui me joueront un mauvais tour là-haut, si je ne me hâte de confesser que mes actions s'y ajustent fort mal! Croyez-vous que Dieu, notre bon Dieu et notre bon père, s'irrite extrêmement contre de malheureux pécheurs qui auront un peu regimbé, sans songer d'ailleurs le moins du monde à secouer le joug? Allons, jansénistes, ne nous damnez point parce que nous nous impatientons de ne pouvoir allonger nos jambes, et laissez-nous le mérite d'en demander pardon à Celui qui mourut en croix pour nos péchés.

Dans la préoccupation où me tenaient ces réflexions de haute volée, j'eus la maladresse de laisser tomber l'entretien.

Heureusement, la voisine de gauche s'ennuyait toujours.

Les roues de la diligence rencontrèrent une ornière profonde : nous crûmes que nous allions verser. A droite, on fit un cri ; à gauche, on me saisit le bras avec une vive expression de frayeur.

Je me permis un sourire intrépide.

— Ah! s'écria ma voisine de gauche, où sont nos belles routes de l'Italie?

Il eût été plus généreux à moi de défendre les routes de France ; mais je cédai à la vanité de faire voir que je connais et que j'aime l'Italie. Je demandai si l'on avait visité Rome ; on me demanda si j'avais habité Florence, et nous voilà lancés à pleines voiles dans les beautés de l'Italie. Mes compagnes me charmèrent par le ton simple et sensé de leur admiration, ne faisant point d'esthétique, et ne se cachant guère d'aimer par-ci par-là certaines choses auxquelles les « artistes » témoignent peu de faveur. Pareillement, elles ne déguisaient pas leur répugnance pour d'autres choses très honorées. Ainsi Michel-Ange n'avait point leurs bonnes grâces. Nous bataillâmes quelque temps, la plus jeune et moi, sur la Vierge au *Magnificat*, de Boticelli. Je dois confesser que ses raisons n'étaient pas méprisables : elle s'indignait qu'on osât représenter la sainte Vierge une plume à la main.

— Mais, Madame, laissons la plume, et contemplons cette tête céleste, ce regard si humble, si inspiré, cette main si...

— Tout ce que vous voudrez, Monsieur. L'Évangile nous dit que la sainte Vierge gardait dans sa mémoire les paroles et les actions de son Fils. J'en conclus qu'elle ne s'est jamais avisée d'écrire ses propres paroles, à elle. Une plume et un papier me font tout de suite supposer des ratures, et je ne reconnais plus ni l'inspiration de l'Esprit-Saint ni l'humble simplicité de Marie.

Ce discours fut appuyé, à droite, d'un sourire d'assentiment. Trop heureux d'être battu par des armes si chrétiennes, je mis en avant le nom de Fra Angelico : nous nous trouvâmes d'accord sur son compte, mais avec un peu de froideur de leur côté.

— Quel peintre charmant qu'Andrea del Sarto! dit la voisine de droite.

— J'en veux à ces moines qui le payaient si peu, dit la voisine de gauche : combien il fut malheureux!

— J'en veux davantage à sa femme, repris-je.

On s'aperçut que j'étais un peu piqué.

Certainement, on peut trouver sujet de blâmer les moines, particulièrement ceux d'une certaine époque, et je ne prétends pas ignorer l'histoire. Mais quand la conversation tombe sur ce sujet, j'aime à savoir avec qui je cause. Alors, pourvu que l'on n'attaque ni mes chers Bénédictins, ni mes chers Franciscains, ni mes chers Chartreux, ni mes chers Jésuites, ni mes admirables et vénérées sœurs les religieuses de tous les ordres et de tous les temps ; pourvu surtout que l'on respecte, que l'on révère l'état monastique en lui-même, comme le plus haut, comme le suprême perfectionnement du Christianisme ; j'avoue, en famille, que des religieux, des maisons tout entières, des ordres tout entiers ont failli. Seulement, encore une fois, je veux être sûr de la manière dont on l'entend.

Je n'ai pas besoin de dire que l'Italie m'avait servi dans l'estime de mes voisines encore mieux que mon couteau. Mon cigare était oublié, mon habit paraissait moins fatigué, je commençais à ne plus passer pour un commis voyageur. Peut-être m'élevait-on, quoique sans moustache, au rang d'artiste.

— Que lui faisait donc sa femme, à ce pauvre Andrea? demanda la voisine de droite.

— Elle le ruinait, répondit la voisine de gauche.

— C'eût été peu de chose de le ruiner, ajoutai-je ; elle ne l'aimait pas. S'il n'avait eu affaire qu'avec les moines, son histoire ne serait pas si lamentable : les moines lui auraient assuré du pain et la paix.

De droite et de gauche en même temps on me regarda d'un œil scrutateur :

— Vous aimez les moines, Monsieur?

Il me parut, à cette question et à l'air dont elle fut

faite, que ma voisine de droite n'aurait pas été fâchée de savoir sur mon compte ce que je cherchais tant à savoir sur le sien.

Je confessai une extrême affection pour les moines.

— Je crois que ce n'est pas un goût très commun en France?

La remarque était faite à gauche. Je la trouvai louche.

— Madame, dis-je, en général, c'est le goût des gens éclairés et des gens de bien, qui sont encore assez nombreux.

— Mais vos journaux?... reprit la voisine de droite.

— J'avoue, Madame, que le nombre des lecteurs de journaux est supérieur chez nous à celui des gens d'esprit. Du reste, cette défaveur ne s'étend pas aux communautés de femmes. Les religieuses sont aimées de tout le monde à peu près.

— Il serait étrange que les Français n'aimassent pas des femmes qui leur font tant d'honneur, et que toute l'Europe leur emprunte ou leur envie. Notre roi...

— Ah! s'écria la jeune dame, nous voici dans une ville.

L'autre regarda de son côté et s'interrompit.

— Elles ne sont donc pas du duché d'Anhalt, pensai-je avec chagrin.

— Notre roi Frédéric-Guillaume..., reprit la dame âgée.

— Voyez donc la belle rue! fit de nouveau ma voisine de gauche.

Et l'autre s'interrompit encore une fois.

— Dieu! me dis-je, elles sont Prussiennes!!!

Des histoires de M. de Cabre me revinrent à l'esprit.

Il fallut attendre qu'on eût passé la ville.

— Vous disiez, Madame, que votre roi Frédéric-Guillaume...?

— Eh bien, Monsieur, il veut établir des religieuses à Berlin.

— Des religieuses catholiques, Madame?

— Mais sans doute, Monsieur.

— C'est que l'on essaye, en certains pays, je ne sais quelles... des... des diaconesses protestantes...

— En effet, Monsieur.

— Elles n'ont pas réussi, dit la jeune dame.

Je hasardai que, hors du terrain catholique, le succès de pareils établissements me semblait difficile.

— Difficile? s'écria la dame âgée, disons impossible!

— Disons ridicule! ajouta la jeune dame avec une vivacité charmante.

— Les sœurs de *Charité* ne peuvent être que catholiques, poursuivit paisiblement l'autre: la grande et sainte Charité est le privilège incommunicable de la grande et sainte Vérité.

Parlez donc!!!

Je pourrais donner la suite de nos discours; mais à quoi bon? A partir de ce moment, ce ne fut plus que la conversation cordiale de trois amis.

Si mes compagnes étaient margraves, baronnes ou chanoinesses, filles, ou veuves, ou mariées, je n'en sais rien; mais pour catholiques, certes, elles l'étaient de toutes les forces d'un noble cœur et d'un noble esprit. J'ajoute que j'ai rarement rencontré, même en France, des femmes aussi bien informées de tout ce que l'on fait et même de tout ce que l'on tente chez nous pour ou contre la religion. Elles n'ignoraient ni les laborieuses veilles de dom Guéranger, ni les luttes héroïques du R. P. Lacordaire, ni les saints efforts et les pieux succès du R. P. de Ravignan. Elles me parlèrent de l'historien de sainte Élisabeth de Hongrie avec une estime et une admiration qui m'allèrent au cœur, et me nommèrent ensuite plusieurs écrivains catholiques, de façon à me prouver qu'elles n'en connaissaient pas les noms seulement. Je crus même, je l'avouerai, qu'elles viendraient jusqu'à moi, tant elles paraissaient tout savoir, et je préparais déjà la petite phrase modeste que j'aurais à dire sur mon compte. Mais ce nom-là fut passé sous silence, et je vis que ma célébrité n'avait pas encore franchi le Rhin.

1841.

II.

LE BATEAU ET L'AUBERGE.

En vain vous passerez comme les hirondelles, parcourant l'espace sans arrêter un instant : je vous avertis que la route est pleine de gens experts à tirer le voyageur au vol. C'est chose admirable de voir comme les aubergistes savent rattraper en gros ce que la rapidité des moyens de transport leur fait perdre en détail, et l'on ne peut que s'émerveiller du progrès continu de ce genre d'exploitation. Le *savoir-vivre* s'en va, cela est hors de doute : un compagnon de voiture poli est une rareté ; vous ne pouvez plus compter sur l'hôtesse affable ni sur l'hôte obligeant que l'on rencontrait jadis à la couchée. Ces choses ne sont plus. Mais en revanche, le *savoir-voler* devient magnifique ! A qui se destine aux « affaires », il offre des études faciles et multipliées. Courez seulement cent lieues : la théorie, la pratique, l'élégance même de l'art, tout vous sera révélé. Si vous ne sentez pas en vous, au retour, l'étoffe ample et solide d'un fripon, prononcez que vous n'entendrez jamais rien au négoce ; retirez-vous, cachez-vous, sortez sans bourse, sans montre, sans mouchoir : vous ne serez qu'un honnête homme jusqu'à la fin de vos jours. Métier coûteux, qui ne peut tarder à devenir humiliant.

Chignac, d'où nous partons, est situé sur une rivière qui, jusqu'à ces derniers temps, n'était pas crue navigable, du moins pendant la grande partie de l'année. Mais à trente ou quarante lieues de là, dans une autre ville, sur le bord du même cours d'eau, un habile homme a jugé que les bancs de sable et autres obstacles ne seraient rien pour certains bateaux de son invention, à vapeur, inexplosibles, et si parfaitement construits, qu'il ne faudrait que les en prier un peu pour les voir voguer sur le pavé. Il a donc annoncé que ses bateaux iraient en six heures de *** à Chignac. Il a fondé une compagnie, distribué des actions et enflammé des journaux. Les journaux ont fait ressortir les avantages de l'entreprise; ils ont pompeusement raconté certains voyages accomplis en cinq heures quarante-cinq minutes. De certains autres voyages, qui ne se sont pas accomplis du tout, pas un mot. Savoir se servir des journaux, premier axiome du *savoir-voler*, et facile à mettre en pratique! Je ne parle pas de l'annonce, qui n'est que la ressource des commerçants et des misérables ; je parle de la première page et du feuilleton.

Vous êtes embarrassé d'une femme, d'une fille ou d'une sœur; vous vous souvenez du commis voyageur qui vous accompagnait sur la route de terre : vous courez à ce bateau qui mène si doucement, qui arrive si vite, et vous voilà parti, bien établi sur le pont.

Le bateau file, les villages passent, les clochers accourent et disparaissent, le flot saute sur la rive, les arbres vous saluent d'un frémissement joyeux. Vous allez, vous fuyez, vous franchissez le grand cercle dessiné par l'arche du pont, comme le cerf de Franconi crève d'un bond le cerceau revêtu de papier que l'on oppose à sa course.

C'est merveille! Voilà de grandes choses, de grands spectacles. Cette puissante machine qui vous porte, joue bien son rôle parmi ces prodiges de la nature et de l'art humain qui se pressent sous vos yeux ravis. Il vous vient de bonnes pensées; votre esprit se laisse aller à une souveraine indulgence : le commis voyageur, l'élève de l'Université, le citoyen quel qu'il soit, dans la grâce de la barbe et de la pipe, finit par prendre dans cet ensemble je ne sais quelle place où il n'est pas trop répugnant. — Bah! dites-vous en le regardant, c'est la loi des contrastes, c'est l'ordre établi. Ainsi le veut la puissante nature, par quelque raison inconnue. Il est là, c'est vrai ; mais sur les bords fleuris des eaux, n'y a-t-il pas la grenouille? n'y a-t-il pas la chenille sur l'arbre en fleur?

Le temps fuit sans que l'on y songe. Puisqu'il fuit toujours, et qu'il faut renoncer à lui persuader de ne fuir pas, et que c'est d'ailleurs en toute occasion ce qu'il a de mieux à faire, sachons-lui gré de dérouler en s'enfuyant ces magiques paysages : tant de fois il ne nous a laissé voir que le pas lent de l'aiguille sur la monotonie du cadran! Va, bonhomme infatigable, enfuis-toi. Je ne t'en veux point, et je sais où tu me conduis. Marche, marche! Je verrai finir ta course un jour. Ronge, dévore, anéantis : j'ai en moi quelque chose qui t'échappe et qui te verra mourir! Tu n'es fait pour effrayer que ceux qui ont établi ici-bas toute leur attente; mais j'ai bâti ma demeure à l'abri de ta faux, j'ai fixé mon séjour dans un palais que n'usera jamais le frottement de ton aile. Emporte mes instants, mes heures, mes années ; emporte ma vie : nous ne serons point ennemis pour si peu!

Et puis, tout à coup, sur les épaules du temps ou sur celles du grand air, arrive un bon camarade d'école et de jeunesse, que les soucis, l'âge, mille fâcheuses affaires, avaient écarté : il se nomme l'Appétit, son nom fait son éloge. Par un secret de l'Appétit, un fonctionnaire du bateau, indifférent jusqu'alors, acquiert subitement une importance cent fois supérieure à celle du capitaine : c'est le cuisinier ; parlons mieux, c'est le « Chef ». Hélas! ce seul titre vous présage des malheurs.

Vous appelez le chef, il ne vient pas. Qu'a-t-il à s'inquiéter de vous? Vous êtes sa proie; vous dînerez quand il lui plaira, comme il lui plaira, ou vous ne dînerez point. Oseriez-vous ne point dîner, avec ce grand air, avec cet appétit qui croît sans cesse et devient importun, le traître? Adieu les paysages et les clochers aigus, et les tours démantelées, et les considérations philosophiques! L'infirmité humaine se déclare : un beefsteack est présentement le seul point de vue qui vous paraîtrait charmant.—Monsieur le chef, voudriez-vous nous donner quelque chose? — *De suite,* répond Monsieur le chef, avec cette pureté de langue que l'on admire chez les feuilletonistes; et il vous plante là. Mais enfin il a reçu votre placet. Dans de magnifiques assiettes, illustrées de son chiffre, il vous présente quelques ossements, quelques débris baignés d'une figure de sauce. Il débouche avec fracas une bouteille de verre clair, si vous avez demandé du vin de Bordeaux ; de verre sombre, si vous avez demandé du vin de Bourgogne. Il renouvelle ce cérémonial autant de fois qu'on l'en prie, et vous prouve, après le dessert, que vous avez fait un repas, en vous apportant une note effrontée, en belle écriture anglaise, sans faute d'orthographe. Payez, et tout est dit. Vous avez dîné très mal, peut-être n'avez-vous pas dîné du tout : c'est le talent du chef! Où serait le mérite, où serait le sel, où serait le progrès, si vous aviez mangé le dîner que l'on vous fait payer? Criez tant qu'il vous plaira que vous avez mal dîné ; mais avouez que vous êtes volé parfaitement, qu'on ne pouvait mieux s'y prendre, y mettre plus de formes, vous entourer de plus d'illusions, changer plus souvent les assiettes, baptiser de noms plus pompeux et plus variés et la sauce et le vin ; songez aux études qu'il a fallu faire pour exécuter cette fantasmagorie ! Tout cela vaut bien un fromage. Et ne vous dites pas, en retrouvant sur le pont la belle nature, qu'il est douloureux de penser qu'au milieu de ces beautés, il y a une intelligence humaine uniquement occupée de vous vendre des apparences de vin et des fantômes de ragoût ; dites-vous qu'un jour ce cuisinier créateur, à force d'avoir fait passer ses assiettes devant un grand nombre de vos semblables, se trouvera plus riche qu'il ne faut pour acheter la plus fertile de ces terres dont vous contemplez les vieux ombrages et les vergers florissants. Et alors il ne sera plus cuisinier, mais électeur et maire, et chevalier de la Légion d'honneur.

Mais une secousse violente vous fait trébucher et vous arrache à ces rêveries. Vous voyez courir les hommes d'équipage, vous entendez tonner le capitaine, vous apercevez que vous n'avancez plus : le bateau est engravé. On s'agite, on se pousse, on blasphème surtout : inutiles efforts ! Après une heure perdue en vains essais, il est reconnu qu'on ne peut plus avancer ni reculer. Le capitaine signifie à ses passagers qu'il faut descendre là. On est précisément à moitié chemin. — Mais, capitaine, c'est affreux ! — Que voulez-vous ? les eaux sont trop basses, et nous sommes trop chargés. — Mais il ne fallait pas partir ! — Je ne savais pas que les eaux fussent si basses. — Mais vous deviez le savoir ! rendez l'argent. — Du tout : l'administration ne répond point des cas de force majeure. — Mais c'est un véritable vol !

A ce mot, le capitaine, qui est chevalier de la Légion d'honneur, répond qu'il a servi dans la marine de l'État, vous appelle insolent, et vous fait mettre à terre avec bagages, femmes et enfants. Vous voilà présentement loin de toute habitation, à l'état d'épave. Les naturels du pays fondent de toutes parts sur vos paquets. Ils arrivent à pied, en carriole, en charrette et en brouette. — D'où sortez-vous, bonnes gens ? — Nous vous guettions au passage, parce que le bateau s'engrave très souvent à cette place, et cela nous fait de bonnes journées. Nous vous prendrons tant pour cette malle, tant pour ce carton, tant pour cet enfant, tant pour ce caniche ; et si vous voulez marchander, portez tout vous-même... une lieue d'ici.

Voilà le vol au bateau à vapeur, pour faire suite au vol au bonjour, au vol à l'américaine, et à d'autres plus anciennement connus. Malgré le pittoresque du naufrage, Dieu te préserve, ami lecteur, de savoir ce qu'il en coûte pour atteindre le village voisin, d'où tu pourras à nouveaux frais regagner Chignac, pour de là repartir par la voie de terre !

Il y a, dans Chignac, un personnage toujours enchanté de vous revoir : c'est l'aubergiste, ou, pour parler congrûment, M. le directeur du *Soleil d'or*.

Difficilement on trouverait un homme qui eût meilleure façon. Il ne se produit qu'en habit noir son adresse, qu'il vous fait remettre à la descente de la voiture, est une carte de visite magnifiquement gravée sur porcelaine; Madame sa femme parle anglais, Monsieur son fils parle allemand; il parle, lui, très bien la langue des prospectus et des programmes, langue éminemment elliptique, où abondent, vous allez l'apprendre, les sous-entendus.

— Combien la chambre, Monsieur l'hôte? — Deux francs. — Et les repas? — Cinq francs pour déjeuner et dîner. — Ainsi l'on peut demeurer dans ce magnifique hôtel, causer anglais avec Madame votre épouse, allemand avec Monsieur votre fils, français avec vous, moyennant sept francs par jour? —Pas davantage.

— C'est vraiment pour rien! — Nous sommes ainsi, Monsieur : nous ne cherchons pas à égorger le voyageur; il est pour nous un ami.

Vous vous établissez là-dessus avec une confiance entière; vous notez Chignac sur vos tablettes, comme un délicieux pays, où les aubergistes surtout sont des hommes parfaits.

Au moment du départ, quand déjà la voiture attend et qu'il n'y a plus un moment à perdre en explications, on vous remet une note allongée. Vous vous apercevez que le dîner coûte cinq francs. — Comment cela, notre hôte? — Monsieur, sans doute, a bu du vin? — Certainement. — Le vin se paye à part, deux francs la bouteille : un bordeaux excellent ! — Mais la chambre est marquée cinq francs, notre hôte? — Monsieur ne s'est pas couché sans lumière? — Non, sans doute. — La bougie se paye à part, c'est un franc; belle bougie du Phénix! — Cela ne ferait que trois francs, et j'en vois cinq. — On a ciré les bottes de Monsieur, et brossé ses habits? — Oui, à peu près. — Le service se paye à part : c'est un franc. Les domestiques sont rares dans ce pays. — Trois et un font quatre, et il y a cinq francs sur la note? — Ici l'hôte se fâche, prend la grosse voix, demande à sa femme pourquoi cette surcharge, et l'on découvre alors que Monsieur a pris un verre d'eau sucrée. En ce moment le postillon est en selle, le conducteur s'impatiente : il faut partir. Vous payez vite... et le tour est fait. Mais non! l'on vous arrête sur le marchepied. — Monsieur a oublié le garçon! — L'infortuné voyageur reconnaît la nécessité de consommer le sacrifice, et jette au garçon, pour dégager son manteau, quelque pièce de menue monnaie, que celui-ci juge apparemment insuffisante, car il la retourne avec dédain, et grommelle je ne sais quel mot que nous ferions aussi bien de ne point entendre. Je crois, entre nous, qu'il a dit : — Canaille!

Est-ce enfin terminé? Oui, jusqu'au prochain relais. Tenez pour certain que, de Chignac à Paris, vous en verrez bien d'autres. Cependant, ne pestez point contre les voyages, ne jurez pas qu'on ne vous y reprendra plus. Il y a longtemps que la glu, le miroir, les filets et tous les engins du chasseur prennent les oiseaux ; l'aubergiste a des engins plus sûrs pour attirer et prendre les Parisiens : c'est la verdure des bois, la lumière du soleil, le murmure des vagues sur les grands rivages de la mer.

1842.

## LA FERME

Tout là-bas, dans les champs, voyez-vous ce noyer majestueux ? Il marque l'entrée d'un petit chemin que je pris un jour sans trop savoir s'il me conduirait où je voulais aller ; mais ce chemin est si joli ! On marche pendant une heure à peu près, on traverse la gorge que forment en se rapprochant ces deux collines. D'ici le paysage n'a l'air de rien, mais je vous assure qu'entre les deux collines court joyeusement une certaine eau claire dont il n'est pas facile d'oublier l'allure et la chanson... ; et des arbustes, et des roseaux, et des violettes !... Bah ! celui qui n'a pas pleuré d'enthousiasme et de reconnaissance en voyant ce que le bon Dieu peut faire avec un peu d'herbe et un peu d'eau, qu'il s'en aille en Suisse, pour voir de grandes choses ; et je prédis que la Suisse l'ennuiera, car il est fait pour habiter la rue Vivienne. — Lorsqu'on a traversé la gorge, on se trouve dans un monde nouveau : il n'est plus question de civilisation ni de grande route ; on est en pays perdu.

Je marchai pendant une demi-heure, et j'entrai dans une cour féodale, close d'un débris de maçonnerie qui supportait encore quelque reste de grille. Le bâtiment, néanmoins, faisait bonne mine, et rien d'essentiel n'y manquait. L'honnête cultivateur dont c'était la franche et hospitalière demeure, laissait le temps emporter de son domaine tout ce qu'il avait de seigneurial, mais il prenait soin de faire fleurir la ferme sur les ruines du château.

La table était mise. Notre hôte l'avait façonnée du bois de ses arbres ; le linge qui la couvrait venait de ses chenevières, le pain était pétri de sa farine et cuit à son four. Nous mangeâmes un de ses moutons, quatre de ses canards, je ne sais combien de ses innombrables poulets : car il en possédait tant de ces poulets, que j'hésite à croire que notre père Abraham lui-même, ou le saint homme Job, en ait nourri de pareilles volées. Les lapins avaient été pris dans sa garenne, les lièvres tués dans ses bois, les poissons pêchés dans son étang ; deux buissons de belles écrevisses formaient le contingent de sa rivière. Nous bûmes le vin de sa vigne, et il nous en offrit de plus d'une couleur. Les liqueurs étaient composées par l'hôtesse en personne ; les fruits sortaient du verger de notre homme ; les légumes, de son potager ; au dessert parurent le fromage de ses troupeaux, le miel de ses abeilles, accompagnés de la plus vertueuse pâtisserie que j'eusse encore rencontrée en ce triste monde, où j'avais alors déjà vécu vingt-cinq ans. Arrêtons-nous à cette pâtisserie : elle était le chef-d'œuvre de Mademoiselle Anne, la cadette du bonhomme, et non pas assurément (je parle de Mademoiselle Anne) l'ornement le moins aimable et le moins primitif du festin. Anne maniait un sac de blé comme une aiguille à tricoter, pleurait en lisant le petit Poucet, rougissait en écoutant l'éloge de ses gâteaux ; et la veille, elle avait d'un seul soufflet cassé trois dents à un valet de ferme qui voulait se faire passer pour revenant. Beau brin de fille ! blonde, le teint hâlé, la voix douce, l'âme chrétienne, et assez d'imagination pour avoir orné le dessert de deux larges poignées de fleurs cueillies dans son jardin particulier. Certes, ce fut un brave repas ! Sauf le café (mais il venait de la ville), je peux me donner la satisfaction de dire que tout fut excellent, puisque enfin j'expérimentai tout, étant maître alors de mon estomac comme un personnage de Walter Scott.

Malheureusement, mon ami Martial et moi nous n'étions pas les seuls invités. Un bourgeois nous gâta ce beau jour.

Si M. Sylvain Guillaudé n'est pas avocat, il ne s'en faut guère. Au fond, c'est un bon homme, un homme honnête, bien apparenté. Si les honnêtes gens sont tels, que sont les autres ?

On avait eu l'imprudence de lui dire que Martial et moi, nous étions des jeunes gens de Paris, des malins, des journalistes. Il nous mesura de l'œil, et, nous jugeant sans doute sur notre appétit rustique, il résolut de briller à nos dépens. J'ignore s'il nous crut égalitaires, humanitaires, ou de quelque autre opinion ridicule ; toujours est-il qu'il lui plut de se donner pour un partisan des idées monarchiques et religieuses, et de nous attaquer sur ce terrain.

Martial, qui n'est point patient avec les sots, lui demanda s'il priait pour le roi et s'il allait à la messe.

— Quoi ? dit Guillaudé surpris.

Madame Guillaudé, de son nom de demoiselle Olympia Guillaumin, était à peindre. Quand son mari parle, elle tremble. Le caractère taquin du sire lui faisant toujours appréhender quelque affaire, au moindre mot qu'on prononce, elle intervient avec un sourire effaré. A la question de Martial, la voilà sur les charbons. Elle reste bouche béante, en position d'avaler sa fourchette, un œil sur Martial, l'autre sur son redouté seigneur.

— Oui, dit Martial, priez-vous pour le roi ?

— Allez-vous à la messe ? ajoutai-je.

— Pourquoi ? demanda Guillaudé : car ces questions brouillaient sa pensée.

— C'est que nous faisons cela, poursuivit Martial, et par conséquent nous sommes plus monarchistes et plus religieux que vous.

Cette profession de foi trancha les positions et fit saillir les caractères.

Jusqu'alors Mademoiselle Anne, dont j'étais l'heureux voisin, m'avait servi gracieusement ; à partir de cette déclaration de Martial, elle me servit amicalement.

Notre hôte força Martial à boire un bon coup.

— Ce qu'on en dit, observa Madame Olympia Guillaudé, née Guillaumin, n'est que pour plaisanter et se divertir en société.

Sylvain Guillaudé, dans le dernier étonnement, but de travers et chiffonna sa serviette.

Un collégien qui se trouvait là, voyant deux jeunes gens proclamer avec cette effronterie qu'ils avaient la simplicité de prier Dieu, fit preuve de bon naturel en rougissant jusqu'au bout du nez.

Le fils aîné de notre hôte (un peu gêné de notre franchise, quoiqu'il fût chrétien lui-même, mais il n'aimait pas à se l'entendre reprocher) s'approcha de mon oreille, et me dit : — Guillaudé fera une chanson contre vous.

Le juge de paix nous jeta un regard torve.

Le notaire soupçonna que nous pourrions bien tenir à la police.

Le garde champêtre, qui servait à table, dit à la cuisine que nous étions deux jésuites.

Un vieux berger, ancien soldat converti par le père Guyon, soutint que nous étions de braves jeunes gens, et proposa au garde champêtre une paire de *giffles*.

Il fut appuyé par Toinon, qui lavait la vaisselle.

Mademoiselle Azala Guillaudé, âgée de quinze ans, lectrice du *Siècle,* demanda si Martial était marié.

Nous avions des partisans, nous avions des adversaires : la bataille s'engagea.

Le premier choc de Sylvain Guillaudé fut terrible. Nous vîmes que ce malheureux savait par cœur le *Dictionnaire philosophique,* dont il faisait un atroce ragoût en le mélangeant à la *Profession de foi du vicaire savoyard.* Il parla des croisades, du péché originel, des fausses décrétales, de l'Inquisition et du père Garasse. Je m'aperçus bientôt qu'il avait l'art d'enfiler les paroles, et voilà sur quoi je le soupçonnai avocat.

Je jugeai que ce serait peine perdue de jeter une raison dans ce torrent d'âneries ; et, quoique fort offensé de l'entendre, à cause des femmes et des enfants, je ne m'occupai plus que de la pâtisserie de Mademoiselle Anne. Seulement, quand je le vis à l'Inquisition, je me penchai vers mon voisin, qui frémissait. — Mais, dis-je, il est tout à fait ignorant, votre Monsieur Guillaudé. — Ne m'en parlez pas, répondit-il.

Le brave garçon était en train de tout croire, et n'osait se l'avouer.

Martial suffoquait. Il haussait les épaules, ouvrait la bouche, étendait la main : peine inutile ! C'était la tactique de Guillaudé, lorsqu'il voulait triompher, de ne pas laisser passer un mot. Mais à la fin, ses forces trahirent sa mémoire. Il demeura coi, faute de souffle. Martial de s'en donner à son tour, et de venger les décrétales, et d'expliquer l'Inquisition, et de réhabiliter ce pauvre père Garasse, qui fut un excellent religieux et qui reste un de nos bons amis. Les catholiques se réjouissaient, Mademoiselle Anne me choisissait les plus belles pommes et les poires les plus mûres, mon voisin se relevait comme une fleur que la chaleur du jour a penchée. Je travaillais à faire taire les interrupteurs ; ce n'était pas une petite besogne : il s'agissait du notaire, du juge de paix et de Guillaudé. Heureusement, Guillaudé, n'en pouvant plus, ne faisait guère que des gestes ; malheureusement, son impuissance l'aigrissait. Martial lui ayant poussé un argument qui le laissait sans ressource, il s'écria que ce n'était là qu'un ramas de sottises, que les prêtres ne sont pas ce qu'un vain peuple pense, et que notre crédulité fait toute leur science. Martial se tut ; notre hôte se leva de table, affligé de la grossièreté de son convive, et l'on se sépara sur ce mot amer. Quoi que pût faire Martial pour prouver qu'il l'oubliait, Guillaudé nous tint rancune.

Au moment du départ, Madame Olympia Guillaudé, née Guillaumin, à qui je n'avais pas eu l'honneur d'adresser encore la parole, vint à moi, n'osant aborder Martial ; et, tout en arrangeant son châle, elle me dit avec un sourire chancelant : — On cause, on s'amuse. Tout ce que l'on en fait n'est que pour plaisanter et se divertir en société.

## LE GRAND TOUT

Connaissez-vous notre ville ?
— Non.
— Vous allez voir quelque chose qui n'est point indigne des regards d'un Parisien.

Je suivis mon guide. Il me fit traverser à la hâte quelques bonnes vieilles rues, où régnaient le silence et l'ombre. Les enfants y jouaient sans crainte ; les femmes travaillaient et voisinaient sur le seuil ; les maisons formaient l'assemblage le plus pittoresque et le plus divertissant. Chacune avait sa physionomie propre : les unes, construites en manière de champignon, étaient plus larges au sommet qu'à la base ; les autres abritaient sous de larges auvents des portes et des fenêtres sculptées ; il y avait peu de fenêtres qui ne fussent des corbeilles de fleurs, et du milieu de ces fleurs s'avançait quelque bon et naïf visage qui nous regardait passer. Mon homme allait d'un train de poste. — Permettez, lui disais-je, que j'examine cette ogive... Ah! voici une porte bien originale!... Véritablement ce pignon est délicieux... — Laissez, laissez, me répondait-il : ce sont des vieilleries, des bicoques ; cela va tomber. Force m'était d'avancer ; et, tout en répondant avec distraction à ses questions sur Paris, dont je m'aperçus qu'il connaissait mieux que moi les nouvelles, je saisissais à la dérobée mille détails charmants de la bonne ville provinciale. J'entrevoyais de vieux salons au rez-de-chaussée, où le bonheur en personne me semblait tricoter des bas sous la placide figure de quelque bourgeoise, aux pieds de laquelle se groupaient de jolis enfants. Ailleurs, un bon vieux, ses besicles sur le nez, lisait dans un livre à tranche rouge. Plus loin, c'était une paire d'amis qui causaient en fumant leur pipe, l'un dans sa maison, l'autre dans la rue. Tous ces gens-là paraissaient les plus heureux du monde, libres de toute affaire et parfaitement détachés des choses d'ici-bas.

— Ce quartier, me dit mon homme, est plein de vieilles familles. C'est arriéré, c'est morne ; mais vous allez voir quelque chose d'intéressant, surtout si vous prenez soin de vous dire que vous êtes à cent lieues de Paris.

— Ah! ce sont de vieilles familles?

— Très vieilles. Tout est vieux. Vous entreriez dans vingt maisons, que vous n'y trouveriez pas seulement une chaise un peu moderne.

— Mais c'est très curieux, cela.

— C'est curieux dans son genre, si vous voulez. On ne les démarrerait pas de leurs habitudes : ils sont nés ici, ils y mourront.

— Ainsi donc chacun de ces braves gens habite la maison de son père ?

— Mon Dieu, oui.

— Je vous proteste que c'est très curieux et très admirable.

— Vous voulez rire. Avec des gens comme cela, notre ville n'aurait fait aucun progrès.

— Quel progrès fait-elle, votre ville ?

— Peuh !... Vous allez voir. D'abord, nous avons une salle de spectacle, et pas plus tard que ce soir on nous joue *la Tour de Nesle*.

— Oui-dà !

— Et par Madame Dorval, s'il vous plaît.

— Vraiment ?

— C'est comme j'ai l'honneur de vous le dire. Ensuite, nous allons être éclairés au gaz.

— Je vois que vous marchez.

— Si nous marchons ! Mais vous iriez chez un de nos négociants, vous ne verriez que de l'acajou, du palissandre, du gothique, des pianos à queue... On y donne des fêtes... Vous penseriez être dans la Chaussée-d'Antin ! Vous ne me croyez pas ?

— Si fait. Le commerce va-t-il bien ici ?

— Pas fort dans ce moment. Beaucoup de faillites.

Tenez, là au bout, nous construirons de nouvelles casernes. Ce sera magnifique. On y soutiendrait un siège.

— Est-ce que le peuple est turbulent chez vous?

— Jamais il n'a bougé. Ce sont de vrais moutons. Les pauvres ne songent qu'à gagner du pain ; ceux qui ont du pain ne songent qu'à boire.

— Pourquoi donc de nouvelles casernes?

— Parbleu ! pour avoir de la garnison. Notre député nous fera donner deux ou trois escadrons de cavalerie, le ministère s'y est engagé ; et la ville ne tardera pas à rentrer dans ses frais. Voilà l'avantage d'avoir des commerçants au conseil municipal. Il n'y a rien de tel que l'intérêt pour ouvrir les idées. C'est un aubergiste qui a déterminé la construction de la salle de spectacle. Il avait compté qu'on attirerait les Anglais dans le pays, que les habitants des campagnes viendraient passer la nuit en ville, qu'il logerait les acteurs : il ne s'est pas trompé, et il est aujourd'hui à la tête du plus beau de nos hôtels et du plus riche de nos cafés. Vous verrez ce café-là ! doré du haut en bas! Vous n'avez rien de mieux à Paris. On fume dans une salle particulière. Grand genre !

— Est-ce aussi un conseil municipal qui fait le gaz ?

— Non, mais l'on croit bien que le maire a quelque intérêt dans l'usine. Dame! en faisant les affaires d'autrui, il ne néglige pas les siennes.

— Et quelles sont les mœurs dans votre pays?

— Mœurs très douces. On s'amuse beaucoup.

— Ce n'est pas cela. Je vous demande s'il y a de la moralité, de la religion?

— Ah! dame! ça, c'est comme partout. Je vous dirai que je ne suis guère au courant. Je vis dans ma famille. Nos femmes vont à la messe; nous autres, nous avons nos affaires. Il paraît qu'il arrive, depuis quelque temps, pas mal d'aventures scandaleuses. C'est tout naturel dans une ville qui se développe..... Songez que nous avons déjà un régiment, beaucoup d'étrangers, quelques écoles spéciales. Cette population flottante s'occupe assez volontiers à mal faire.

— Et vous allez recevoir encore deux ou trois escadrons de cavalerie?

— Nous l'espérons bien, et quatre, si nous pouvons, plutôt que trois. Écoutez donc, que chacun veille chez soi! On ne peut pas non plus laisser languir les affaires et en manquer de superbes, sous prétexte que les mœurs pourront se détériorer un peu. Il faut que nous vendions nos foins. Ah çà! pour un Parisien, je vous trouve engourdi. Vous parlez comme les gens des vieux quartiers.

— C'est que je pense comme eux, probablement.

— Tiens, c'est drôle! ce sont tous carlistes, et je vous croyais libéral.

— Je le suis, en effet.

— Ah! par exemple, vous m'étonnez!

— Vous lisez le *Journal des Débats*?

— Jamais d'autre.

— Eh bien, je suis ce que votre journal appelle *néo-catholique*.

— Vous plaisantez !

— Nullement.

— Je n'en reviens pas, moi qui vous ai connu si bon garçon ! Pardon ! je voulais dire...

— Dites toujours.

— Non, c'est que vraiment... par ma foi, si je m'attendais à cela !...

— Est-ce que je vous fais peur ?

— Mais, franchement, si vous étiez les plus forts, je ne serais qu'à demi rassuré. Cependant, puisque vous voici seul et sans armes, je puis me risquer... Parlez-moi sérieusement. Est-ce vrai que vous prétendez rétablir l'Inquisition ?

— Qu'en pensez-vous ?

— Mais jamais vous n'y réussirez, mon cher : c'est de la folie.

— Eh bien alors, nous ne l'entreprendrons pas.

— C'est comme cette idée de vouloir que les prêtres élèvent tous les enfants ! Où avez-vous pris cela ? Moi d'abord, je destine mon fils à devenir colonel, et nullement jésuite. Je ne lui défends pas d'avoir de la religion ; mais je ne veux point que ça le gêne, que ça le rende malheureux, que ça l'empêche de faire son chemin. Vous sentez bien que je n'irai pas le donner à un prêtre.

— Alors nous vous laisserons votre fils.

— Et puis, vous voulez aussi que l'Église domine l'État, vous autres. Convenez que si l'on vous avait parlé de cela il y a quelques années, vous auriez bien ri. Comment! le clergé règlerait tout, ferait la pluie et le beau temps, nous ravirait la liberté de penser, pourrait à propos de rien nous excommunier?...

— Si l'on vous excommuniait, qu'est-ce que cela vous ferait?

— Qu'est-ce que cela me ferait, morbleu?

— Oui, qu'est-ce que cela vous ferait?

— Ça me ferait... parbleu! ça me ferait.... vous êtes bon, vous!... Ce n'est pas que pour moi.... Vous sentez que je m'en moquerais bien... je l'avoue.... Mais ça vexerait ma femme; et puis vous conviendrez que ce serait un peu insolent.

— Savez-vous ce que c'est qu'être excommunié?

— Mais... je m'en doute à peu près...Dans le fond, je ne suis pas très fixé... je n'ai pas fait de recherches... Vous comprenez que j'ai d'autres occupations.

— Eh bien, mon cher, un excommunié n'est pas reçu dans l'église, où vous n'allez jamais; ne participe point aux sacrements, dont vous ne vous souciez guère; n'est pas enterré en terre sainte, ce qui vous est bien égal. Il se marie par-devant le maire, meurt par-devant le notaire et le médecin, va au cimetière sans eau bénite. La plupart de vos concitoyens, qui craignent tant d'être excommuniés, s'excommunient ainsi eux-mêmes. Ils payent des philosophes qui le leur conseillent, et font des lois qui les y autorisent. Tout cela vous semble bon : que craignez-vous ? Si pourtant un jour vous venez à penser que vous vivez à peu près comme des chiens, quant à l'esprit ; si vous soupçonnez que vous pourriez bien avoir une âme immortelle....

— Tiens ! vous rattachez donc votre affaire à la question de l'immortalité de l'âme ?

— Certainement.

— Eh bien alors, qu'est-ce que vous nous reprochez ? J'y crois, moi, à l'immortalité de l'âme. Notre professeur de philosophie aussi y croit, et c'est ce qu'il ne cesse de dire à l'évêque, qui ne veut pas le comprendre. Il est spiritualiste et trinitaire. Un jour, il nous l'a expliqué à table : c'était superbe. Après cela, peut-être qu'il n'en tire pas absolument la même conclusion que vous : il dit que le culte n'est qu'une forme, et que, le monde ayant progressé, des changements sont devenus nécessaires dans la vieille morale. Vous conviendrez bien, mon cher, qu'en effet la morale ne peut pas rester immobile, et veut être mise en harmonie avec la révolution. Eh bien, supprimant ou modifiant le culte, notre professeur supprime ou modifie le clergé, qui est un corps despotique ; gardant l'immortalité de l'âme, il garde le principe essentiel de la religion et de la morale, et, par ce double moyen, il concilie la religion et la liberté. Je vous rends son idée un peu confusément : ce n'est pas mon métier, à moi qui suis dans les cotons, et non dans la philosophie. Mais c'était très clair, et j'en ai été très satisfait. Voyez-vous, au fond, j'avais besoin d'un peu de... enfin, là, de quelque chose... : religion, croyance, tout ce que vous voudrez... Il y a vraiment des jours où l'on n'est pas fâché de savoir à quoi s'en tenir... lorsqu'il vous meurt un enfant, un parent, un ami... Mais vos mystères, vos pratiques, messes, vêpres, carême, confession... franchement, tout ça m'embêtait. Je vous demande bien pardon. Nous étions plusieurs à l'écouter : des vieux, des jeunes, tous gens comme il faut. Nous avons été enchantés de ce qu'il nous a dit ; nous sommes tous devenus spiritualistes. Vous avouerez qu'il n'est pas si mauvais, ce professeur. Tiens ! il faut que je vous fasse dîner avec lui.

Je ne jugeai pas à propos de ramener mon homme à la question, et, selon toute apparence, je n'y aurais point réussi. Je l'accompagnai le plus courtoisement qu'il me fut possible dans ses excursions théologiques.

— Mais, lui dis-je, puisque vous croyez à l'immortalité de l'âme, que pensez-vous que l'âme devienne lorsqu'elle est séparée du corps ?

— Elle se confond dans le Grand Tout, me répondit-il sans hésiter.

— Qu'entendez-vous par le Grand Tout ?

— Ah ! si vous voulez subtiliser avec moi ! C'est

comme si je vous attaquais sur les cotons: je n'aurais pas de peine à vous embarrasser ; mais vous diriez que ce n'est point votre *partie*, et vous auriez raison.

— En d'autres termes, vous ne savez pas très bien ce que c'est que le Grand Tout?

— Je le sais vaguement. Je n'ai pas besoin d'être fort là-dessus, moi ! Mais enfin, le Grand Tout, il va sans dire que c'est l'Être suprême, le Père éternel, Wishnou, Brahma, Jupiter, Jéhovah, le Créateur des choses, universellement adoré sous ces noms différents. Mettez-y de la bonne foi.

— En sorte que l'âme, se réunissant au Grand Tout, qui est Dieu, devient Dieu ?

— Naturellement. Notre professeur a encore traité cette question, et j'en ai la mémoire fraîche.

— Mais avant sa réunion à ce Grand Tout qui est Dieu, votre âme est-elle Dieu ?

— Comment ?

— Je vous demande si vous vous croyez Dieu dès à présent, ou seulement appelé à être Dieu après votre mort ?

— Qui ? moi, Dieu ! me croyez-vous fou ?

— Ne me disiez-vous pas que vous deviendrez Dieu?

— Oui..... c'est-à-dire je serai confondu dans le Grand Tout.

— Donc vous serez Dieu ?

— Eh bien, quand je le serais !

— Je ne m'y oppose point. Je vous demande seulement pourquoi vous croyez ne pas l'être dès à présent : car enfin vous *êtes* ; et si Dieu est le Grand Tout, comment vous arrangez-vous pour ne pas faire partie du Grand Tout ? Tout fait partie du Grand Tout ! Or le Grand Tout est Dieu, et vous êtes Dieu, mon cher : non pas Dieu en expectative, mais Dieu actuel ; et cet individu que vous voyez là-bas, assis au coin d'une borne, est Dieu comme vous, Dieu ressemeleur, qui, si j'y vois bien, raccommode Dieu vieux soulier.

— Allons, vous subtilisez !

— Nullement : je raisonne, et assez droit, ce me semble. Le ressemeleur, le soulier, la borne elle-même, ne font-ils pas partie du Grand Tout, universellement adoré sous différents noms ?

— Vous me faites dire à plaisir des absurdités.

— Permettez ! si c'est ainsi que vous qualifiez mes raisonnements, vous en avez dit bien d'autres. Ainsi, parmi les différents titres que vous décernez au Grand Tout, j'ai vu celui de *Créateur des choses*. Le lui conservez-vous ?

— Oui, il faut bien que les choses aient été créées.

— Et elles l'ont été par le Grand Tout ?

— Certainement.

— Le Grand Tout, si le mot a quelque signification, n'est autre que l'ensemble des choses ?

— Il n'y a pas le moindre doute.

— Par conséquent, le soulier est Dieu, et Dieu très puissant, car il s'est créé lui-même. Avouez que vous ne l'en soupçonneriez pas capable, si votre professeur de philosophie ne l'assurait ?

— Vous verrez comme il saura répondre. Je suis fâché de l'avoir laissé partir.

— Je ne doute pas qu'il ne réponde. Mais je vous dirai à mon tour : Mettez-y de la bonne foi. Et puisque enfin, comme vous le dites, ce n'est pas votre partie de traiter ces matières, reconnaissez que, pour répondre vous-même, vous avez besoin de la garantie de votre professeur.

— J'avoue que je suis très embarrassé. Si j'avais le temps de réfléchir.....

— Notez que je n'ai pas tiré de vos principes la moitié des conséquences bizarres, effroyables, monstrueuses, qui en découlent naturellement. Si je demandais, par exemple, quelle morale vous établissez là-dessus, comment vous arrangez les idées de justice, qui sont si droites et si nettes dans votre cœur, avec ce dogme de la fusion instantanée en Dieu d'une âme qui s'est couverte de crimes et qui ne les a point réparés, je vous révolterais. Quoi ! le débauché, le voleur, l'usurier, le parricide, l'homme méchant et funeste à ses semblables, est ici-bas innocent, sera impuni dans l'autre monde ? Vous le contemplez au milieu de ses crimes, et vous dites : C'est un Dieu formé, ou un

Dieu à l'école, qui fait l'apprentissage de sa divinité ! Quel que soit le système de votre professeur, s'il n'admet pas l'immortalité de l'âme, il réduit l'homme à la condition de plante ou d'animal, et toute morale disparaît avec la responsabilité que fait peser sur nous notre intelligence ; s'il admet l'immortalité de l'âme et qu'il rejette un jugement, une peine, une récompense au delà de cette vie, je ne puis rien lui faire dire d'assez absurde et d'assez hideux. Croit-il au jugement ? il croit alors qu'il y a une loi dès à présent certaine et connue, sur laquelle ce jugement sera établi, afin de punir ceux qui l'auront transgressée, de récompenser ceux qui l'auront observée... Tout ceci vous semble-t-il raisonnable ?

— Assez.

— Eh bien, les catholiques disent simplement qu'ils connaissent cette loi ; ils demandent la liberté de la pratiquer et de la faire aimer de leurs enfants. Trouvez-vous qu'ils exigent trop ?

— Non, ce ne serait pas trop exiger ; mais vous ne me parlez pas de vos mystères, et de cette extrême crédulité que l'habileté des prêtres développe chez vous. En définitive, vous croyez tout sur leur parole.

— Quant aux mystères, il me semble que vous avez aussi les vôtres, où vous ne voyez pas trop clair ; et si nos prêtres savent nous rendre crédules, vous m'avez fait voir que vos professeurs s'y entendent assez bien. Prenez garde à ne pas me pousser là-dessus : je pourrais n'en avoir point fini avec le Dieu soulier.

— Bah ! bah ! tout ceci n'est que de la blague. Mais tenez, voici du positif : regardez, et niez le progrès !

Nous venions de déboucher dans une longue et vaste rue, bruyante, brillante, pleine de piétons, sillonnée par de beaux équipages, décorée de riches boutiques.

— Hein ! s'écria mon homme, n'est-ce pas plus beau que Paris ? Voyez-moi ces trottoirs : est-ce tenu ? et ces hôtels, et ces boutiques !... Voyez seulement ce bureau de tabac : devanture en cuivre, comptoir en acajou ! Vous pouvez ici demander ce que vous voudrez : varinas, maryland, cigares à vingt-cinq centimes ! Il y a quinze ans, cette rue ressemblait à celles que nous venons de quitter. C'est notre haut commerce qui a fait tout cela. C'est par lui, c'est grâce à son intelligence que cette ville, qui dormait, est devenue une ville de luxe et de plaisir. On a vu des Anglais qui comptaient ne rester chez nous qu'un mois ou deux, ne partir qu'après s'être ruinés.

— C'est flatteur.

— Il faut dire que chacun s'y prête : tenez, il y avait là un confiseur qui a dépensé trente mille francs pour orner son magasin.

— Pourquoi le magasin est-il fermé ?

— Ah ! le pauvre diable avait fait des folies. Pour

se rattraper, il préparait des bonbons de mauvaise qualité. Quelques enfants ont eu la colique ; les parents se sont fâchés : on lui en voulait, parce que sa boutique le rendait un peu arrogant. Bref, la police a fait une descente. Maintenant il est sur le pavé.

— Et les enfants ?

— Un d'eux est mort. On a accusé les bonbons, mais il y a eu de la malveillance. Cette boutique n'avait peut-être pas sa pareille dans le monde. Les peintres étaient venus de Paris. Elle faisait honneur à la ville... On aurait dû avoir égard... Regardez ce boucher : tout en marbre blanc ! Et ce marchand d'estampes... Il reçoit immédiatement ce qui paraît de mieux.

Il y avait cohue d'enfants et de gens du peuple autour du marchand d'estampes. Je m'approchai, et je n'eus besoin que d'un regard.

— Il paraît, dis-je, montrant à mon enthousiaste la foule collée aux vitres impures, que ce marchand-ci a plus que l'autre la permission d'empoisonner les enfants. Combien a-t-il dépensé pour orner sa boutique ?

— Vous avez aperçu quelque dessin un peu risqué, me répondit-il ; mais vous vous abusez sur le mal que cela peut produire. Il n'y a rien à l'étalage que la police ait défendu. Reprochez-vous à la police de n'être pas assez sévère ? D'ailleurs, ces dessins-là sont à peu près les seuls qui se vendent. On ne peut pas ruiner le commerce.

— Permettez-vous à vos enfants de s'arrêter devant ces images ?

— Je vous prie de croire que mes enfants sont trop bien élevés pour s'arrêter jamais dans les rues, et je ne les laisse pas sortir seuls.

— Mais les autres, ceux qu'on ne surveille point, ceux que je vois là, regardant ces infamies ?

— Ma foi! on ne me les a pas donnés en garde.

Je n'osai dire à mon guide qu'il me faisait la réponse de Caïn. Mais tous les propos de ce brave homme finissaient par me serrer le cœur.

Il m'offrait le type d'une classe de gens puissants et nombreux, fort éloignés de vouloir nuire par eux-mêmes au prochain, négociants suffisamment probes, maris assez fidèles, pères de famille assez dévoués ; hommes incapables cependant d'un sentiment quelconque de grandeur ; ignares et vains, durs aux pauvres, dociles aux méchants, faisant le mal par sottise, et ne sachant jamais ou ne voulant jamais savoir qu'ils le font ; honnêtes adorateurs du veau d'or, fétichistes raisonnants, troupe sotte et vaine, menée par des sycophantes scélérats. Ils administrent, jugent, gouvernent, règlent les choses les plus délicates, touchent aux choses les plus sacrées, et n'ont en réalité ni lumières, ni patrie, ni Dieu.

Je lui demandai s'il existait dans la ville beaucoup de pauvres.

— Nous n'en avons plus, dit-il.

— Eh! vraiment? m'écriai-je : comment avez-vous fait?

— C'est, reprit-il, une admirable mesure de l'administration. Elle a constitué un bureau de bienfaisance modèle : un commissaire de police, des administrateurs, des agents. Ensuite, des circulaires furent adressées à tous les notables, les engageant à verser au bureau ce qu'ils donnaient approximativement dans le courant d'une année. Le bureau reçoit tout, se charge des pauvres et les fait visiter; les habitants n'en voient plus un seul. C'était une vraie vermine, nous en étions dévorés. A présent, la mendicité est interdite sous des peines sévères : le premier pauvre qui oserait se montrer, serait empoigné immédiatement. D'ailleurs, personne ne lui donnerait ; chacun le renverrait au bureau.

Pendant ce discours, j'aperçus une femme de la campagne qui faisait quelque aumône à un vieillard éclopé. J'appelai là-dessus l'attention du progressiste.

— Ah! le vieux drôle! s'écria-t-il, il a eu grand soin de s'adresser à cette paysanne. Un habitant aurait averti les agents de police et l'aurait fait coffrer. Avez-vous remarqué nos agents de police? Ils ont le même uniforme que les sergents de ville de Paris. Nous ne prenons que des hommes superbes, et, autant que possible, décorés !

— Mais, observai-je, puisque vous interdisez la mendicité, pourquoi n'interdisez-vous pas l'aumône ?

— Il le faudrait, répondit-il naïvement, et nous y avons pensé. Mais ce serait bien difficile. On y verrait de l'odieux. Il faut attendre. D'ailleurs, peu à peu l'habitude s'en perdra.

— Tenez, votre rue est superbe, mais elle me rappelle trop la rue Vivienne ; et comme j'ai quitté Paris afin surtout de rester quelque temps sans le voir, si vous le voulez bien, je laisserai là ces splendeurs. Je vais aller visiter la cathédrale. Je trouverai ensuite la maison où l'on me donne l'hospitalité.

Nous nous séparâmes. Je me dirigeai vers les hautes tours qui s'épanouissent dans le ciel comme des fleurs de pierre écloses de cette touffe de maisons. Bientôt je retrouvai les rues étroites et silencieuses, les humbles boutiques, les bons visages, les jolies fenêtres encadrées de légers feuillages, les gais enfants qui jouaient, sans craindre les voitures, sous l'œil des mamans paisibles. Je m'arrêtai devant un marchand d'images où l'on ne vendait que des madones et des saints ; enfin j'arrivai à la cathédrale. Le bon Dieu, me ménageant une grande joie, voulut de tout temps que cette cathédrale fût du gothique le plus pur. Il en a conservé le portail, les tours, les vitraux ; il a fait naître à son ombre un prêtre qui en aime la beauté, la garde, la défend, l'honore, n'y laisse entrer ni badigeonneurs ni menuisiers, tient en bride la fabrique et sait rendre généreux le conseil municipal... si bien que la bonne grâce et la propreté du lieu saint remplit tout d'abord le cœur d'une émotion charmante. Soyez bénis, bons ouvriers qui avez bâti cette maison de prière; réjouissez-vous éternellement de votre œuvre. Sous ces voûtes merveilleuses, dans ces pierres si hardiment jetées et travaillées avec tant d'amour, votre foi vit encore et réchauffe notre foi. J'allai droit au sanctuaire; je récitai le *Pater* et le *Credo* avec une joie surabondante. Oh! qu'il est bon, en ce temps, de croire et de prier! que cela est doux! que cela est honorable!

Quand les artistes du moyen âge bâtissaient une église, ils ne négligeaient rien; mais si l'un d'eux s'était oublié, il aurait retrouvé la grâce et le zèle pour dessiner la chapelle de la Sainte-Vierge. Dans le monde catholique, le culte de Marie a été la véritable source inspiratrice des arts. Je me dirigeai donc vers l'autel de Marie, assuré d'y saluer quelque merveille. Je trouvai mieux. Un prêtre parlait au milieu d'un petit troupeau de femmes, de religieuses et d'enfants. J'écoutai.

« Hélas! disait-il, Mesdames, aimez Dieu qu'on
« outrage, secourez les pauvres qu'on oublie! Restez
« fidèles au pied de la croix. Quelquefois, à ce poste

« d'honneur, il n'y a plus que vous dans toute une
« ville et dans toute une contrée. Compensez, par des
« efforts de charité sans bornes, les ingratitudes sans
« bornes que l'on fait subir à Notre-Seigneur Jésus.
« C'est le devoir, vous le savez bien; mais, croyez-
« m'en, c'est aussi le bonheur. Je connais la vie, j'ai
« vu à mes pieds bien des repentirs, j'ai assisté bien
« des mourants : je peux vous assurer que ces pauvres
« insensés qui se perdent, se perdent sans délices.
« Ainsi ne les suivez pas dans leurs fausses joies, mais
« priez pour eux et restez dans le doux chemin de
« l'Évangile. Là brillent des lumières qui ne sont
« point ailleurs ; là s'épanouissent des fleurs et mûris-
« sent des fruits que le monde ignore. Quelle que soit
« la destinée du chrétien, il y a plus de joie dans une
« seule de ses journées que dans toute la brillante exis-
« tence des impies.

« *Omnia propter electos*. Dieu a tout fait pour
« ses saints. Pour eux sont les merveilles de la nature.
« L'impie voit ces beaux spectacles, les admire peut-
« être ; il n'en jouit pas comme nous. Leur plus aima-
« ble beauté lui échappe : il n'y voit point la puissance
« du grand Dieu qui les a créés; surtout il n'y voit pas
« son amour, cet amour ardent et prodigue qui a paré
« le lieu de notre exil mieux que la plus tendre des
« mères ne saurait orner le berceau de son enfant.
« Une fleur des champs m'arrête dans ma course et
« me fait tressaillir de reconnaissance : Dieu a formé

« cette fleur pour réjouir mes yeux. Si je souffre,
« quelle confiance ne doit pas m'inspirer un Dieu si
« puissant et qui me témoigne une pareille tendresse?
« Pour nous est faite la sainte amitié. Qui aime
« comme nous aimons? Celui qui aime Dieu, nous
« l'aimons et nous en sommes aimés ; nous prions
« pour lui, nous recevons devant Dieu le se-
« cours de ses prières. Nos affections sont géné-
« reuses et saintes ; nous désirons à ceux qui en sont
« l'objet un bonheur infini, nous parlons un langage
« qui trouve le chemin de leurs cœurs. Pour nous la
« prospérité est vraiment un bien, l'adversité est un
« bien plus grand encore. Dieu nous l'envoie par un
« conseil plus particulier et plus tendre de sa misé-
« ricorde : il veut nous rattacher à lui, il veut nous
« faire mériter dans le ciel des récompenses plus écla-
« tantes. Nous ne nous y trompons pas, et dans ces
« épreuves qui excitent les blasphèmes du monde,
« notre âme, comblée d'espérance, le bénit. Voilà,
« Mesdames, ce que Dieu fait pour nous. Ne soyons
« pas trop en reste, répondons à tant de grâces. Nous
« sommes ici pour aviser aux moyens de soulager les
« pauvres. Eh bien! mes chères sœurs, il faut les
« aimer beaucoup : le pauvre, c'est Jésus-Christ lui
« même, vous le savez, et Jésus-Christ souffrant,
« c'est-à-dire, Jésus-Christ en quelque sorte plus
« digne de nos hommages, puisqu'il est souffrant à
« cause de nous, et par amour pour nous. Visitez

« souvent le pauvre, donnez-lui ce qui lui manque, et
» surtout aimez-le, car rien ne lui manque autant que
« l'amour. Instruisez-le de nos divines croyances,
« faites-lui connaître Jésus : vous lui donnerez plus
« que le pain et le vêtement ; vous lui donnerez l'espé-
« rance, et la vie éternelle, que vous acquerrez ainsi
« pour vous-même. Amen ! »

Ainsi parla ce prêtre, de l'abondance de son cœur, tenant les oreilles attentives. Il me laissa l'âme charmée de la beauté de sa doctrine et de la douceur de son discours. Véritable instruction chrétienne : les enfants la pouvaient comprendre, les âmes les plus fortes et les plus versées dans les voies de Dieu pouvaient s'en nourrir.

Je pris, derrière la cathédrale, certaines rues que je m'étais fait souvent décrire ; des rues tournantes et longues, où les maisons sont rares et fermées, où l'on voit beaucoup de murs, point de passants, où l'on n'entend guère d'autre bruit qu'un peu de musique et des gazouillements d'oiseaux. Çà et là, sur la muraille, pendait un beau feston de lierre, se balançait une girandole de clématite, fleurissait une giroflée. Je me souviens d'un endroit où deux puissants tilleuls, placés en face l'un de l'autre de chaque côté de la rue, réunissaient presque leurs branches pour former sur la tête du passant un dais de verdure odorante... Et voyez la charité : des deux honnêtes gens à qui appartenaient ces tilleuls, l'un a percé son mur pour donner vue sur la campagne, qui se déploie magnifiquement au delà de ses jardins ; l'autre a fait disposer en face un banc commode, afin que le passant, s'il aime ce parfum et çet ombrage, et ce bel horizon de champs et de collines, puisse en jouir à son aise... Certes, j'allais chez un ami que j'étais pressé d'embrasser ; mais je ne pus résister à la bienveillante invitation de ce banc, et je lui fis l'honneur de m'asseoir. C'est un vieux banc de pierre, large, orné de moulures, et qui a bien quatre-vingts ans. O chère invention de la charité d'un autre âge, puisse de longtemps l'esprit de progrès ne point parvenir jusqu'à cette rue où tu m'as tant reposé le cœur !

1843.

MITIS ET HUMILIS CORDE.

Hélas! qui me donnera de montrer, telle que je l'ai vue un jour, la fleur de modestie dont le parfum enchante mon souvenir! Je ne la nommerai point, parce qu'elle est humble; je n'écrirai point un faux nom sous son image, parce qu'elle est vraie. Si vous la reconnaissez, gardez le silence et plaignez mon crayon inhabile. Pour elle, devant cette imparfaite esquisse, on la verra sourire, on l'entendra soupirer : « Mon Dieu! » dira-t-elle, « quelle est donc cette sainte? Que je voudrais la connaître, et que je voudrais lui ressembler! »

Elle naquit au-dessus de la foule; mais elle se plongea dans l'ombre, paraissant descendre aux yeux des hommes, tandis que Dieu la voyait monter. Elle est douée de tout ce qui plaît au monde, et le monde n'en sait rien, car elle ne se montre qu'à ceux qui ne donnent point de louanges. Elle passe, voilée, de sa maison à l'église, de l'église à sa maison, cherchant la solitude, baissant la tête, méprisant les parures. Cent jeunes hommes l'ont mille fois rencontrée, et ne connaissent que sa robe brune et son voile noir : elle ne connaît le visage d'aucun d'eux. Recluse au milieu de la vie!

Les pauvres ont vu la blancheur de ces mains délicates qui les ont tant servis; ils ont entendu l'exquise harmonie de cette voix qui les a tant consolés; ils ont goûté les charmes de cet esprit vif et doux qui a su par tant d'ingénieuses ressources et d'aimables discours calmer leurs chagrins, conjurer leurs misères, attirer dans leurs réduits l'espoir, l'abondance, la paix. Mais que leur importe la beauté, l'esprit et la grâce? ils n'ont aperçu que le bienfait. De la part de Dieu un ange a visité leur demeure : aucun ne s'est étonné que l'ange fût beau, compatissant, et qu'il fît des merveilles. Ils ont remercié l'ange, ils ont loué Dieu.

Éprouvée peut-être au fond de l'âme, du moins j'ai cru le deviner à l'ineffable résignation de ses regards, elle a lutté en silence. Dieu seul a connu la lutte et la victoire. Si dans ces flots de larmes qu'elle a répandues sur les douleurs du monde, quelques-unes ont coulé sur ses propres douleurs, c'est le secret du confident céleste qu'elle a choisi. Les yeux mortels n'ont jamais contemplé que son inaltérable sourire. O sourire d'une

âme secrètement blessée, mais ferme dans l'espérance !
ô gémissements qu'arrache parfois une croix toujours
chère ! Dieu sait de quelle profondeur vous sortez,
le monde sait seulement combien vous êtes doux !
Semblables à ces fleurs de pourpre nées du sang des
martyrs, qui parfumaient toute une contrée, vous
portez autour de vous la bonne et fortifiante odeur
du sacrifice. Suprême effort de la vertu des saints,
don d'allégresse et de grâce pour l'âme tiède ou
perdue !

Ne permettez pas, providence de mon Dieu, que
ces choses soient trop cachées ; conduisez d'autres
âmes vers ces trésors : vous savez quels maux leur seul
aspect peut guérir. Lorsque, pour la première fois, je
vis cette femme, j'ignorais ses œuvres et son nom. Déjà
le temps avait marqué de son aile ce noble visage, et,
sans rien ôter à sa candeur, il en avait enlevé le premier éclat. Crépuscule de beauté, aurore de sainteté ; digne encore de l'admiration du monde par
sa grâce, digne déjà du respect des sages par sa
gravité. Cependant, humble et docile enfant dans la
maison de son père, obéissante aux aînés, soumise
aux plus jeunes, l'aiguille à la main, loin de la lampe,
le front incliné, elle souriait attentive aux discours des
autres, et se taisait. Au milieu d'une assemblée de
saints, dont l'un représentait la vigueur de la foi,
l'autre l'ardeur de la charité, celui-ci l'emportement

sacré du zèle, celui-là l'inébranlable force de l'espérance, elle était la douce et charmante figure de l'humilité.

Après des années, après de longues et pénibles courses loin de cet asile où je me suis délicieusement reposé pour une heure, et qui sans doute ne me reverra plus; voyageur déjà si fatigué, quoique bien éloigné encore peut-être du terme où j'aspire, quelle joie et quelle consolation pour moi de vous avoir saluée, ô servante du Seigneur! Recevez, sans penser qu'il s'adresse à vous, le cri de ma reconnaissance. A peine m'avez-vous dit un mot, à peine m'avez-vous promis une prière, et j'ai besoin de vous bénir. Résolu de servir notre Maître, mais laissant toujours dans mes desseins trop de place à l'intempérance de la volonté humaine, je rêvais de me placer au premier rang : ce n'était pas pour être vu de Lui, c'était pour être vu du monde. Alors, connaissant mon danger, il vous a offerte à mes regards, et sur votre front j'ai lu en caractères ineffaçables la parole qui m'aurait confondu éternellement : « Apprenez de moi que je suis doux et humble de cœur. » Ma sœur, je vous remercie.

1842.

## UN PHILOSOPHE

Nous sortions de l'église, où nous venions de recevoir les cendres et de mettre sous la protection de Dieu les sérieuses résolutions qu'un cœur chrétien ne manque jamais de former à l'entrée du Carême. Cette grave parole : *Souviens-toi que tu es poussière*, résonnait dans nos âmes sans les épouvanter. Au contraire, elle y portait la paix, qui émane toujours des plus terribles comme des plus douces vérités de la religion. Poussière ! cela tranquillise sur un grand nombre de points. On se trouve assez riche, assez haut placé pour ce que l'on mérite. L'orgueil se tait, l'ambition expire.

Cependant la douceur de la température, la beauté du ciel nous eurent bientôt distraits de nos pensées ; un air tiède promenait autour de nous je ne sais quels aromes qui semblaient les premiers courriers du printemps : nous nous sentions vivre. Ourliac me proposa une promenade sur les quais.

— Nous philosopherons, me dit-il ; nous bénirons Dieu de ces joies saines que sa bonté sait nous envoyer de tant de manières, et qui nous viennent ce matin sur l'aile du vent.

— Il est vrai, répondis-je, que le temps est beau; mais je l'ai rarement trouvé mauvais sur le seuil de l'église. J'emporte toujours de ce lieu je ne sais quelle allégresse, qui donne un charme à tout ce que je vois.

— C'est que, poursuivit Ourliac, dans les moindres choses, dans le rayon du soleil et dans le parfum de la fleur, le chrétien reconnaît le don de Dieu, et Dieu sait attacher une douceur sans pareille à tous les présents qu'il fait. Ainsi Celui qui promet le ciel pour un verre d'eau donné en son nom, renferme dès ici-bas d'inexplicables délices dans la simple action de voir ou de respirer. Mais pour que le corps obtienne et conserve cette grâce, il faut que le cœur la mérite. Goûtions-nous de pareils contentements, éprouvions-nous un semblable bien-être, même à la plus fraîche et verte époque de la vie, lorsque nous ne connaissions pas la prière ?

— Non, dis-je, et longtemps après que je fus devenu chrétien, c'était encore un de mes grands étonnements de moissonner ainsi chaque jour, sans fatigue, des joies que je n'avais pas semées, et qui poussaient, en quelque sorte, comme l'herbe au bord de mon sentier. Ce terrible sentier de la vie chrétienne, si austère et qui me causait tant d'épouvante, aurions-nous cru qu'il se trouverait facile et charmant ?

— J'avoue que pour mon compte, continua Ourliac, je ne demandais pas à la vie chrétienne tout ce qu'elle m'a donné. Je n'y soupçonnais aucune sorte de plaisir, et je souhaitais simplement qu'elle me préservât de devenir une brute. Il y a des hommes...

Une clameur qui s'éleva dans la rue, l'empêcha de poursuivre. Nous vîmes venir, à grand fracas, une voiture chargée de masques. Ils étaient une demi-douzaine, assez sales, qui se démenaient fort et paraissaient s'amuser médiocrement : l'un faisait semblant de boire, l'autre sonnait de la corne à bouquin, un troisième cachait mal la gêne de son estomac. Les dames (il y avait des dames) portaient des loups, qui ne déguisaient point leur infâme laideur. Nous nous rangeâmes pour laisser passer cette poésie et cette jeunesse. La voiture rasait le trottoir. Un des masques se pencha, frappa Ourliac sur l'épaule, et d'une voix enrouée lui cria :

— Je te connais, cagot !

— Ça me fait honneur, dit modestement Ourliac.

Mais au même instant, la voiture heurte une pesante charrette, le cheval s'abat, une roue se brise, un cri formidable retentit, et les masques roulent pêle-mêle sur le pavé.

Nous courûmes à leur secours. Ils étaient dans un triste état. Trois ou quatre furent portés à l'hôpital voisin, ensanglantés et meurtris. Celui qui venait d'apostropher Ourliac, se trouva des moins mal accommodés. Il avait pu se remettre sur ses jambes ; il remuait les bras, la tête et la langue, et disait qu'il n'avait rien de cassé. Je demeurais tout près : je le fis entrer chez mon portier. Là, nous le débarrassâmes d'une perruque en filasse, d'une barbe en crin, d'un nez en carton. Cette opération nous livra un visage où régnait un mélange singulier d'embarras et d'effronterie niaise, qu'Ourliac reconnut.

— Ah! ah! Monsieur Savary, dit-il avec un sérieux de glace, vous vous amusez donc toujours?

Puis, se tournant vers moi :

— Je vous présente un savant docteur en philosophie. Monsieur est dialecticien consommé. Tel que vous le voyez, il m'a plusieurs fois démontré que la religion catholique se propose le malheur et l'abrutissement de l'espèce humaine.

— Je suis prêt à le prouver encore, dit gravement Savary.

— Ne prenez pas cette peine, lui répondit Ourliac: je connais vos arguments, et même vos raisons. — Monsieur, poursuivit-il en s'adressant à moi, tient pour les Grecs; c'est un amant de la forme. Il estime que la théogonie païenne est la vérité éclose aux rayons du soleil, tandis que le christianisme n'est qu'un amas barbare de rêves tombés des nuages de l'Occident. Il établit cela par des textes tirés de plusieurs auteurs anciens et modernes, qu'il cite en leurs langues : car Monsieur est fort instruit.

— Je m'en vante, interrompit Savary, et je sais là-dessus tout ce qu'un homme peut apprendre.

— Oui, reprit Ourliac; mais vous ne savez point ne pas boire plus de vin que vous n'en pouvez porter.
—Monsieur, donc, est païen; il se couronne de roses! Vous croyez qu'il vient de quelque bastringue? Pas du tout; il sort du temple où il a coutume de consulter les Muses. La leçon l'a un peu fatigué, parce qu'il est mortel... Clio, Calliope, Érato, Polymnie, n'ont point de secrets pour Monsieur; Terpsichore en apprend de lui plusieurs qu'elle aurait toujours ignorés. Ce philosophe exécute vingt danses nègres avec une perfection inconnue des Cafres, et même des étudiants, à moins que ces derniers n'aient passé par son officine de philosophie. S'il n'était pas contraint de ménager le sentiment des familles, il ne voudrait qu'une soirée pour élever sa renommée au-dessus de toute autre. Malheureusement, il a des précautions à prendre, et il est obligé de *tartufier* un peu.

— Tu me blagues, parce que tu es à jeun, dit le docteur; tu abuses de mon infortune. Mais viens me trouver demain matin avec ton ami : nous verrons comment vous vous tirerez de mes dilemmes.

— Monsieur, reprit Ourliac, a des dilemmes pour prouver qu'il doit se mettre dans l'état où le voici; il en a pour prouver qu'on peut manquer de parole, manquer de pudeur, emprunter sans rendre ; il en a pour prouver que c'est une chose indifférente de prouver ce que l'on ne croit pas. Ses mœurs sont analogues à ses talents : il ne possède que ce qu'il peut acheter à crédit, et ne garde que ce qu'il ne peut pas mettre au mont-de-piété.

— Eh bien, dit Savary, cela fait que je ne suis jamais sans *reconnaissance*.

Il accompagna ce mot d'un gros rire, qui menaça de dégénérer en hoquet d'ivrogne.

— Comme vous voyez, poursuivit Ourliac, Monsieur est plein d'esprit. Encore, dans ce moment, ne jouit-il pas de tous ses moyens. Mais c'est par la logique qu'il brille. A cause de cette belle logique, il conserve une clientèle, malgré son goût pour le vin et son talent pour la danse : c'est une de nos gloires. Il ne sera pas plutôt mort, qu'on lui votera un buste dans son lieu natal.

— Voyons ! s'écria Savary, veux-tu discuter sérieusement ton système religieux? Je suis fatigué, mais c'est égal ; fais apporter du punch, et je ne demande que vingt minutes pour te désarçonner : je te démolirai la Trinité, l'Incarnation, la Rédemption, ou les commandements de Dieu, ou ceux de l'Église, à ton choix...

Sans lui répondre, et s'adressant toujours à moi, Ourliac continua:

— Monsieur est marié et père de famille ; il a une

excellente femme et deux enfants : sa femme meurt de chagrin ; ses deux enfants seraient morts de misère depuis longtemps, si la charité de leur curé ne veillait sur eux. Toutes les fois que le curé, ou moi, ou quelque autre chrétien, allons visiter cette pauvre famille, Monsieur, s'il se trouve là, et s'il n'a pas trop le hoquet, nous propose de *démolir* la religion catholique : ce qui prouve qu'il la connaît bien, puisqu'il ne craint pas de glacer la pitié dont elle remplit les cœurs.

Achevant ces mots, Ourliac tira de sa poche une pièce d'argent, qu'il donna au portier, en le priant de charger le philosophe dans un fiacre et de le ramener à son logis.

— Et nous, ajouta-t-il, quittons Monsieur..... Monsieur sent très mauvais !

1843.

# EUPHROSYNE

> Elegi abjectus esse in domo Dei mei,
> magis quam habitare in tabernaculis
> peccatorum. (Ps. LXXXIII, 11.)

Dix-neuf mars, quatre heures du soir, temps d'été, dimanche. Premier jour gai de l'année. Tous les gens hors des maisons, tous les bourgeons hors de l'écorce ; splendeur des violettes, aurore des lilas.

Jour béni des pauvres. Le soleil a répandu sa chaleur dans les mansardes engourdies ; les cœurs tristes ont senti, comme une belle fleur qui venait aussi consoler leur aridité, s'épanouir l'espérance.

Quand les enfants étaient joyeux, quand les jeunes filles goûtaient innocemment le plaisir des parures nouvelles, quand tout riait avec le soleil et chantait avec les oiseaux,

Euphrosyne, les yeux baignés de larmes et pourtant

heureuse ; Euphrosyne, aimable, charmante, vingt ans, enfant et femme... Euphrosyne a serré la main de sa mère et de ses sœurs, qui pleuraient.

La tête couverte du voile blanc, elle est venue d'un pas paisible s'agenouiller devant l'autel, demandant à Dieu de bénir l'hymen qu'elle contracte avec le Fils éternel de Dieu, Notre-Seigneur Jésus-Christ.

Le prêtre commença le *Veni Creator*. On devina qu'il pleurait. Des voix émues continuèrent. Euphrosyne, l'autel, tout ce qui m'entourait, s'effaça sous mes larmes.

Euphrosyne avait désiré les triomphes du monde ; et, parce qu'elle les a désirés, elle les a fuis. Elle s'est dit : « Je ne sortirai point de la maison de prière.

« O murs bénis qui m'avez protégée contre mes rêves, élevez-vous entre le monde et moi ; ne me laissez voir que le ciel !

« Élevez-vous, épaississez-vous : que nul bruit, que nul souffle ne vous traverse ! Vous fûtes mon berceau, devenez ma tombe. Gardez-moi toujours telle que vous m'avez reçue.

« Mes sœurs, ce voile blanc sera mon linceul. Vous

replacerez sur ma tête cette couronne ; vous poserez ce bouquet d'hyménée sur mon cœur qui ne battra plus ; vous direz à mon époux : « — Christ adorable !

« Seigneur Jésus, c'est Euphrosyne, notre sœur et
« votre servante fidèle. Elle est née pour vous, elle a
« vécu pour vous. Nous sommes témoins qu'elle a
« voulu n'aimer que vous.

« Elle a rempli les promesses de son baptême. Elle
« a renoncé au monde ; elle a refusé de le connaître,
« de peur de vous aimer moins. Elle a cru, parce que
« vous l'avez dit, qu'il n'y a de bonheur qu'auprès de
« vous.

« C'est à vous, Seigneur, de tenir aujourd'hui vos
« serments. Recevez donc pour jamais Euphrosyne dans
« votre grâce ; donnez-lui l'éternelle paix. »

1849.

# EXHORTATION A UN AFFLIGÉ

Mon frère, je n'en ai point cru la joie extérieure qui t'environne, et tu n'as pas à me faire un long récit de tes secrètes douleurs. Je sais que tu es pauvre dans l'abondance; je connais tes efforts inutiles, tes espérances trompées ; j'ai pénétré dans la solitude de ton cœur, j'ai vu que tes souhaits purs et pieux semblaient méprisés du ciel.

Tu m'es apparu comme un arbre précieux, chargé de fruits qui sèchent sur la branche. Tu n'as pu trouver ni les combats du siècle ni la paix du cloître ; tu restes à l'écart, insulté dans ton armure par mille soins puérils, dont l'importunité t'empêche d'agir et t'empêche de prier.

Le monde te blâme de cette oisiveté qui t'écrase. On se dit : Que fait-il ? que n'est-il au combat ? que n'est-il à la prière ? Tu vois grandir la renommée d'une foule de nouveaux venus qui n'ont point ta raison, ni ta science, ni ta vertu peut-être ; on te cite leur exemple, et l'on te croit perdu dans ton bonheur.

Qu'importe ? si Dieu te donne ce martyre, accepte-le. Proclame devant le monde ta soumission par un absolu silence et par la paix de ton visage ; proclame-la devant Dieu par le mépris continuel de tes désirs. Tu souffres ? Réjouis-toi de souffrir : tu triomphes, si tu souffres !

Ouvre la vie des saints, médite les annales de ta famille : ces glorieux frères que Dieu t'a donnés, vierges et matrones, enfants et vieillards, rois et solitaires, soldats et docteurs, tous sont martyrs ! martyrs de la corruption qui est dans la nature, martyrs de l'amour de Dieu, martyrs de la rage des hommes, martyrs de leur propre volonté. Quiconque a passé sur la terre pour arriver au ciel, porte dans le ciel une palme humide. Trempée de sang, ou de sueurs, ou de larmes, la palme a été trempée dans les blessures vives souffertes pour la foi par l'humanité. Le monde a vu les uns sur des lits de feu, et n'a vu les autres que sur des lits de roses ; Dieu les a tous vus dans la mortification, dans l'humilité, dans la patience, dans le repentir. Quand les fidèles sont assemblés, regarde celui qui pleure et tremble, et se frappe la poitrine : ce n'est pas le coupable, c'est le saint.

Tous les saints du ciel ont des palmes, des palmes humides, qu'ils agitent au souffle de nos prières ; et ainsi tombe sur nous la féconde rosée de leur sacrifice, qui nous attire la grâce de Dieu : mais sur eux-mêmes est tombé le sang de Jésus-Christ, le roi éternel, le modèle inimitable, l'inépuisable force des martyrs.

Mon Sauveur! glorieux sont vos martyrs et glorieux sont vos saints. Vos martyrs ont travaillé, vos saints ont souffert, et nous ne savons pas jusqu'où votre miséricorde s'étend. Selon les forces, vous distribuez les fardeaux. Celui qui ne pourrait souffrir qu'un jour, ne souffre qu'un jour, et vous avez soutenu à chaque instant de sa vie celui qui vous a glorifié durant le cours d'une longue vie. Si nous ne pouvons vous servir sans votre aide et sans votre grâce, c'est que nous sommes faibles et que nous luttons contre un ennemi terrible et fort ; c'est qu'il faut braver toujours des coups redoutés ; c'est que sans cesse il faut vaincre la douleur, vaincre le désir, refuser l'encens à d'impures idoles longtemps adorées et souvent trop chères encore ; c'est qu'il faut enfin rompre le joug d'un tyran plus habile que tous les persécuteurs, puisqu'il n'est autre que nous-mêmes.

Il faut que vous soyez glorifié durant tous les âges, et jusqu'à la fin des âges vous aurez des martyrs. Le glaive en fera, le libre amour de vos enfants les multipliera. Les uns seront mis en lambeaux par les ongles de fer, et les autres déchirés par les tentations ; de ceux-ci on broiera les os, de ceux-là on broiera le cœur. Ils compteront longtemps par leurs plaies tout ce que les bourreaux auront tranché, tout ce qu'il aura fallu couper et arracher soi-même.

Mais ils auront là-haut l'éternelle palme ; ils auront dès ce monde, ô Jésus ! votre amour.

Accepte, mon frère, le calice qu'il te faut boire, et ne murmure pas. Après avoir tant donné, s'il t'est demandé plus encore, donne encore et réjouis-toi. Tu sauras, sur les débris de tes espérances, quelle est la miséricorde de Dieu. Un jour viendra qui te fera voir ces ruines amoncelées comme autant d'échelons par où ton âme aura gravi vers le renoncement qui fait l'homme et le chrétien. Tu crois perdre ton temps, et tu gagnes le ciel !

Laisse arriver tous les désenchantements, laisse tomber ce reste des illusions de la jeunesse qui te couronne encore. Ces désastres sont le pain quotidien de la vie. Courage, ô voyageur ! cette tempête qui soulève les ondes et qui emporte à chaque effort quelque chose du navire, ne fait pourtant que le pousser plus vite au port du salut.

1845.

## LETTRE A UNE INCONNUE

Deux Français qui n'avaient de commun que le même nombre d'années, se rencontrèrent un jour en Afrique, se parlèrent, se convinrent, et ne tardèrent pas à se lier : l'un était capitaine de cavalerie ; l'autre, littérateur, ou, si l'on veut, n'était rien. Ils se trouvèrent appelés à faire ensemble une campagne. Leur rôle n'était point le même ; mais le soir, après la marche ou après le combat, ils se chauffaient au feu du même bivouac, et le curieux dormait à la belle étoile sous le manteau du héros. Entre Français, il n'en faut pas tant pour se dire bien des choses. De la liaison à l'amitié, de l'amitié à l'intimité, ce fut l'affaire de trois jours. Les deux compagnons s'ouvrirent d'autant plus volontiers et d'autant plus parfaitement leurs cœurs, que ni l'un ni l'autre n'avait le cœur mauvais. Quand deux hommes s'aiment, par cela même qu'ils s'aiment, ils sentent mutuellement qu'ils ont bon cœur ; la confiance est venue.

Le curieux n'avait pas beaucoup à dire : il était chrétien, il avait clos ses romans. Pour le capitaine, sa bonne âme était empêtrée de mille façons : il se déplaisait dans la vie ; il était plein de désirs, et plein de mépris pour tous ses désirs ; il voulait tout atteindre et s'éloigner de tout ; il aspirait au bâton de maréchal de France, et il parlait de se faire chartreux. Quelquefois, la main cachée sous son burnous, il traçait sur sa poitrine le signe de la croix ; et le lendemain, il prétendait ne pas croire en Dieu, et ne pouvoir croire qu'à l'amour. Mais ce qui le dépitait étrangement, c'était de n'avoir jamais pu aimer comme il l'aurait voulu, à en devenir malade, à en mourir. Sa destinée, fort singulière, offrait même mélange que ses idées : il avait fait des voyages périlleux, couru des aventures bizarres et vécu parmi toutes sortes de gens, passant en quelques années des guinguettes d'étudiants à la vie de bivouac, puis à la solitude et aux combats du désert. On lui avait donné des Arabes à commander ; il les étonnait par sa bravoure, mais lui ne s'étonnait plus de leur férocité. En expliquant à son ami par quel procédé les Arabes, avec leurs mauvais coutelas, coupent si lestement une tête, il s'interrompait pour cueillir quelque fleur dont il enrichissait un petit herbier attaché à ses arçons, ou pour réciter une élégie qu'il avait composée sous la tente, dans le style de l'abbé Delille, qui est celui qu'attrapent mieux les soldats. Au milieu de ce chaos, grand lecteur de *Lélia*, de *Jocelyn*, de *Werther*, même de *Télémaque;* et doux et sensible comme une fille.

Il avait une sœur, bien digne, sur ce qu'il en racontait, d'un pareil frère. Aux aventures près, — car elle n'avait jamais quitté la petite ville où elle vivait occupée de sa mère, de sa broderie et de ses poètes — c'était le même trouble, les mêmes aspirations confuses, les mêmes rêves poursuivis sans suite ni fin. Elle le laissait assez voir dans les lettres qu'elle écrivait au capitaine, et que celui-ci, rempli d'admiration, s'empressait de lire à son nouvel ami. D'une certaine manière, il y avait vraiment de quoi admirer. Outre que ces lettres étaient animées d'une grâce naïve et pleine de ces traits délicats et forts qui coulent naturellement de la plume des femmes, lorsqu'elles n'écrivent pas pour être imprimées, on y contemplait, spectacle curieux et triste, les perturbations produites par ces misérables lectures qui gâtent tant de jeunes personnes, comme la piqûre du ver gâte le fruit dans sa fleur. La sœur du capitaine allait avoir vingt ans ; elle divaguait avec une audace qui montrait son innocence, mais aussi avec des soupirs qui faisaient craindre que cette innocence ne fût bien exposée. Le vertige dénonce l'abîme : que fallait-il pour qu'elle se précipitât tout à coup ? Elle n'était pas sans piété ; mais déjà les saintes notions reçues dans son enfance s'altéraient. Cette rêveuse faisait un pitoyable mélange de la tendresse divine et de la tendresse humaine. Quoiqu'elle prétendît aimer Dieu, on voyait trop que l'amour divin ne lui paraissait pas suffisant pour remplir un cœur.

Le capitaine trouvait tout cela charmant et poétique. Il y répondait par de longs galimatias, que la pauvre enfant admirait à son tour, bien qu'ils ne valussent pas les siens. Faire entendre raison au capitaine était chose impossible. Le chrétien avait bien essayé, mais une discrétion nécessaire l'empêchait de dire tout ce qu'il craignait.

Un jour, au commencement de mai, les deux amis, revenant d'une visite aux postes avancés, arrêtèrent leurs chevaux près d'une rivière sur laquelle on avait assis le bivouac. Tout était tranquille en cet endroit; on y trouvait de la fraîcheur et de l'ombre, et toutes les parures du printemps d'Afrique. Du 15 avril au 15 mai, l'azedarack, le citronnier, le cédrat, l'oranger, fleurissent ; le bananier, le grenadier, le jujubier, étendent leur pétillante verdure sur le glaïeul et l'acanthe, qui commencent à donner des bouquets; dans l'herbe s'épanouissent les cyclamens; la mûre noircit; la svelte hampe de l'aloès s'élève déjà, caressée d'une brise parfumée.

Le jour n'était pas très avancé ; la marche du matin, quoique courte, avait été dure ; le capitaine et son compagnon, s'invitant au repos, allèrent s'asseoir au pied d'un oranger dont le feuillage se dé-

ployait comme un dais de velours vert semé d'étoiles
d'argent. Autour d'eux le spectacle était magnifique :
le bivouac ressemblait à un jardin immense, qu'animaient de tous côtés les mouvements des bataillons,
la variété des uniformes, l'éclat des feux et des baïonnettes. La gaieté des soldats, enchantés d'un si bon
gîte, s'accompagnait des chants du clairon et des appels
du tambour, voix sonores des camps. Au loin se
déroulait une plaine où jaunissaient de précoces moissons, où se dressaient des palmiers, témoins du soleil
d'Afrique parmi cette verdure et cette douce atmosphère d'Europe. A l'autre extrémité de l'horizon, sur
la crête des montagnes, on distinguait les longs fusils
des vedettes arabes, menace de mort jetée à travers la
paix et les beautés de la féconde nature. Chacun pouvait se dire : Un de ces fusils, peut-être, renferme la
balle qui me tuera demain.

Les deux amis cependant ne promenèrent qu'un
regard distrait sur les merveilles éparses devant eux.
Ni l'un ni l'autre ne songeait à la mort : on y songe
peu dans les camps. Mais cette ardeur qui s'empare
si aisément du cœur de l'homme, cette habitude de
sentir l'ennemi tout près, cette préoccupation de le
vaincre pour atteindre le but auquel il fait obstacle,
interposent je ne sais quel voile entre l'œil du soldat
et le pays qu'il parcourt. Il cesse en quelque sorte de
le voir : le chasseur ne voit point la plaine où il poursuit le gibier. Quand le soldat se distrait de son

œuvre, alors, sous l'influence inaperçue du danger, ce n'est pas autour de lui, c'est au dedans de lui qu'il porte le regard : il pense à sa patrie, et plus il en est loin, plus il y pense; il ne demande à tout ce qu'il contemple qu'une ressemblance qui donne un corps à son souvenir ; puis, dans la grande patrie que lui rend ce cher mirage, il cherche le coin de terre où il est né, le toit où il a vécu, la famille que ce toit abrite; il revoit le foyer où l'on parle de lui, où peut-être il ne reviendra pas ; il resserre tous les liens qu'a formés son cœur, comme pour défier la mort de pouvoir les rompre.

Le capitaine avait reçu de sa sœur, au moment d'entrer en campagne, une longue lettre, à peine parcourue. Il était impatient de la lire à son ami, et celui-ci n'éprouvait pas un moindre désir de l'entendre. Plus intéressé qu'il ne l'aurait prévu par ces intimes confidences, il se surprenait souvent à former des projets dont il souriait ensuite, et qui n'en devenaient pas moins, s'il faut l'avouer, le thème favori de ses songes, durant les longues chevauchées où il n'avait pour se distraire ni l'espérance ni le désir de la gloire. La sœur du capitaine l'occupait autant, peut-être plus que ses propres sœurs. Il arrangeait en lui-même d'aller la voir lorsqu'il serait de retour, de lui tenir de sages propos, de lui donner de bons livres... enfin de lui offrir un bon mari. C'était là ce qui le ramenait au bon sens : car aussitôt lui apparaissait un fantôme ou plutôt un monstre capable de le faire fuir au bout du monde. De la collerette de la jeune fille sortait une vapeur noire, épaisse, horrible; cette vapeur prenait un corps, elle prenait une figure folle, dédaigneuse, ennuyée, effrontée ; elle tenait cent discours insolents et absurdes ; elle méprisait la quenouille et l'aiguille, elle parlait de poésie et d'amour, — et c'était la femme bel-esprit, la liseuse de romans, Cathos, Madelon, Philaminthe, Bélise. Grand Dieu!... — Moi! se disait-il, époux d'une penseuse, d'une femme incomprise ! Il se voyait plaidant en séparation de corps, accusé de sévices graves, priant le Ciel de lui envoyer un prompt trépas. Il se promettait de ne jamais passer à dix lieues de la ville où demeurait la sœur du capitaine, il priait pour cette pauvre fille. Et tout cela n'empêchait point qu'une heure après il ne se rattrapât composant une narration de ses campagnes d'Afrique, que la sœur du capitaine écoutait, gracieusement accoudée sur le fauteuil de sa mère, les yeux rêveurs et le front penché.

Voilà ce que c'est que d'avoir vingt-cinq ans et d'être en Algérie, sans autre besogne que de laisser marcher son cheval. O jeunesse, toujours pleine de chimères, que de périls où tu te perdrais infailliblement, si Dieu n'avait fait peser sur toi tant d'inévitables disciplines pour refréner ta folle et puissante ardeur!...

Le capitaine déploya donc la lettre de sa sœur, et la lut lentement à son ami attentif.

Cette lettre se trouva tout à la fois plus touchante et plus sensée que les autres. Elle sentait sa quinzaine de Pâques, et portait l'impression encore vive des sermons d'un missionnaire que la jeune fille avait voulu entendre par curiosité, comme elle l'avouait par un meilleur sentiment. Elle était, disait-elle, convertie, revenue à Dieu pour tout de bon. Elle engageait son frère à prier pour elle et pour lui-même. Elle lui dépeignait vivement la paix moins rare de son âme. — Mais, ajoutait-elle, combien cette paix est encore facilement troublée! combien je crains de n'en pas jouir longtemps, et de la perdre tout à fait! Je voudrais connaître mon avenir, et il est incertain; je voudrais aimer la croix, et je la redoute; je voudrais me donner à la solitude, et le monde me séduit; je voudrais me donner au monde, et la solitude m'attire. Je sens que je ne serai heureuse qu'en me fixant : à quoi me fixer? Il faut que j'obéisse à ma vocation : quelle est ma vocation?

Tout cela était dit avec beaucoup de naturel. Le capitaine en fut un peu mortifié. Il avait le défaut d'aimer la littérature; les grandes phrases l'enlevaient. Il laissa voir que sa sœur lui semblait, pour cette fois, légèrement au-dessous d'elle-même, et que les écrivains l'inspiraient mieux que les prédicateurs. Son ami reçut une impression toute contraire.

Ému de pitié sur la situation morale de la pauvre jeune fille, il se sentit un violent désir de porter quelque peu de jour au milieu de tant de ténèbres; et cette pensée s'empara si bien de son esprit, qu'il y donna suite, en écrivant la lettre qu'on va lire. Il ne l'écrivit pas sans fruit pour lui-même.

Comme on le pense bien, la lettre ne fut pas envoyée. Elle jaunit à loisir parmi les papiers de l'ami du capitaine, telle qu'il l'avait griffonnée sur ses genoux, à l'ombre d'un figuier sauvage et d'un laurier-rose, dans les plaines ravagées des Hachem-Garabas. La campagne finie, les deux amis se séparèrent : le capitaine pour aller gagner la *graine d'épinards ;* le curieux pour rentrer en France, où il n'oublia pas seulement sa lettre, mais aussi la jeune apparition qui trop souvent, compagne importune et chère de son voyage, l'avait empêché d'en ressentir la fatigue ou d'en admirer la beauté. Si donc la lettre est imprimée aujourd'hui, ce n'est pas pour le cœur qu'elle devait calmer. Dix ans se sont écoulés. Le capitaine, devenu colonel, a un petit garçon qui lui apprend à réciter le *Credo ;* sa sœur est sans doute à l'abri des souffles poétiques, ou dans un cloître, ou dans un ménage, ou dans la tombe. Leur ami, dont la tête grisonne, contemple en sa maison deux berceaux, deux autels, rempart infranchissable à tous les rêves et à tous les souvenirs. Mais il voit encore des yeux obscurcis de larmes folles; il connaît encore des cœurs tourmentés de l'avenir, des âmes dans l'angoisse, lâchement amoureuses de leurs chimères, et qui fuient la paix. Que cette page leur parvienne, qu'elle les console, comme elle consola celui qui l'écrivit !

« Vous ne me connaissez pas, sœur affligée, et moi je ne vous ai jamais vue ; et cependant votre cœur s'est révélé à moi. Oui, je connais vos tourments, je vous plains, je souffre avec vous, j'ai prié pour vous. Écoutez-moi, ma sœur : il me semble que je peux vous secourir.

« Vous désirez d'aimer la croix, et vous avez raison : car vos chagrins viennent de ce que vous ne l'aimez pas. Mais comment aimerez-vous la croix ? En l'acceptant, en la portant telle que Dieu la présente. Celle qu'il vous offre est rude, j'en conviens. Être en doute sur l'avenir, ignorer quelle vocation l'on a véritablement, ne pouvoir suivre la vocation que l'on croit avoir, ne point sentir autour de son cœur toutes les affections dont on éprouve le besoin : voilà, n'est-ce pas, ce que vous souffrez ? Eh bien ! c'est ce qu'il faut aimer, aimer aujourd'hui, aimer demain, aimer aussi longtemps que Dieu le voudra. Aimer ce supplice, cela est-il possible ? Oui, cela est possible, facile même ! Dites-vous d'abord que Dieu est bon, et qu'il vous aime. Songez ensuite que si vous connaissez le poids et la douleur qu'il vous envoie, vous ne savez pas tout ce qu'il vous épargne, et bénissez sa **miséricorde**.

« L'avenir est obscur, il vous alarme. Ma sœur, pourquoi s'alarmer ? Qui sait, hors Dieu, ce qui arrivera demain ? Il y a de quoi trembler lorsque l'on est heureux, parce que le bonheur est à la veille de finir ; lorsque l'on souffre, il n'y a lieu que d'espérer, parce que tout finit. Et puis, que nous reste-t-il du bonheur quand nous l'avons goûté ? Des regrets souvent, presque toujours un péché d'ingratitude envers Dieu. Mais, de l'affliction supportée chrétiennement, il nous reste dans la vie un doux sentiment de repos, et dans l'éternité un mérite immense. Oh ! quand le jour du jugement viendra, que nous serons heureux de nos épreuves ! que nous serons riches de nos misères !

« Vous voudriez connaître votre vocation. En attendez-vous une qui soit exempte de travail et d'angoisses ? Sur la terre, ni pour les méchants ni pour les bons, il n'y a de ces vocations-là. L'enfer, comme le ciel, se gagne avec labeur, et le démon dit à ses victimes ce que le Rédempteur dit à ses élus: « Celui qui
« veut venir avec moi, qu'il *s'oublie,* qu'il *prenne sa*
« *croix* et me suive. » Oui, le pécheur creuse à la sueur de son front l'abîme dans lequel il va s'engloutir, de même que le juste dresse péniblement l'échelle de vertus par où l'on monte à Dieu.

« Et que savez-vous si votre vocation n'est pas de souffrir comme vous souffrez, de combattre comme vous combattez, en attendant que Dieu vous donne d'autres souffrances et d'autres combats ? car, chère sœur, souffrir, combattre, il n'y a rien autre chose dans la vie : c'est le fonds de l'existence humaine. La miséricorde céleste prend soin seulement de ménager le fardeau selon les forces ; elle y mêle quelques récréations passagères, semblables à ce petit souffle frais et consolant et à ce peu d'ombre qui reposent le laboureur durant les fatigues de la moisson. Priez, soumettez-vous ; si quelque murmure vous échappe, offrez à Dieu vos murmures, vos langueurs. Vous trouvez-vous inutile, offrez-lui votre inutilité. Mais surtout attendez avec confiance le lendemain, ce lendemain que Dieu seul connaît, et en vue duquel il dispose vos épreuves d'aujourd'hui.

« Ne demandez pas de faire ceci plutôt que cela, d'être ailleurs plutôt qu'ici. Toute situation, où nous ne sommes pas par notre faute, est bonne : c'est Dieu qui nous y a mis.

« Mais votre cœur éprouve un besoin d'affections qui n'est pas satisfait ? Hélas ! que demandez-vous ? En fait d'affections, ce que les créatures se peuvent donner est ce qu'il y a au monde de plus trompeur, de moins durable, ce qui répond le moins au rêve de notre âme, ou, pour mieux dire, à son erreur. Ni nous ne sommes aimés des autres, ni nous ne pouvons les aimer comme nous le voudrions. Pourquoi ? Parce que nous ne pouvons et nous ne devons aimer, selon l'ardeur de ces immenses désirs, que Dieu seul. C'est Lui qui a fait nos cœurs, il les a faits pour Lui : rien ne les peut remplir que Lui, rien n'y peut demeurer que par Lui et avec Lui. Je vous parle pourtant des affections légitimes ; les autres ne doivent pas être nommées. Oui, les affections légitimes, celles que Dieu a bénies et voulues, elles ne sont rien sans Lui ; elles nous trompent, elles finissent, elles deviennent un pur néant. Et lorsqu'elles nous donnent tout le bonheur qu'elles peuvent donner ; lorsque, placées sous la garde de Dieu, elles restent bonnes et consolantes, dans cette condition encore, comme toute chose en ce monde, elles ont leurs fatigues et leurs abattements. Pour en tirer quelque joie, il faut autant de travail que pour tirer un morceau de pain d'un champ de blé : il est nécessaire que tout cela soit fauché, passe sous la meule, soit pétri, subisse l'action du feu, c'est-à-dire, perde sa fleur et sa beauté. Consolez-vous donc sur ce point encore, si Dieu ne vous donne pas ce qui vous semble nécessaire : vos désirs pourraient être étrangement trompés.

« Je vous le répète : Priez, attendez, soyez simple, retenez tous vos désirs sous la main de Dieu, n'ouvrez plus jamais ces livres que vous avez trop lus, écartez de votre cœur les pensées ambitieuses ; mais dites votre chapelet, en méditant ces mots, qui peignent l'humilité de Marie : *Voici la servante du Seigneur*, et visitez les pauvres. Alors Dieu prendra pitié de vous ; il vous donnera la paix. »

1850.

# CE QUE C'EST QU'UN CURÉ

Durant l'été de 1846, me trouvant en vacances à vingt lieues de Paris, j'entendis parler avec admiration du curé de M..., village peu éloigné de celui que j'habitais. Sans fortune personnelle, ce bon curé avait rebâti son église et fondé plusieurs beaux établissements de charité. On racontait mille traits aimables de sa persévérance et de sa confiance en Dieu. Je ne les rapporte pas : il n'y a guère de diocèse où l'on ne voie pareille chose. Quel catholique ne connaît au moins un curé bâtisseur d'église, fondateur d'hospice et d'école, embarrassé de ses ouvriers, de ses pauvres, de ses dettes, ayant cinquante, soixante, quatre-vingt mille francs à payer, et nul autre caissier que la Providence ? Ma curiosité néanmoins ne laissait pas d'être fort excitée au sujet du curé de M..... Déjà je songeais à lui rendre visite, lorsque certains indices me donnèrent lieu de croire qu'il était mon

compatriote, et que je pourrais retrouver par lui un
ami d'enfance que j'avais entièrement perdu de vue,
à mon grand regret.

Je partis un beau matin, mon fusil sous le bras, et
je me dirigeai à travers champs du côté de M.....,
dont je vis, après trois heures de marche, le clocher
neuf s'élever à quelque distance au milieu des bois.
Le site était agréable : je m'assis, pour en jouir, sur
un tertre ombragé de noyers. Mais mon repos fut
court : des clameurs mêlées d'aboiements troublèrent
tout à coup le silence profond de la campagne. Je me
levai, et j'aperçus, dans un chemin creux, un homme
vêtu de noir, qui cherchait à se défendre de deux
gros chiens. Plus loin, un groupe de jeunes gars,
quelques-uns assez grands, poussaient les clameurs
que j'avais entendues. Ils ne retenaient pas les
chiens, ils les excitaient au contraire ; et ils jetaient
des pierres à ce malheureux homme, qui se retirait
devant eux. Je courus à son secours. C'était un
prêtre. Les garnements endiablés criaient : Coac !
coac ! au loup ! au corbeau !

J'arrivais à temps : les pierres tombaient sur le prêtre, et les chiens avaient déjà emporté un lambeau de
sa soutanelle. Transporté d'indignation, je mis en
joue cette mauvaise bande. Je crois que dans ma colère
j'aurais fait feu, du moins sur les chiens. Le prêtre,
me voyant prendre si vivement son parti, m'enlaça
dans ses bras, plus effrayé de moi que de ses agres-

seurs. Mais ceux-ci se soucièrent peu d'engager un combat où leur artillerie n'aurait pas valu la mienne ; ils disparurent comme une volée de moineaux.

Rassuré contre toute éventualité de collision, le prêtre me tendit la main avec un sourire plein de candeur et de bonté.

— *Benedictus qui venit in nomine Domini,* me dit-il. J'allais avoir grand besoin de vous, Monsieur... Mais vous êtes un peu trop vif.

Je ne répondis pas à sa cordialité : je m'aperçus qu'il avait une joue en sang.

— Les misérables vous ont blessé ! m'écriai-je.

— Non, non, répondit-il : les pauvres enfants ne m'ont fait aucun mal. Je me serai écorché par maladresse en traversant quelque haie.

— Venez avec moi, Monsieur l'Abbé, poursuivis-je, tout échauffé encore. Vous ne devez pas laisser outrager votre personne. Je verrai le maire, et je ferai châtier ces drôles. Plusieurs sont assez âgés pour répondre de leur méchanceté.

— Ah ! que me proposez-vous ? Quand nous allons quelque part, c'est pour porter la miséricorde, non le châtiment. Vous ne gagneriez rien d'ailleurs à vous plaindre : personne, dans leur village, ne trouverait mauvais qu'on assommât un prêtre, ... surtout moi.

Je regardai de nouveau le prêtre. Il était assez grand, un peu maigre et fatigué. Ses traits offraient un tel mélange de gravité et de simplicité, il y avait

tant de rides sur son front dégarni, tant d'innocence
dans ses yeux et dans son sourire, qu'on ne pouvait
guère préciser son âge ; mais cela ne devait pas éloigner beaucoup la cinquantaine. Qu'un tel homme fût
haï, même habillé d'une soutane, c'était ce qu'on ne
pouvait comprendre en le voyant. Je lui demandai ce
qu'il avait fait à ces paysans pour exciter ainsi leur
fureur.

— Pas grand'chose, me répondit-il toujours souriant; pas grand'chose, car je ne suis pas leur curé.
Ils ont des jalousies contre ma paroisse, et ils m'accusent de vouloir les rendre dévots; en quoi ils ne se
trompent guère. Ils croient aussi que je leur jette des
maléfices, pour me venger de la résistance qu'ils oppo-
sent à mes désirs. S'ils perdent un mouton ou une
vache, si une gelée ou une grêle leur fait du tort, cela
vient de moi ; ils m'ont infailliblement vu, conjurant
le ciel contre eux du haut de mon clocher, leur
envoyer l'orage et retenir la pluie.

— Mais ce sont des sauvages !

— Des sauvages, voilà le mot! autrement ils ne
seraient point mauvais. Hélas! nous devons nous frapper la poitrine, nous autres prêtres, quand l'esprit
des peuples tombe en ces profondes ténèbres : car
c'est notre faute. Cette paroisse était gâtée dès avant
la Révolution. Le curé, riche et sceptique, se faisait
aimer et mépriser en négligeant ses devoirs. Il avait
sommeillé durant la paix, il apostasia misérablement

à l'heure du péril, et le mystère de la colère divine lui laissa longtemps le poste qu'il livrait à l'ennemi. Lorsqu'il mourut, sans se repentir, le christianisme avait déjà péri dans son troupeau : il n'y restait plus que des superstitions et des vices. Les prêtres qui succédèrent à ce curé, ou furent chassés ou cédèrent au mal, désormais victorieux. Ils eurent des yeux pour ne point voir, des oreilles pour ne point entendre, des pieds et point de mouvement, une langue et point de paroles. Trop heureux d'acheter au moins la paix par de tels sacrifices! mais quels fruits espérer de cette paix de la mort? *Non mortui laudabunt te, Domine!*

— *Sed nos qui vivimus,* ajoutai-je en serrant avec une tendresse respectueuse le bras du bon prêtre.

Il me jeta un regard ravi.

— Est-ce à un vrai chrétien que je parle? mon brave défenseur est-il de ceux *qui vivent ?*

— Oui, Monsieur le Curé ; c'est un enfant de l'Église qui vous a tiré de la main des mécréants.

Sur ce mot, nouvelle explosion de joie naïve.

— Certes, s'écria le bonhomme, *neque irrideant me inimici mei!* Qu'on ne m'insulte plus! je suis en mesure de soutenir le combat. Mais, puisque vous êtes chrétien, mon cher Monsieur, vous comprendrez pourquoi ces pauvres gens me détestent. Ils me font, à leur manière, la guerre qu'on nous fait plus ou moins partout. J'ai parlé contre les cabarets, contre le travail du dimanche, contre les mauvaises lectures, contre l'avarice. Hélas! j'ai parlé à peu près contre tout ce qu'ils font et contre tout ce qu'ils aiment, et ils m'ont pris en aversion. Ce n'est pas uniquement leur faute. Livrés à eux-mêmes, ils me toléreraient peut-être ; mais le maire fait un peu l'usure, l'adjoint tient cabaret, le maître d'école vend des almanachs : ce sont les grandes influences du lieu, et elles forment l'esprit public. En outre, j'ai empêché quelques filles de ma paroisse d'épouser certains philosophes de celle-ci. Je ne pouvais faire autrement, puisque j'étais consulté ; mais ils n'entrent point dans ces considérations-là. Tous ensemble se sont coalisés contre moi, si bien que je ne m'aventure jamais par ici sans recevoir des pierres. Je vous assure qu'il faudrait de graves raisons pour m'y faire venir la nuit. En dépit de ma sorcellerie, je pourrais attraper quelque mauvais coup.

— Mais, Monsieur le Curé, comment vous exposez-vous à les rencontrer, même le jour ?

— Que voulez-vous? il faut pourtant que je les habitue à me voir! D'ailleurs, cette fois, ils m'ont joué un tour. J'ai la confiance d'une bonne vieille de leur village : ils m'ont fait dire qu'elle était malade, et qu'elle me demandait instamment. Je ne m'y fiais pas. Néanmoins, la chose pouvait être vraie ; et puis je me suis dit : Ma démarche leur prouvera, du moins, qu'un prêtre n'hésite pas à remplir son devoir ; et si c'est un piège qu'ils me tendent, ils comprendront peut-être que je ne suis pas sorcier. Ils m'attraperont, mais j'attraperai le diable. N'est-ce pas? Me voilà parti. Je rencontre plusieurs jeunes gens sur la route, et cependant point d'offenses : mauvais signe ! Je passe devant l'école, et je m'aperçois qu'on me guette : bon, je suis pris ! J'étais déjà sûr de ne pas trouver ma malade, et j'apprends en effet qu'elle est aux champs. J'entre à l'église, pour prier la sainte Vierge de m'accorder sa protection. Elle n'y manque pas. Une petite fille (pauvre petit ange !) vient rôder autour de moi, s'approche, me dit tout bas de m'en retourner par les vignes, et se sauve. Voyez ! même dans ce méchant endroit, il y a encore de la charité. Mais moi, tout en méditant sur cette adorable Providence qui se réserve partout des cœurs afin d'y asseoir son doux empire, j'oublie l'avertissement, j'ouvre mon bréviaire, et je prends par distraction le chemin accoutumé. Une embuscade des enfants de l'école m'y attendait, en punition de ma sottise. Ils m'ont environné tout à coup, poussant des cris, excitant leurs chiens, lançant des pierres. Ah! c'est qu'ils ne plaisantaient pas ! Heureusement, la sainte Vierge, qui voulait seulement me donner une leçon de mémoire, vous avait mis en sentinelle pour les empêcher d'aller trop loin. Une petite peur et une petite égratignure, c'est payer peu le plaisir de rencontrer un bon chrétien sur cette terre infidèle.

— J'admire votre charité, Monsieur l'Abbé ; néanmoins je ne me console pas de n'avoir pu allonger les oreilles d'un de ces garnements. Et j'aimerais à rencontrer le maître d'école, pour corriger sur sa personne tous ses écoliers à la fois.

— Bah! bah! ils ne savent ce qu'ils font. Mais voulez-vous absolument que je me venge? Ne perdez pas tout espoir. Je finirai par trouver le moyen de morigéner le grand ennemi que j'ai parmi ces gens-là, et qui n'est autre que le prince de ce monde. Ils ont fait partir leur curé le mois dernier : un pauvre séminariste, qui tremblait d'être assassiné, et qu'ils avaient enfermé comme un lépreux dans son presbytère. Je leur en donnerai un autre de ma main. Je les ai étudiés, je sais ce qu'il leur faut, et je tiens leur homme : un véritable saint, un apôtre à qui la sainte Vierge accorde tout ce qu'il veut ! Il les aimera tant, qu'il fera des miracles, ou il mourra ; et alors ce sera sa mémoire qui fera des miracles, et ils se convertiront sur son tombeau. La tombe aussi est éloquente et fait ses œuvres. Comment ! l'Évangile dompte les anthropophages de l'Océanie ; et ces sauvages-ci, qui sont baptisés après tout, résisteraient à la charité d'un vrai prêtre ! Mais un prêtre, mon cher Monsieur, un prêtre, c'est Notre-Seigneur Jésus-Christ, ce même Jésus qui, montrant les chemins de la Galilée, a dit : *De ces pierres je puis faire des enfants d'Abraham.* Il y a déjà là une bonne femme aimant et servant Dieu ; elle est seule, avec quelques petites filles peut-être. Vous pensez que ce n'est rien, n'est-ce pas? Eh bien! c'est tout ce qu'il faut. Avant quinze ans, ils auront école de frères, école de sœurs, confrérie, et le reste; ils iront presque tous à la messe dans leur église rebâtie, et ils demanderont un vicaire, parce que le curé, réduit à se croiser aujourd'hui les bras dans cette jachère, ne pourra plus suffire à la moisson. Voilà ce que je vous promets, puisque vous êtes vindicatif.

— Dieu vous exauce, Monsieur le Curé! Vos vœux sont plus chrétiens que ma colère, et vous êtes meilleur prophète que moi.

— Mon cher Monsieur, le don de prophétie, que l'Esprit répandait autrefois indistinctement sur les fidèles, est aujourd'hui le partage des saints : tout me manque pour en être gratifié. Mais celui qui voit un pommier longtemps stérile fleurir enfin au printemps, sera-t-il prophète pour annoncer que l'arbre n'est pas mort et donnera bientôt du fruit? Le peuple dont nous parlons, est cet arbre; une pauvre vieille branche a reverdi, quelques petites fleurs y sont écloses : voilà le signe. Je le connais : ce n'est pas la première fois que je l'observe; et j'attends fermement la visite de Celui qui apparut à la pécheresse sous la figure d'un jardinier.

Nous avions fait un assez long chemin; le prêtre s'en aperçut.

— Je vous détourne peut-être? dit-il. Si nous

n'allons pas du même côté, permettez-moi de vous remercier de la protection que vous m'avez donnée. Je suis maintenant hors de danger. Vous voyez cette croix neuve : c'est l'entrée de mes terres, et, grâce à Dieu, je n'y manque pas d'amis.

— Je crois, dis-je, Monsieur, que nous ferons plus longtemps route ensemble : je vais à M.....

— Eh! s'écria-t-il, Dieu soit loué! il me fait aujourd'hui grâces sur grâces : je suis le curé de M.....

— Je m'en doutais, répondis-je.

— Sans indiscrétion, poursuivit le bon prêtre, puis-je vous demander chez qui vous allez, à M..... ?

— Je vais chez vous, Monsieur le Curé.

— Soyez mille fois le bien venu, mon cher défenseur. Le curé de M... n'est pas riche, et son presbytère n'est pas grand, mais on y peut encore exercer la sainte hospitalité.

— J'en profiterai, Monsieur le Curé. Permettez-moi de vous dire qui je suis.

Je me nommai à la façon des héros d'Homère : Un tel, fils d'un tel. Au nom de mon grand-père maternel, il ouvrit des yeux émerveillés ; au nom de mon village, il m'embrassa.

— Mais nous sommes *pays!* s'écria-t-il, et même il ne tient qu'à nous de nous croire parents. Je suis du Gâtinais aussi ; ma mère est, comme la vôtre, de Boynes, où tout le monde est cousin.

— Je possède peut-être un titre de plus à votre

bienveillance : j'ai été longtemps l'ami très intime d'un excellent jeune homme qui, je crois, est votre neveu.

Le curé me prit les deux mains, les serra fortement, et me regarda quelques moments en silence, avec une expression de tendresse et de douleur dont je fus troublé.

— Hélas! me dit-il enfin, je n'ai eu d'autre neveu que Laurent-Pierre. Est-ce de lui que vous parlez? Il est mort, le pauvre cher enfant! il est mort ici, bien tristement, bien malheureusement... Mais non; non, sa mort n'a pas été triste et malheureuse, car elle a été chrétienne... Ah! cher compatriote, quel souvenir réveillez-vous dans mon cœur! Vous l'avez donc connu, vous l'avez donc aimé, ce doux Laurent? Il était devenu un homme parfait, plein de bonté, plein de piété... Oui! ils l'ont laissé mourir... à cause de moi... Tenez, je vous demande pardon, ne parlons plus de lui en ce moment. Ce soir ou demain, après la sainte messe, nous irons prier sur sa tombe. Nous y trouverons peut-être quelque chose de cette ineffable paix dont il jouit éternellement, je l'espère et je le crois, dans le sein du Dieu de miséricorde.

La voix du bon curé était tremblante, ses yeux se remplissaient de larmes, son visage avait pâli. Je n'osai le questionner sur l'époque et sur les circonstances de cette mort, dont il parlait avec une émotion si différente de son calme habituel. J'attendis qu'il renouât l'entretien ; et, devinant qu'il priait, je récitai moi-même quelques prières pour l'âme de mon ami.

Nous approchions de M....., qui me parut un village assez considérable, et mieux tenu que ne le sont ordinairement ceux de la contrée. A une portée de fusil des premières maisons, sur un petit calvaire en maçonnerie, s'élève une croix de pierre assez belle. Une religieuse y était à genoux, entourée de quinze ou vingt petites filles. Toutes ensemble chantaient, avec beaucoup de charme, *O crux, ave!* Le curé salua la croix, la religieuse et les enfants.

— C'est, me dit-il, notre petite école, qui va faire la promenade du jeudi. Si nous étions arrivés au village par l'autre entrée, nous aurions rencontré un frère avec sa bande de garçons. Avant de partir pour la promenade, ils chantent *Ave maris stella* devant une statue de la sainte Vierge.

— Je pense, dis-je, que ceux-là ne jettent point de pierres au curé ?

— Ils n'en jettent plus, grâce à Dieu ; mais ce n'est pas sans peine qu'ils en ont perdu l'habitude. Ils étaient pour le moins aussi attachés à cette coutume que nos amis de là-bas, et même je dois dire à leur honneur qu'ils visaient beaucoup mieux.

— Ainsi, Monsieur le Curé, vous avez été lapidé ?

— Mainte et mainte fois... mais, hélas! toujours en homme qui ne mérite point le martyre. Je n'en ai pas moins choisi saint Étienne pour un de nos patrons.

Nous visiterons tout à l'heure sa chapelle : quelques-unes des pierres jetées sur moi tiennent leur place dans la muraille, et presque toutes y ont été placées par les mains qui les avaient lancées. Vous voyez que je suis croyable quand je dis que les fleurs annoncent les fruits. J'ai passé ici trois longues, bien longues années, avant de voir non pas une fleur éclore, mais un faible bouton poindre sur l'arbre que j'arrosais de mes sueurs et de mes larmes. Cette paroisse était plus hostile, plus perdue encore que celle d'où nous venons. Ah! que Dieu est puissant! qu'il est bon! que sa miséricorde est grande!

Nous étions dans la principale rue du village. Les habitants saluaient le curé de la façon la plus cordiale; les petits enfants accouraient lui demander une caresse.

Nous passâmes devant l'auberge, dont l'enseigne toute neuve représentait les Trois Mages, ces antiques patrons du voyageur, qui ont découvert le nouvel homme et le nouveau monde. L'hôte, assis sur le seuil, se leva, et tira d'une main sa pipe, de l'autre son bonnet de coton. Je savais quelle est l'importance d'un aubergiste : je félicitai le curé d'en être aux politesses avec un si gros personnage.

— Il est plus gros encore que vous ne le voyez, me dit le curé. Ce fut longtemps mon adversaire acharné. Il parlait encore contre moi dans le conseil lorsque je n'y avais plus que des amis. Je l'ai fait nommer maire, et il est devenu l'évêque du dehors. Aujourd'hui nous en sommes aux présents. C'est moi qui lui ai donné son enseigne, et, ce que personne ne voulait croire, il m'a fait cadeau d'un beau ciboire d'argent. Depuis qu'il est maire, il ferme son cabaret les dimanches et fêtes, à l'heure des offices.

— Je commence à soupçonner que vous faites des miracles, Monsieur le Curé.

— Non; mais Celui qui les fait ne les refuse pas à l'infirmité de son serviteur. Sa charité supplée à mon impuissance. Quelquefois il m'inspire les actions et les paroles nécessaires; presque toujours il opère par lui-même : je viens pour essayer encore de tourner un obstacle que je n'ai pu ni vaincre, ni ébranler, ni esquiver; l'obstacle n'existe plus.

Je fus chargé, poursuivit-il, de cette paroisse après la révolution de Juillet. Mon prédécesseur avait été pillé et chassé outrageusement. C'était un de mes amis. Il vint me trouver au grand séminaire, où je professais la philosophie. Après m'avoir raconté ses travaux, ses fatigues, ses douleurs, il me confia que, ne pouvant rentrer dans sa paroisse, il se proposait de partir pour les missions. En l'écoutant, j'eus honte de ma vie, jusqu'alors si douce; je conçus le dessein de partir avec lui : *Eamus et nos!* Mais notre évêque nous déclara qu'il ne voulait pas du même coup se priver de deux prêtres utiles, et qu'il entendait premièrement me garder. « Quant à vous, dit-il à l'ancien curé de M....., je ne vous donnerai l'*exeat* qu'après vous avoir remplacé dans votre cure. Mais à qui imposerai-je une semblable croix? Connaissez-vous quelqu'un qui la puisse porter? — Oui, Monseigneur, répondit mon ami ; et c'est ce bien-aimé frère qui demande à prendre comme moi le fardeau de l'apostolat. — Qu'en dites-vous, mon cher professeur? me dit le bon évêque. Consentez-vous d'aller féconder cette mission? Elle sera aussi méritoire qu'une autre. »

Je fus moins épouvanté que je ne l'aurais cru, et je répondis à Monseigneur en renouvelant à ses pieds le vœu d'obéissance de mon ordination. Il me bénit, non sans verser des larmes. Voilà comment je devins curé de M..... Je fermai mes livres, j'abandonnai mon heureuse cellule du séminaire, et j'arrivai, rempli d'espérance et de terreur.

On me reçut très mal, et il avait été question de ne pas me recevoir du tout. Cependant je pus m'installer, moyennant un charivari qui se renouvela tous les soirs à peu près, par permission des autorités, pendant un mois. Un des plus zélés tapageurs était le seul homme de la paroisse qui consentît à me parler, mon propre sacristain, esprit fort et ivrogne achevé. J'aurais aussi vainement essayé de le punir que de le convertir. Si je l'avais chassé, personne n'eût consenti à le remplacer, et il m'aurait à son tour chassé le lendemain. Je voulus plusieurs fois rendre visite au maire : ce magistrat me ferma constamment sa porte. Je vous laisse à penser ce que faisait l'instituteur communal. Le reste de la population, encouragé par ces exemples, me prodiguait les mauvais traitements : les petits enfants me poursuivaient de leurs cris, les grands me jetaient des pierres, les pauvres même ne me savaient aucun gré des aumônes que je leur faisais ; à peine daignaient-ils m'écouter dans le moment que je leur donnais mon pain. Quand j'étais forcé de passer devant le cabaret, je voyais toujours quelque pauvre mêlé à ceux qui chantaient les refrains satiriques composés contre le curé par les beaux-esprits du village : *In me psallebant qui bibebant vinum.*

Je ne pouvais rien espérer de mes sermons : personne ne venait à l'église. Le dimanche comme les autres jours, je célébrais les saints mystères dans une solitude absolue. Cette pauvre église faisait peine à voir : l'eau coulait par le toit rompu, l'humidité verdissait les dalles, l'édifice entier menaçait ruine, et le sacristain me disait avec raison que la voûte finirait par me tomber sur le dos. J'avais quelques économies : je les consacrai à faire réparer la principale fenêtre du chœur. Ce travail coûteux fut achevé la veille de la Toussaint. Je savais que ce jour-là et le lendemain, jour des Morts, en vertu d'une coutume plus superstitieuse que dévote, presque tout le monde assisterait aux offices, et je pensais qu'on me tiendrait quelque compte de mon cadeau. Lorsque j'entrai dans l'église, les débris de ma belle fenêtre jonchaient le sanctuaire, et les pierres dont on s'était servi pour la détruire couvraient l'autel. Ce spectacle me navra. Je tombai à genoux et je pleurai ; des rires moqueurs répondirent à mes gémissements. Néanmoins, après avoir tant bien que mal réparé le dégât, je fis sonner la messe. On vint en foule, hélas! pour jouir de ma douleur et pour me faire un nouvel outrage. Dès que je fus en chaire, chacun se leva et sortit, au signal du maire et de l'instituteur. « Arrêtez! » leur criai-je, emporté par un mouvement que je ne pus dompter, et qui les retint immobiles. « Plusieurs de vous ont, cette nuit même, insulté cette église, qui est la maison de Dieu. Dieu les a vus, Dieu les connaît : qu'ils fassent pénitence, car Dieu s'apprête à les punir!... » Ils haussèrent les épaules et quittèrent le lieu saint, m'y laissant presque seul, après m'avoir fait si durement comprendre qu'ils voulaient refuser toujours de m'écouter.

Recevez l'aveu d'une faute que je commis alors : Mon évêque m'en a sévèrement repris, et je la regretterai toujours. J'étais outré ; j'osai demander à Dieu de venger lui-même sa cause : *Surge, et judica causam tuam !* Je ne fus que trop écouté. En huit jours, deux des principaux déprédateurs faillirent se tuer, et restèrent infirmes. On se souvint de mes menaces, on eut peur, on m'insulta moins ; mais je commençai de passer pour sorcier, et je ne fus pas moins haï. Le châtiment de ces deux misérables, qui refusèrent obstinément mes consolations, m'épouvanta plus qu'eux-mêmes. Aux nouvelles difficultés qui m'entourèrent, et à mes propres remords, je sentis que Dieu ne m'avait pas envoyé pour maudire : *Non in arcu meo sperabo ; et gladius meus non salvabit me.*

Je ne confiais qu'à mon évêque toutes mes douleurs. Elles étaient telles, que je craignais de défaillir. Le bon prélat me réconfortait : « Ne désespérez jamais de la miséricorde », me disait-il. « Si vous aviez été en mission, croiriez-vous n'avoir rien fait pour le salut des sauvages durant tout le temps que vous auriez passé sur la mer ? les heures employées à apprendre leur langue eussent-elles été des heures perdues ? En vérité, toutes vos peines, toutes vos larmes, toutes les peines et les larmes de vos prédécesseurs, sont des grains précieux déposés dans cette terre : elle ne les étouffera point. »

Il me bénissait : je sentais renaître mon espérance ; mais les germes annoncés ne paraissaient pas. Fui de tous comme un pestiféré, je n'essayais rien qui n'avortât misérablement, ou qui ne tournât contre moi.

Je voulus donner quelques soins, quelques médicaments à des malades pauvres, si abandonnés de tout le monde, qu'ils avaient consenti à me recevoir : le médecin et l'apothicaire du canton me menacèrent d'un procès. Je voulus donner des leçons à des jeunes garçons assez intelligents : le maître d'école me dénonça, je ne sais quel inspecteur me fit condamner à l'amende ; et mes élèves, m'ayant quitté, m'insultèrent, pour se faire pardonner d'avoir été mes amis. On me signala au chef-lieu, on m'appela un prêtre remuant, on se plaignit de moi à l'Évêque, le procureur du roi me signifia rudement d'avoir à respecter les lois de l'État.

Que vous dirai-je ? Cela dura trois ans. O mon Dieu, quelles années ! Prosterné dans mon église déserte, je conjurais Dieu de se laisser toucher. Dieu semblait aussi insensible à mes larmes que la pierre où elles tombaient. Il m'écoutait cependant, il faisait son travail dans les cœurs ; mais je n'en voyais rien.

A cette époque, un grand malheur m'atteignit : ma sœur unique mourut. Elle laissa deux orphelins : Laurent-Pierre, votre ami, et une fille de dix-sept ans, nommée Edmonde, ma filleule. Cette chère petite voulait se consacrer à Dieu, mais sa faible santé lui commandait d'attendre encore. Elle n'avait aucun appui sur la terre. Elle vint ici vivre avec moi, ou plutôt elle vint y mourir.

Dans les premiers temps, sa présence parut adoucir ces esprits farouches. Elle était douce, avenante, obligeante comme la charité ; elle avait mille petits talents, mille petites recettes : elle s'attira l'amitié de quelques jeunes personnes, et bientôt je pus espérer que par elle un faible rayon de la grâce descendrait sur mon infortunée paroisse. Il en fut ainsi, en effet; mais à quel prix, grand Dieu!...

Le curé s'arrêta, presque aussi ému qu'il l'avait été quelques instants auparavant, au souvenir de mon ami. Nous étions arrivés devant l'église, située sur une place spacieuse, plantée de jeunes arbres et où se voyaient d'assez belles maisons. L'édifice était entièrement neuf. Je fus étonné de ses vastes proportions, et je complimentai sincèrement le curé sur le goût simple de l'architecture. Nous entrâmes: mon étonnement augmenta. L'autel brillait d'une décoration magnifique; tout était propre, ordonné, poli. Un sacristain, que je soupçonnai n'être pas celui dont le curé m'avait parlé, époussetait les boiseries avec un air de décence et de piété qui relevait singulièrement ses humbles fonctions. Mais ce qui me fit un plaisir inexprimable, ce fut de voir plusieurs femmes en méditation dans la chapelle de la sainte Vierge, autour d'un confessionnal, où le vicaire était assis.

Le curé, devinant mes pensées, me serra la main, et me dit à voix basse : « C'est demain le premier vendredi du mois ; nous fêtons le Sacré-Cœur. Ce soir, je confesserai les hommes. Rendons grâces à Dieu ! »

C'était un besoin de mon âme. Je m'agenouillai auprès de ce vrai serviteur du Christ, et je ne m'aperçus pas si sa prière fut longue, car je priai moi-même de l'abondance du cœur, comme je voudrais prier toujours.

Il se leva le premier; nous sortîmes.

— Voilà, me dit-il avec un vif accent de reconnaissance, voilà ce que Dieu sait faire! C'est Lui qui a remué ces pierres, au positif comme au figuré ; Il a remué les pierres et les a disposées dans ce bel ordre, édifiant à la fois parmi nous le temple matériel et le temple spirituel. Certes, s'il m'est permis de parler comme l'Écriture, qui fait crier les pierres, je puis bien dire que les pierres ont travaillé! Oui, mon cher ami, notre église a été bâtie sans plan, sans architecte, sans argent ; et, pour y voir des chrétiens, je n'ai eu qu'à en ouvrir la porte : *Qui habitare facit sterilem in domo, matrem filiorum lætantem.* Quelle parole puissante avais-je adressée aux premiers qui sont venus prier? où ai-je trouvé les cent mille francs que cette construction nous a coûté?

— Cent mille francs? m'écriai-je.

— Cela vous effraye? reprit le curé ; sachez que ce n'est pas la moitié de nos dépenses. Je vous ferai voir notre hôpital et nos écoles, qui ont coûté davantage.

— Mais, dis-je, Monsieur le Curé, comment avez-vous pu vous engager dans de telles entreprises?

— Je l'ignore, répondit-il ; je n'en ai ni la responsabilité ni le mérite. J'ai agi comme ces machines qu'un moteur invisible fait marcher, et qui ne savent ce qu'elles font. Ma chère petite Edmonde a été la vraie fondatrice de l'église ; l'hôpital est en quelque sorte bâti sur la tombe de mon pauvre Laurent... Mais entrons au presbytère.

La répugnance que le curé éprouvait à parler de sa nièce et de son neveu était trop visible pour que je ne l'eusse pas remarquée, et je n'avais assurément nul désir de me faire un jeu de sa douleur ; cependant l'œuvre de la conversion ou plutôt de la résurrection du village paraissait si intimement attachée à ces deux mémoires, que je souhaitais ardemment de savoir ce qu'il ne me disait pas. Je résolus de le pousser un peu lorsque je le verrais sur ce chapitre, d'où sa volonté l'éloignait sans cesse, mais où son cœur le ramenait toujours.

Nous étions au presbytère ; il m'en fit les honneurs. Si le curé de M..... avait remué beaucoup de pierres, ce n'était pas pour se mieux loger. La maison, petite et noire, semblait ne tenir debout qu'en vertu d'un pacte avec les vents. Elle se composait de trois pièces au rez-de-chaussée : l'une, servant de cuisine ; l'autre, de salle à manger et de parloir ; la troisième était chambre à coucher, salon et bibliothèque. J'y aperçus un certain nombre de beaux livres. Le curé me dit qu'il en avait eu davantage, ayant quelquefois sacrifié, dans sa jeunesse, au démon de la bouquinerie. Mais un jour ses paroissiens, lui attribuant une grêle assez forte qui venait de ravager leurs champs, avaient fait invasion chez lui, et saccagé une partie de son grimoire. « Heureusement », ajouta-t-il, leur fureur est tombée sur un meuble qui renfermait mes livres les plus rares, et c'étaient ceux qui ne me servaient pas. »

Au-dessus du rez-de-chaussée, il y avait un grenier et deux chambres proprettes. L'une de ces chambres semblait meublée pour une femme : on y voyait quelques images de piété, un tableau fait à l'aiguille, une table à ouvrage, et un lit de fer entouré de rideaux blancs. Mais la pièce était assombrie par un vaste auvent placé à l'extérieur, au-dessus de l'unique fenêtre.

— Pourquoi ne faites-vous pas enlever cet auvent? dis-je au curé : la chambre en serait plus saine et plus claire.

— Cette chambre, répondit-il, n'est plus habitée : c'est celle d'Edmonde. La chère petite a fait elle-même placer cet auvent, afin que les pauvres ne fussent pas obligés d'attendre à la pluie, lorsqu'il n'y avait personne au presbytère pour les recevoir. C'était une grande charité de sa part, car elle n'aimait rien tant que le grand air et le grand jour.

— Combien vous avez dû souffrir, ajoutai-je d'une voix émue, lorsque Dieu vous priva d'une si douce compagnie, et même, si je me rappelle bien ce que vous m'avez dit déjà, d'un si précieux secours !

— Je vois, répondit le curé, que vous désirez connaître toute l'histoire de mes douleurs. Je vous la raconterai dans ce lieu même : je n'en saurais trouver un, à part l'église, où je puisse avec plus de consolation et de résignation vous faire ce triste récit. Mais vous, mon ami, commandez à votre cœur, et ne vous indignez pas contre ceux qui m'ont porté des coups parfois si douloureux. N'accusez que l'infirmité partout semblable de l'espèce humaine, lorsqu'elle secoue le joug divin. Songez que je tiens ici la place de Jésus-Christ persécuté, battu de verges, crucifié ; songez que le serviteur coupable n'est pas au-dessus du maître innocent ; et enfin, souvenez-vous qu'aujourd'hui, comme il y a dix-huit siècles, et par toute la terre comme au Calvaire, le fruit du salut pend à l'arbre de la croix. Aucun siècle ne s'est écoulé sans que le monde ait vu des hommes puissants par la force ou par le génie s'élever à une grande hauteur parmi leurs contemporains, les dompter, les enchaîner, leur donner des lois ou des doctrines. Dans la gloire, dans la pourpre, dans l'empire, tous ces hommes néanmoins sont restés des hommes ; le monde, qu'ils avaient soumis, les a jugés, et toujours, en exaltant leur gloire, il les a, par un juste arrêt, rabaissés au niveau de la nature humaine. C'est à l'opprobre, c'est au supplice et à la croix que le monde a reconnu son

Dieu. Mais, je ne crains pas de le dire, ce Dieu lui-même serait oublié, cette croix auguste se rapetisserait au niveau de tant de grandeurs qui ont ébloui la terre et qu'on ne connaît plus, et l'œuvre du salut serait imparfaite, si la très sainte Trinité, dans les conseils de sa miséricorde infinie, n'avait pris soin de donner toujours à la terre de fidèles imitateurs de Jésus crucifié. Elle choisit donc des hommes de bonne volonté, — oui, mon Dieu, d'un peu de bonne volonté ! — et, soutenant leur faiblesse, réparant leurs défaillances, pardonnant leur lâcheté, elle leur donne le calice à boire et le Calvaire à gravir. Il faut que l'outrage les accompagne, il faut que la sueur de sang les inonde, il faut qu'ils soient attachés au bois, et que le sang et l'eau s'échappent de leur flanc ouvert. Alors ils renouvellent l'œuvre de la croix, ils ouvrent le ciel au larron et à l'homicide ; et ceux qui les ont frappés se disent : Vraiment ils nous aimaient ! vraiment ils ont pratiqué parmi nous la loi du Dieu qui mourut pour racheter le monde !

Or, croyez-moi, cher ami de mon pauvre Laurent, vous à qui je ne craindrai point de montrer mes blessures, croyez-moi bien : mon cœur, trop attaché à lui-même, n'a pas, sans doute, autant que Dieu l'aurait permis, goûté les joies du sacrifice ; mais je les ai suffisamment connues pour pouvoir vous dire qu'heureux et bienheureux sont ceux qui portent la croix. Ils aiment ! Avant de recevoir la vocation du sacrifice, ils ont déjà reçu l'amour, ce don de Dieu ; l'invincible amour qui triomphe de la mort! Et le monde conjuré ne peut rien contre la félicité de leur âme. Avec l'amour, ils ont la foi ; avec la foi, ils ont l'espérance : déjà la meilleure part d'eux-mêmes n'est plus sur la terre. Qu'importe au voyageur qui voit le but et qui est sûr de l'atteindre, que lui importe le chemin où il marche encore? Chaque pas qu'il fait n'est qu'un pas de moins à faire, et le rapproche de son éternel repos. Oui, sûrement, il est blessé, son sang coule ; mais, encore une fois, il croit, il espère, il aime, et il s'enivre d'un bonheur que toute l'ingratitude des hommes ne peut lui ravir : le bonheur de les aimer et de souffrir pour eux.

Ma nièce Edmonde, la chère petite, avait reçu du Ciel cette inappréciable grâce de la charité. Elle connaissait le prix des âmes ; pour en sauver une seule, elle aurait joyeusement donné sa vie. Des paroles admirables s'échappaient de son cœur, lorsque le soir, dans notre solitude, nous causions du bon Dieu. Moi, prêtre, théologien, déjà vieux docteur, j'appris d'elle des choses que j'ignorais. Elle avait surtout une dévotion parfaite envers la sainte Vierge, patronne des prédestinés ; ses entretiens n'étaient qu'un commentaire de la parole de saint Bernard : *Omnia per Mariam.*

Comme je vous l'ai dit, Edmonde s'était attiré

l'amitié d'un certain nombre de femmes : elle ne tarda pas à les réunir en petite confrérie, et j'eus enfin la joie de voir sept ou huit personnes à la messe. Avec quel bonheur je saluai ces prémisses si longtemps attendues ! Edmonde faisait mille beaux projets : elle voyait déjà les femmes m'amener leurs enfants, les jeunes filles se marier et convertir leurs époux : elle voulait que nous réparassions et que nous agrandissions la chapelle de la Sainte-Vierge. En attendant, elle travaillait jour et nuit pour relever, par quelques ornements, l'indigence lamentable de cette chère chapelle.

Ces agréables rêves durèrent peu ; ils étaient prématurés : ma pauvre Edmonde n'en devait pas voir l'accomplissement.

Ses amies, touchées de ses discours, les répétèrent dans leurs familles, s'éloignèrent des fêtes grossières qu'elles avaient jusque-là fréquentées. On les chansonna ; elles résistèrent ; l'irritation s'en accrut, et trouva enfin un moyen de les vaincre. Non seulement je fus de nouveau en butte aux insultes, mais, ce qu'on n'avait pas fait encore, on décria ma vie, et, ce que je n'aurais pu croire, on calomnia Edmonde, cette douce et virginale créature, dont l'aspect seul faisait penser à la vertu. On m'adressa une chanson de Béranger, qu'une main plus adroite que celle des paysans avait tournée contre ma nièce et contre moi. Je devinai que ces refrains hideux allaient circuler partout, et que les enfants mêmes les rediraient. Ma première pensée fut d'éloigner Edmonde, d'ailleurs souffrante depuis un certain temps ; mais le mal était déjà fait, il était trop tard. Ce que je venais d'apprendre, Edmonde le savait. Avant de rompre avec elle et de la rejeter comme une personne infâme, une de ses amies, excitée par je ne sais quelle jalousie absurde, s'était empressée de lui rapporter tout ce que l'on disait. Le coup avait porté, il avait fait une blessure mortelle ; l'innocente vierge ne vivait plus que par un effort de son courage et de sa charité pour moi. Afin de ne pas m'affliger, et pour que je ne l'obligeasse pas à quitter cet air empoisonné où l'on assassinait son honneur, elle se taisait et elle mourait.

Le refrain meurtrier la poursuivait partout. Si elle sortait, elle l'entendait murmurer à ses côtés ou retentir dans les maisons. Le jour, quand j'étais dehors ; le soir, quand je dormais, des hommes, des enfants, des femmes, venaient le fredonner près de la fenêtre, sous cet auvent qu'elle avait fait placer pour abriter les pauvres. Sans cesse la pointe de ce poignard infernal troublait sa méditation et son sommeil. Ils la voyaient mourir, et ils ne cessaient pas ! Croiriez-vous qu'un jour, comme elle était seule à prier dans l'église, un homme, qu'elle a reconnu et qu'elle n'a point nommé, vint se placer derrière elle, et, sans respect pour le lieu saint, sans pitié pour sa faiblesse, lui chanta ces vers obscènes et sacrilèges, jusqu'à ce qu'enfin elle tombât évanouie. Ah! qu'il faut prier pour le poète qui a fait cette œuvre coupable! car il ignore sans doute quelle arme cruelle il a mis aux mains de ces grossiers ennemis de la religion qui désolent nos villages. Suis-je le seul curé dont il ait entravé la mission? ma pauvre Edmonde a-t-elle été la seule victime de sa marotte, plus mortelle que la dent des vipères?

Lorsque je dis à Edmonde que sa santé m'imposait le devoir de lui faire quitter le pays, elle me répondit : « Cher oncle, je sais d'où vous vient cette pensée. Vous devez comprendre que j'emporterai partout le mal dont je souffre ici. Ne me condamnez pas à mourir loin de vous, et songez aussi que mon départ donnerait de nouveaux prétextes à la calomnie. Ma réputation exige que je ne fuie pas, dussé-je, en fuyant, assurer ma guérison : car on vise à l'honneur de Dieu même en attaquant le mien. Faisons généreusement notre sacrifice : nous triompherons, vivants ou morts, de ce dernier effort de l'enfer. »

Je ne me rendis point à ces raisons; mais quand j'eus pris à la hâte les dispositions nécessaires pour assurer un asile à ma chère enfant, le mal avait fait d'irréparables progrès, le voyage n'était plus possible. Je me résignai.

Edmonde fit dire à ses anciennes amies qu'elle allait mourir, et qu'elle les conjurait de venir recevoir ses adieux. Elles vinrent presque toutes. Celle qui lui avait porté le premier coup, accourut la première et fut la plus tendre. Edmonde, consolée, m'annonça que cette bonne fille deviendrait le modèle de la paroisse, prédiction bientôt accomplie, comme beaucoup d'autres : car il semblait que Dieu, pour adoucir ses derniers moments, lui eût accordé de voir l'avenir. Sans murmurer, sans se plaindre, sans accuser personne, elle confia l'honneur de sa mémoire à leurs regrets et à leur amitié. Elle leur parla ensuite de la religion avec tant d'éloquence, que toutes lui promirent en pleurant de revenir à l'église et de n'en plus oublier le chemin. Elles ont tenu leur promesse.

J'ai bien des fois, depuis mon sacerdoce, assisté des mourants, et je savais combien la mort chrétienne est belle; mais je n'ai pas vu de fin plus auguste que celle de cette pauvre innocente : c'était vraiment la victime de bonne odeur, s'immolant dans la joie et la paix. « Cher oncle, » me dit-elle, « je vous laisse ma petite dot pour réparer la chapelle de la sainte Vierge. Prenez courage : encore un peu de temps, et vous vaincrez. Je crois que je vous parle de la part de Dieu. Vos ennemis sont nombreux, mais ils ne l'emporteront pas. Faites-leur du bien. »

Elle mourut en répétant ces paroles : « Faites-leur du bien. » Qui lui avait appris cela, à cette petite fille ? qui lui avait appris à parler comme saint Paul ? Faites-leur du bien : c'est, en trois mots, toute la science des saints, toute la perfection de l'Évangile, tout le secret de Dieu pour vaincre la fureur et l'art profond de l'enfer. L'homme résiste à tout, à la raison, à la force, à la science, au châtiment; il cède au bien qu'on lui fait. Ses yeux alors s'ouvrent, son cœur fléchit, sa colère tombe. Vainement il essaye de se révolter; vainement il revêt contre la douce charité ces armes dont il se cuirasse contre la justice, contre l'évidence et contre les miracles : à travers ces enveloppes d'airain, la charité pénètre jusqu'à la conscience; il faut se rendre, il faut se soumettre. C'est l'arrêt de Dieu : *Beati mites, quia possidebunt terram.* Et c'est pourquoi, mon ami, tout le travail des ennemis de la sainte Église est de l'empêcher, autant qu'ils peuvent, de faire le bien.

Edmonde passa de cette vie à la gloire éternelle. J'eus, pour m'en convaincre, la secrète vertu qui sortait de son cercueil. Je demeurai en prières, à cette place où nous sommes, toute la dernière nuit qu'elle passa sous mon toit; j'éprouvais une douleur immense, et, dans cette douleur, une paix et une consolation infinies. Jamais je ne me suis senti si fort sous le fardeau que Dieu m'a donné; jamais la pensée d'un murmure et l'ombre d'un ressentiment ne furent plus éloignés de mon cœur. O vertu de cette dépouille virginale! vertu de ce pardon si souvent répété dans son âme, qui le renouvelait en ce moment devant Dieu! ma prière, commencée pour elle, s'achevait pour ses persécuteurs.

Je regardai comme un nouvel effet de son crédit au

ciel la foule qui vint à ses obsèques. Je parlai, et l'on m'écouta ; je vis même des pleurs, j'entendis des sanglots : la calomnie était tombée avant la victime ; je crus qu'enfin la glace était rompue, que les brebis venaient au pasteur. Mais Dieu allait me demander encore un sacrifice, et celui-là devait me trouver moins soumis.

Le frère d'Edmonde, Laurent-Pierre, votre ami, avait voulu servir, afin de ne point toucher à son petit héritage, et de le réserver tout entier pour sa sœur. Brave, instruit, honnête, il pouvait se faire une carrière dans les armes. La mort d'Edmonde nous laissait tous deux seuls sur la terre. Notre mutuelle affection en devint plus vive : chacun de nous aimait dans l'autre tout ce qu'il avait perdu. Sans me consulter, Laurent, cédant aux conseils de son bon cœur, sollicita un congé pour venir m'embrasser. Hélas! il l'obtint à cause de son excellente conduite ; et il partit en jeune homme et en soldat, à pied, le sac sur le dos. C'était au commencement de l'hiver ; il avait à faire un long voyage.

Pendant qu'il me ménageait cette joie, ma situation ici empirait ; non qu'elle fût redevenue ce qu'elle était avant la mort d'Edmonde. Les amies de cette chère enfant persévéraient, grâce à Dieu, et commençaient d'ébranler autour d'elles des cœurs jusqu'alors bien obstinément fermés. Mais ce mouvement même ravivait d'anciennes fureurs, que j'avais crues trop tôt définitivement éteintes. Les principaux du village et les jeunes gens étaient toujours mes adversaires déclarés ; ils m'insultaient encore fréquemment dans les rues, mon nom seul excitait leur colère. Vous allez connaître à quels excès cette colère se pouvait porter.

Laurent arriva la nuit, après une longue marche, par un temps effroyable. Il avait supporté, durant plusieurs heures, une pluie glacée, et il s'était blessé en tombant dans nos mauvais chemins. La Providence permit qu'il s'adressât d'abord, pour demander ma maison, à deux des habitants qui me haïssaient le plus. Le premier referma sa fenêtre sans répondre, le second se répandit en injures. Il leur avait dit qu'il était mon neveu. Un troisième refusa de sortir. Cependant le pauvre enfant trouva un mendiant moins inhumain, qui voulut bien lui indiquer ma porte. Il frappa. Hélas ! je n'étais pas chez moi, et ne devais pas rentrer. Obligé de me rendre chez un confrère, à trois lieues du village, j'avais annoncé que j'y passerais la nuit. Ma vieille servante, sourde et presque idiote, ou n'entendit pas, ou craignit une de ces méchancetés que l'on nous faisait souvent. Laurent frappa en vain : personne ne répondit. Il crut qu'on lui avait donné une fausse indication, et que la maison était déserte. Accablé de froid et de besoin, il se traîna dans le village, cherchant l'auberge. C'était le quartier général de mes ennemis. Il essuya un nouveau refus, plus injurieux que les autres et accompagné de menaces...

Vous vous étonnez? J'ai oublié de vous dire que le malheureux, dans ses chutes, avait perdu son sac et son argent. La mort était déjà peinte sur son visage ; on n'en fut point ému : un chien aurait été recueilli, le neveu du curé fut chassé. Mon Dieu, faites-leur miséricorde ! Ce n'était pas ce pauvre enfant qu'ils voulaient frapper, c'était moi ! Ils le virent tomber exténué, et ne le relevèrent point. Au bout d'une heure seulement, ils permirent à une servante, dont la charité excitait leurs moqueries, de lui apporter un peu de vin. Tandis que, agenouillée dans la boue, elle approchait des lèvres de Laurent le cordial qui ne pouvait déjà plus le sauver, ces barbares faisaient encore pleuvoir sur elle leurs grossiers quolibets. Elle leur cria, pleine de terreur, que le malheureux expirait. A son accent, ils comprirent qu'elle disait la vérité, et alors, épouvantés eux-mêmes, ils s'enfuirent. Oui ! sans penser à offrir le moindre secours, comme si, en fuyant la victime, ils fuyaient le forfait.

La servante appela vainement un aide : l'aubergiste, ivre et à moitié endormi, ne répondit que par des blasphèmes à ses prières. Cette fille dut elle-même traîner Laurent, presque inanimé, jusqu'à l'écurie, où elle le déposa sur un peu de paille. L'ayant ensuite couvert de sa pelisse, elle veilla pieusement à côté de lui, attendant le jour et mon arrivée.

Dans ce grand désastre, Dieu, qui frappe toujours en père, me fit une grâce dont je le bénirai aussi longtemps que dureront ces cruels souvenirs: il m'envoya un ange pour m'amener plus vite auprès de Laurent. Vers le milieu de la nuit, à l'heure où l'infortuné tombait devant la porte de l'auberge, un rêve affreux m'éveilla. J'ouvris les yeux, et je crus voir Edmonde. La rayonnante paix de son visage était mêlée de cette tristesse qui nous semble pouvoir encore atteindre les bienheureux, et qui n'est pas un effet de la souffrance, mais un témoignage de leur tendre compassion pour nous. Elle ne me parla point, et je compris cependant qu'elle m'avertissait de me rendre chez moi. Sans réfléchir ni raisonner là-dessus, me souvenant seulement que ma place était au milieu de mon troupeau, je me levai et je partis. La pluie n'avait pas cessé, la nuit était obscure, je connaissais peu le chemin ; néanmoins j'arrivai sain et sauf en moins de temps que je n'en aurais mis le jour. J'entrai d'abord chez moi : tout était tranquille, excepté mon cœur, écrasé d'horribles pressentiments. Je fis du feu, me proposant de prier jusqu'au jour. Edmonde m'apparut une seconde fois, plus triste encore. « Mon enfant », lui dis-je, que veux-tu ? s'agit-il de ton frère? » La douce vision s'effaça, et, machinalement, je sortis. Je voulais aller prier à la porte de l'église ; mais un secret instinct dirigea mes pas vers l'auberge. Des voix plaintives semblaient m'appeler de ce côté. J'aperçus au fond de la cour une faible lumière, et alors j'entendis distinctement, au milieu du silence, des soupirs pareils à ceux de l'agonie. Si j'étais arrivé quelques heures plus tard, je n'aurais trouvé qu'un cadavre.

Mon Dieu, mon Dieu, quel spectacle! et combien, à présent encore, j'ai besoin de me souvenir que votre sainte Mère vous vit sur la croix, victime sans tache de mes péchés! Le frère d'Edmonde morte, le premier-né de ma sœur morte, mon neveu, mon fils d'adoption, le dernier de mes parents, je le vis là, couché sur le fumier, pâle, souillé, en délire, méconnaissable à tout autre œil que le mien! Éperdu, je l'emportai dans mes bras, délirant presque comme lui, et lui adressant des paroles qu'il n'entendait point. Je le déposai sur le lit de sa sœur, et je les pleurai tous deux avec une amertume inexprimable, elle, comme si je venais de la perdre, et lui, comme s'il n'était déjà plus.

La servante de l'auberge m'avait suivi. En me donnant une partie des détails que vous connaissez, elle ne m'apprit rien que je n'eusse deviné : il m'avait suffi de voir Laurent dans l'écurie. A ce trait je reconnus les meurtriers d'Edmonde; et mes ressentiments contre eux, ces ressentiments si bien étouffés, si complètement anéantis, se réveillèrent dans mon âme avec une violence égale au double crime qui les excitait. Je me trouvai sans vertu devant ce coup soudain; ma coupable colère se tourna contre Dieu même. Mon Dieu! disais-je, pourquoi m'avez-vous jeté parmi ces méchants? S'ils voulaient mon sang, ne pouvaient-ils pas le prendre dans mes veines, et permettrez-vous que leur fureur trouve le secret de me faire mourir toujours?

Détestables murmures, dont je m'accuse devant vous et que je ne veux pas que vous excusiez : car vous verrez ici quelque bien que j'ai paru faire, et il faut que vous sachiez que c'est Dieu seul qui, réellement, l'a fait. A lui donc toute la reconnaissance et tout l'honneur! je n'ai été dans ses mains qu'un instrument misérable et parfois indocile ; j'ai souvent refusé de suivre ses voies adorables : il m'appelait au travail, et je lui demandais lâchement le repos.

Ces murmures, hélas! ne furent pas l'explosion irréfléchie des premiers transports de la douleur ; je m'y obstinai. En vain Laurent, ayant repris connaissance, me donnait l'exemple d'une résignation comparable à la clémence de sa sœur : je me révoltais contre le sort que je lui voyais accepter. Il voulait bien mourir ; je ne voulais pas qu'il mourût. Tout ce que je pouvais faire, c'était de ne pas troubler sa dernière heure par l'aveu de mes angoisses rebelles, et par des malédictions contre ses bourreaux. Chose horrible! pendant que j'assistais ce cher enfant, pendant que j'écoutais sa confession vraiment angélique, pendant que je lui donnais les onctions saintes et que je m'apprêtais à lui fermer les yeux, j'entendais sans cesse, comme si on l'eût chanté à mon oreille, l'infâme refrain qui avait tué Edmonde. Des mouvements semblables à ceux de la mer en furie, des pensées de haine, d'indomptables désirs de vengeance, secouaient et bouleversaient mon âme.

Plus tard, la violence de ces sentiments, si différents du calme où m'avait laissé la mort d'Edmonde, m'a fait comprendre qu'alors, peut-être, j'avais conçu quelque vanité de mon triomphe. Dieu nous veut humbles en tout et partout, même dans le sacrifice, même au sein de la victoire, afin que nous n'échappions à la douleur que comme Il veut, et quand Il le permet. Oui, je m'étais dit : Je suis maître de mon cœur ; Dieu me demande un grand sacrifice, et je le fais généreusement : Dieu trouve en moi un serviteur fidèle. — O profondeur et folie de notre orgueil! Les yeux fixés sur la main qui me tirait de l'abîme, je m'étais glorifié, non de son secours, mais de ma force ; bénissant Dieu tout haut de sa miséricorde, je me savais gré tout bas de ma vertu. Pour me faire enfin connaître ma faiblesse, Dieu m'abandonna aux tempêtes du désespoir.

Laurent n'acheva pas la journée, il expira vers le soir ; et sans doute je n'ai dû qu'à mon prompt retour d'avoir pu l'embrasser vivant : car mes soins et la joie de me revoir prolongèrent de quelques heures cette existence si vite et si douloureusement tranchée : *Tanquam flos agri, sic efflorebit !* Je l'ensevelis moi-même. Je puis dire qu'avant d'être enfermé dans le linceul, son corps fut lavé de mes larmes. Il était toute ma famille. Lui parti, rien ne me restait de ceux qui m'avaient aimé. J'étais seul, seul dans le monde : *Similis factus sum pelicano solitudinis...* Vous le vouliez, mon Dieu! Il fallait que ces liens fussent brisés : car ma famille n'était plus ma famille, et vous aviez formé pour moi de nouveaux liens, plus sacrés que ceux de la chair et du sang! Mais alors je ne comprenais pas.

J'avais conçu un projet extravagant, dangereux, indigne de mon sacerdoce : je voulais, dans l'église, profitant du concours qu'attirerait sans doute le convoi de Laurent, et en présence de son cercueil, soulager enfin mon cœur, me venger de trois années de supplice, faire rougir mes paroissiens de leur ingratitude, de leur cruauté, de leurs vices sauvages; leur rappeler tout ce qu'ils m'avaient fait, les accabler de la mort d'Edmonde, du meurtre de Laurent, de ma vie empoisonnée à jamais par eux; et, leur ayant ainsi parlé, quitter la paroisse pour n'y plus revenir. L'indignation, le mépris, les traits amers, les apostrophes véhémentes, s'agitaient dans mon esprit comme les laves d'un volcan près d'éclater.

Je montai en chaire. L'auditoire était nombreux : je reconnus le même bon mouvement de compassion et presque de repentir qui les avait amenés au convoi d'Edmonde. Cette observation me frappa avant que j'eusse ouvert la bouche. Je me rappelai ma pauvre nièce; je me souvins de sa dernière parole : *Faitesleur du bien!* Je me demandai comment je pourrais m'exiler de ces deux tombeaux si purs et si sacrés. Dieu aussi daigna se faire entendre au fond de mon cœur. Ce verset du Psalmiste, que j'avais lu le matin même sans y prendre garde, me revint en mémoire : *In Domino confido : quomodo dicitis animæ meæ : Transmigra in montem sicut passer ?* O mon âme, pourquoi me conseilles-tu de fuir? n'as-tu plus confiance au Seigneur?

Mes résolutions changèrent ; mon cœur, éclairé soudainement, me dicta des paroles bien différentes de celles que j'avais méditées. Je me bornai à dire que Laurent m'avait légué le peu qu'il possédait pour fonder dans la paroisse un asile où l'on recevrait les pauvres voyageurs. J'ajoutai que maintenant, seul et sans famille, j'en aimerais davantage, s'il était possible, tous mes paroissiens, résolu de les servir assez pour retrouver en eux, un jour, les frères, les sœurs et les enfants que j'avais perdus. Ce fut tout mon discours; mes larmes l'achevèrent. Leurs sanglots, si j'avais pu parler davantage, les auraient empêchés de m'entendre.

A partir de ce jour, le plus grand nombre des habitants, non seulement me supportèrent, mais me traitèrent en ami. Quelques-uns de ceux qui avaient calomnié Edmonde et refusé d'assister Laurent, vinrent me demander pardon. Le maître d'école perdit son crédit; le maire passa de mon côté : il me fut enfin possible d'annoncer la parole de Dieu, et de commencer le combat contre les erreurs et les vices qui infestaient cette malheureuse population. Ainsi le christianisme germa dans la paroisse sur les tombeaux d'Edmonde et de Laurent. O voies cachées de la sainte Providence !

Ces chers enfants m'avaient laissé deux œuvres à accomplir : je devais, pour obéir au testament d'Edmonde, réparer la chapelle de la Sainte-Vierge; et, pour exécuter les dernières volontés de Laurent, fonder un petit hospice. Mais, toute la fortune des deux fondateurs ne dépassait pas dix mille francs : c'était bien peu. Je commençai néanmoins, et ma naissante popularité fut loin d'en souffrir. Un cruel événement vint l'accroître : le feu dévora cinq ou six maisons du village, entre autres celle de l'homme qui le premier avait fermé sa porte à Laurent. Me souvenant du commandement d'Edmonde, j'interrompis sans hésiter nos travaux, et je donnai l'argent qui me restait à ces incendiés, tombés dans une misère affreuse.

C'est alors que Dieu, qui tourne tout à l'accomplissement de ses fins connues de lui seul, m'envoya le pensée de quêter pour remplir ma caisse vide. Les premiers résultats dépassèrent mes espérances, et me poussèrent plus loin que je n'avais voulu aller. Par l'appui de mon évêque, par des offrandes spontanées, par des dons véritablement tombés du ciel, je me trouvai possesseur de trente mille francs. L'imprudence me vint en même temps que la fortune : je ne me bornai plus à réparer la chapelle de la Sainte-Vierge; l'église tombait en ruine, je voulus la rebâtir.

Vous ne connaissez probablement que trop bien l'histoire des curés constructeurs, fondateurs et quêteurs : je me dispense de vous faire la mienne, qui ressemble à toutes les autres. Je menai pendant huit à dix ans la vie la plus contraire à mes habitudes : je fus maçon, charpentier, architecte, négociant, couvreur, prédicateur, voyageur, homme du monde, plaideur, hélas! J'essuyai des refus mortifiants, j'obtins des secours miraculeux, j'eus des consolations et des tribulations de toute espèce : le matin j'étais accablé d'une dette que je ne pouvais payer, et le soir ma dette était payée, et j'agrandissais mes plans, parce que j'avais des fonds de reste; mais ces plans agrandis finissaient par créer de nouvelles dettes, qui m'engageaient dans de nouveaux voyages, dans de nouvelles séductions, dans de nouvelles dépenses. J'en serais mort à la peine, si Dieu, soutenant sans cesse mon courage, réparant sans cesse mes étourderies, et sans cesse bénissant ma confiance désormais inébranlable, ne m'avait mis en rapport avec quelques âmes saintes, dont l'ardeur et la générosité me tirèrent cent fois des plus mauvais pas. Une dame de Paris aussi pauvre que moi fit à elle seule plus de la moitié des frais de l'église. Vous pensez bien que mes fatigues me paraissaient légères, quand je voyais de tels dévouements.

Dieu me comblait véritablement de ses grâces. La joie de voir s'élever sur des proportions magnifiques, d'un côté l'église, de l'autre l'hôpital, n'était rien encore auprès de celle que me donnait mon troupeau : ils m'appelaient leur père, et la piété gagnait sensiblement parmi eux. Le reste vint par surcroît.

J'avais pris mes dispositions pour que les grands travaux que j'exécutais tournassent à leur profit. Je les y employai presque tous, sous la direction de quelques ouvriers chrétiens, choisis avec scrupule, et dont plusieurs se sont fixés chez nous. Leurs maisons, que vous avez vues sur la place de l'église, forment un petit quartier entièrement neuf. Dans le village, un grand nombre d'habitations furent reconstruites et assainies. J'ai eu assez de crédit pour vaincre des routines séculaires. L'agriculture s'est améliorée, on a défriché des terrains absolument improductifs. Un marais pestilentiel est devenu à peu de frais un pâturage excellent, le nombre des bestiaux a doublé, et cette richesse féconde m'a permis d'établir ici, comme vétérinaire, un pauvre enfant du pays, que j'avais rencontré dans mes courses, malade et mourant de faim malgré son talent. Il a fait fortune : c'est aujourd'hui un des grands de la paroisse et mon meilleur catéchiste.

Pour suppléer le curé durant ses longues et fréquentes absences, il fallait un vicaire : j'obtins de mon saint évêque un jeune homme plein de zèle et de charité, qui jeta les fondements d'une véritable école, où les enfants apprirent à connaître Dieu. Ce n'était plus le temps de nous contrecarrer. L'instituteur et les inspecteurs du gouvernement y perdirent leur génie : mon vicaire avait des diplômes. L'instituteur leva le pied, et nous eûmes des frères payés par la commune. J'avais fini par intéresser à mes œuvres, au chef-lieu et à Paris, quelques personnages puissants, desquels je tirai quelques petites faveurs, qui firent grand bien ici. Par exemple, mes ouvriers, s'étant associés, purent devenir adjudicataires d'un pont que le département a fait construire sur la rivière. Après les avoir mis à leur aise, ce pont a contribué à enrichir la commune au moyen d'un chemin qui la relie à la grande route, et qui lui permet d'exploiter avantageusement les industries nouvelles créées pour le besoin de nos constructions. Nous n'étions qu'agriculteurs ; nous sommes devenus tuiliers, chaufourniers, plâtriers. Je crois que nous ferons de la soie un de ces jours : car nous avons planté de tous côtés des mûriers, qui réussissent à merveille...

J'interrompis ici le curé.

— Ne craignez-vous pas, lui dis-je, de devenir

à la fin trop riches, et que cette richesse ne ramène les mauvaises mœurs?

— Non, répondit-il : tout cela ne produit pas de fortunes. Presque tout se fait par petites associations, dont le principal et pour ainsi dire l'unique capital est la probité chrétienne. Ce sont même plutôt des confréries que des associations. Chacun y gagne un peu. On emploie les pauvres, et l'on réserve la part des invalides; la charité fait le reste. Le grand propriétaire, c'est l'hôpital, qui ne se soutiendrait pas, chacun le comprend, sans le dévouement des sœurs.

Voici ce qui est résulté de l'aisance plus grande et plus générale que nous avons obtenue : elle a puissamment combattu l'avarice, péché dominant du pays; et, à mesure que l'avarice a diminué, l'esprit de famille a gagné de la force. Il n'était pas rare de trouver des paysans dont l'avarice flétrissait le cœur de telle sorte, qu'ils laissaient mourir de faim, à la lettre, leurs parents infirmes, et se refusaient aux plus simples et aux plus stricts devoirs envers leurs enfants. J'en ai vu des exemples terribles, incroyables. C'était l'avarice qui produisait ici, et c'est encore elle qui produit dans plusieurs des communes environnantes ces mœurs véritablement barbares qui semblent être d'un autre peuple et d'un autre temps. Elle est le seul Dieu de ces campagnes malheureuses. On lui sacrifie, comme à tous les faux dieux, des victimes humaines. A défaut de la haine qu'on me portait, l'avarice aurait suffi peut-être pour décider plusieurs habitants de ce village, et des plus riches, à renvoyer le pauvre voyageur qui leur demanda inutilement l'hospitalité. J'ai connu un vieillard septuagénaire et paralytique à qui ses enfants, cultivateurs aisés, ne donnaient pour nourriture que les restes misérables de leur repas; j'en ai vu d'autres expirer, faute d'un médicament de deux à trois francs : on avait estimé en conseil de famille que leur vie ne valait pas cela ! Ce qu'on faisait pour les aïeux, on le faisait aussi pour les enfants : la plupart n'apprenaient point à lire, afin d'épargner les frais d'école ; il n'y avait pas de première communion, parce que l'on craignait d'acheter des habits propres ; on ne prenait pas garde aux maladies, parce que l'on craignait d'appeler le médecin. Vous ne sauriez imaginer les ravages que faisait ce vice monstrueux : il dissolvait absolument la famille. Dans toute maison, tout individu improductif, enfant, ou vieillard, ou malade, était haï et traité avec une dureté dont il ne se consolait qu'en haïssant à son tour. *A père avare, fils prodigue*. Les jeunes gens, tenus sous un joug de fer et n'ayant jamais reçu ni un mot ni une marque de tendresse, vendaient à de féroces usuriers l'espérance de leur héritage, pour le dépenser en débauches grossières ; puis, saisis bientôt par le vice régnant, et passant de la prodigalité à l'avarice, ils s'abandonnaient comme leurs pères, contre ces pères eux-mêmes et contre leurs enfants, à cette sordide passion de l'épargne, qui les abrutissait jusqu'au crime. Que de fois, considérant leurs fautes et les maux qu'elles attiraient sur eux, j'ai reconnu ces pécheurs dont parle l'Écriture, qui *dressent des embûches contre leur propre sang, et se mettent en embuscade pour perdre leurs propres âmes!*

La haine régnait partout, du voisin au voisin, de l'époux à l'épouse, du père à l'enfant. Lorsque je cessai d'être un objet d'horreur pour la paroisse, et que je pus enfin causer avec tous les habitants, je fus consterné de leurs divisions, de leurs rancunes, plus encore que de leur profonde ignorance. Je me demandai s'il serait jamais possible de les amener à la pratique de la sainte charité. Ah! tout est possible à Dieu! La création du monde n'en est pas une preuve plus évidente pour moi que les changements opérés dans ces âmes. Dès qu'ils eurent consenti à venir chercher mes instructions à l'église, et à recevoir les avis que j'allais leur porter chez eux, tout devint facile. Les superstitions furent moquées ; les esprits-forts, s'étant laissé battre en plusieurs rencontres ou par mes raisonnements ou par ceux de mes ouvriers, perdirent toute estime. Quant à l'avarice, nous l'employâmes elle-même à vaincre nos avares. Nous leur fîmes comprendre qu'ils calculaient mal, et qu'en dépensant davantage ils gagneraient plus. En chaire, M. le vicaire et moi nous étions prêtres ; hors de là nous étions professeurs d'économie politique, physiciens, astronomes, conteurs, etc., etc. Le directeur des travaux, homme de foi et d'esprit, un des plus précieux cadeaux que j'aie reçus de Dieu, se fit banquier afin de tuer l'usure. Une opération très simple sur des terrains achetés pour l'hôpital, lui donna la faculté de dégager la plupart des terres, en permettant aux débiteurs de se libérer par des fournitures ou du travail; et tout le monde y gagna, sauf, bien entendu, les détestables usuriers, dont on n'écouta guère les plaintes.

Enfin, mon cher ami, le pays n'est plus reconnaissable, et notre progrès s'étend de jour en jour. Oui, chaque jour, quelque adversaire récalcitrant, quelque vieil ennemi rend les armes. Ils cèdent au bien que la religion leur fait; ils donnent de véritables exemples de générosité. Un de nos usuriers a restitué à ses victimes, avant de mourir, la moitié de sa richesse mal acquise, et légué le reste aux pauvres dans un testament rendu public par sa volonté, pour la plus grande gloire de Dieu! Il n'y a presque plus d'ennemis qui ne soient réconciliés. On n'abrège plus, par de mauvais traitements, la vie des vieillards; les pauvres sont assistés; nous sommes des gens craignant Dieu. Dans toute maison, riche ou pauvre, quelque image de piété se montre en lieu d'honneur, ombragée du rameau de *Pâques-Fleuries*. L'église se remplit deux fois le dimanche, pour la messe et pour les vêpres. Quand le curé monte en chaire, personne à présent ne quitte le lieu saint. Les quelques entêtés qui s'obstinent sous le portail payent déjà leur place devant l'autel, et viendront l'occuper un jour ; car le respect humain, aujourd'hui, veut que chaque famille ait son banc à l'église. Personne ne meurt plus sans avoir reçu les sacrements.

La génération qui s'élève vaudra mieux encore. Nous avons deux écoles, une de Frères, une de Sœurs, il n'y a pas un petit garçon, pas une petite fille dans la paroisse, qui n'y vienne exactement. Si un père de famille refusait d'envoyer ses enfants à l'école, il serait, suivant l'expression du pays, *montré au doigt,* et appelé *mauvais père;* mot, pour le dire en passant, qui n'avait pas de signification jadis, et qui maintenant serait compris de tout le monde dans toute son énergie. Parmi nos enfants, vous n'en trouveriez pas un, en âge de raison, qui ne fût en état de vous dire ce que représente chacun des tableaux de l'église, et les plus petits récitent les commandements de Dieu. Quand un pauvre passe, je vois souvent ces chers enfants lui faire l'aumône, en se recommandant à ses prières. Trois de nos jeunes paysans sont entrés cette année au séminaire ; ce sont les premiers depuis soixante ans ; mais d'autres les suivront. Vous verrez l'hôpital : il est desservi par une petite congrégation qui s'est formée ici même, qui se recrute dans le village ou dans les environs, et qui a déjà essaimé sur plusieurs points du diocèse. Ces bonnes filles se livrent à toutes sortes d'œuvres de charité; elles gardent les enfants au berceau, font la classe, soignent les malades, ensevelissent les morts et prient pour les vivants, imitatrices, tout à la fois, de Marthe et de Marie. Leur maison est trop étroite pour le nombre des postulantes. Grand Dieu, qui m'aurait dit que je verrais ces choses! Et j'ai été assez lâche pour murmurer contre les sacrifices dont elles devaient être le prix?...

Le curé se tut. Je lui serrai les mains en silence; et après avoir promené un regard consolé sur l'humble chambre d'Edmonde, nous allâmes visiter les écoles et l'hôpital. Les détails de cette visite, quoique charmants, allongeraient trop mon récit : je ne les rapporterai point. Ils n'ajoutèrent rien à mon affection pour le vénérable curé, mais ils me le firent admirer davantage. Sa prévoyante charité semblait avoir atteint la limite du possible; lui seul n'était pas satisfait. Il rêvait d'étendre ses conquêtes, et il me développa ses plans de bataille contre les paroisses voisines. Il voulait que son hôpital devînt un centre où les infirmes seraient recueillis et les malades amenés de dix lieues à la ronde.

— Oui, oui, disait-il, j'enlèverai à nos voisins toutes ces prétendues *non-valeurs*, et je leur enverrai, à la place, des religieuses qui leur apprendront à ne plus dédaigner de tels trésors. Ils y sont disposés mieux qu'ils ne le pensent. Du côté où vous m'avez rencontré ce matin, on me hait encore, mais de l'autre côté, j'ai déjà des amis. Il faut qu'on m'aime partout, afin d'aimer Celui qui m'envoie... A propos, n'allez pas dire ici qu'on m'a jeté des pierres : quelques-uns de nos jeunes gens ne manqueraient pas de partir dimanche, après vêpres, pour aller là-bas rendre des coups de poing.

La journée avançait. Je priai le bon curé de me conduire au cimetière, car je voulais prendre congé de lui le lendemain après la messe.

— Oui, me dit-il, venez prier sur la tombe de mes enfants. Venez remercier Dieu d'avoir frappé sur mon cœur comme le fléau frappe sur l'épi, pour faire sortir le grain qui doit nourrir le monde.

Les deux tombes étaient voisines ; rien ne les distinguait de la foule des autres, une humble croix, sans date, sans nom, s'élevait sur chacune d'elles. La charité du prêtre avait voulu ne laisser place ici-bas qu'en son cœur à ces deux souvenirs.

# SULPICE

Sulpice entra chez Estève un matin d'été. — Je pars pour Rome, dit-il à son ami, et je m'offre à l'Église. Avant de quitter Paris, je vais prendre congé d'une de mes villas. Si vous voulez m'y accompagner, je vous en ferai cadeau.

Sulpice est grand amateur des prés, des jardins et des bois ; mais il ne possède au monde qu'une grande malle, qu'il remplit de livres plutôt que d'habits, et une excellente mémoire, laquelle a deux portes de communication toujours ouvertes, l'une sur l'esprit, l'autre sur le cœur. Tant qu'il ne s'agit que de causer, il puise largement dans cette riche mémoire ; s'il s'agit d'écrire, il n'en tire qu'un petit nombre de pages en style excellent, juste ce qu'il faut pour payer son logement à l'hôtel garni, solder le compte modeste de son tailleur, et acheter de temps en temps une terre.

Voici comment il achète une terre.

Durant l'hiver, qu'il passe ordinairement à Paris, il amasse quelques centaines de francs. Le printemps venu, il prend dans sa grande malle de quoi garnir un sac de soldat, monte en diligence, et gagne quelque pays dont il a d'avance étudié la topographie et l'histoire, aux bibliothèques des quais. De l'endroit où le laisse la diligence, il part à pied, le sac au dos, en quête de sa terre. Lorsqu'il l'a trouvée comme il la désire, pittoresque, silencieuse, fournie d'eaux et de bois, il s'arrête. Sa maison est déjà disposée pour le recevoir, c'est l'auberge. Il l'estime toujours assez vaste pour lui, car il prétend n'avoir jamais pu remplir qu'une chambre.

Il est le bienvenu. Un domestique l'attend au seuil; domestique précieux, qui ne le hait point, qui ne cherchera pas à pénétrer ses secrets, qu'il pourra traiter en égal, parce que ce domestique, qui va le servir, ne sera point à lui. L'hôte, marjordome attentif, veille à ce que rien ne lui manque. Madame l'hôtesse, femme de charge obligeante et familière, aura soin de ses habits; elle lui fera même de la tisane, s'il prend quelque malaise.

Il s'installe. Il étudie le vallon, la rivière, la colline. Bientôt il sait son pays par cœur; il en connaît les plus douces et les plus intimes beautés, il les goûte, et ne les oubliera pas. Il est propriétaire, le plus heureux des propriétaires. Toujours en bonne intelligence avec ses voisins, point envié, point jaloux, chéri du presbytère, du château et de la ferme ; donnant à tous, libéralement, de bons avis pour s'embellir et pour s'enrichir. Il fait rectifier des jardins, planter des arbres, élaguer des massifs, se rend utile, laisse dans les âmes plus de bonnes semences encore qu'il n'en a fait jeter dans le sol. On le voit partir à regret, on lui demande de revenir. Lorsqu'il revient, son retour est une joie. On a badigeonné sa chambre, on a mis à son lit des rideaux neufs ; on se plaît à lui montrer le bon fruit de ses conseils. Pour lui, il garde en un coin particulier de sa mémoire tous les plans de sa propriété nouvelle ; il saura la décrire avec l'exactitude du compas et le charme du pinceau.

Sulpice est un vrai propriétaire ; il tire gloire de ses richesses et veut qu'elles soient appréciées. Lorsque par hasard il se trouve à Paris dans la belle saison, il court le matin chez un ami, l'enlève et le mène visiter une de ses villas de la banlieue. Les chevaux sont mis, la voiture attend. Pas un coucou, pas une brouette faisant le service des environs de Paris, dont il ne connaisse parfaitement le poste et les heures. Sa verve s'éveille aux premiers tours de roue, elle éclate à l'aspect des premiers buissons ; le grand air agit sur lui comme le vin, dit-on, sur certains poètes. C'est un homme d'esprit qui a plus d'esprit, un homme heureux qui se sent plus heureux, une âme affectueuse qui devient plus cordiale. Qu'il parle de Dieu, des hommes ou de la campagne, son imagination se joue mieux à travers les idées : il a des mots, des comparaisons, des paradoxes qui échaufferaient l'imagination d'un caissier. Dès qu'on a mis pied à terre, il s'engage lestement dans les champs. Quelle fête alors, rien que de l'entendre, rien que de le voir! Il vous conduit aux plus agréables sites par les plus agréables chemins. Vous diriez qu'il connaît des arbres dont l'ombre est plus fraîche et des gazons dont le velours est plus vert ; les oiseaux et les feuilles le saluent d'une chanson faite pour lui, d'une chanson nouvelle, qu'ils ne disent point à d'autres. Il sait tout admirer sans pâmoison, sans contrainte ; on est à cent lieues des emphases de Gessner. C'est la magie des *Géorgiques,* avec je ne sais quelle grâce chrétienne que le latin n'a pas ; et il n'est plus possible d'oublier ces feuillages, ces bruissements, ces contours.

Voilà ce qu'il appelle « donner » une maison de campagne.

On va prendre Sulpice pour un jouvenceau? Il a quarante-cinq ans ; mais l'âge ne peut rien sur cette ardeur profonde. Le temps semble le pousser en sens inverse des autres hommes, et le ramener au berceau par le chemin qui mène à la tombe.

---

Estève et Sulpice étaient assis en face d'un plat d'œufs et d'une bouteille de vin d'Argenteuil, dans la

salle basse d'un cabaret dont les fenêtres ouvraien
sur un étang. Estève, plus jeune que Sulpice de quinze
bonnes années, paraissait cependant plus grave; il ne
riait jamais le premier, et ne riait qu'à demi.

— Sulpice, dit-il, *votre* campagne est charmante,
votre cru d'Argenteuil est excellent, et l'on a faim
chez vôtre cuisinier. Le cadeau mérite tous mes remercîments; recevez-les : mais je ne vous tiens pas
quitte, et vous ajouterez quelque chose.

SULPICE. — Vous voulez peut-être un chemin de
fer pour venir ici? Hélas! vous ne l'aurez que trop
tôt, vous y perdrez la traversée du bois, la montée de
la colline, l'appétit et la solitude. Vous serez alors
chassé d'ici, comme je l'ai été de Meudon, par les
invasions périodiques de la rue Saint-Martin.

ESTÈVE. — Non, Sulpice; mon opinion est faite sur
les chemins de fer, et je suis, comme vous, de l'espèce
qui ne voudrait point laisser disparaître les coucous.
Je ne demande pas un moyen de revenir ici plus
promptement : abréger la peine, c'est abréger le
plaisir. Ce que je veux de vous, c'est le secret de votre
joie, de cette bonne humeur que n'altèrent ni les révolutions, ni les années, ni la mauvaise fortune.

SULPICE. — Vous le possédez, mon secret ; je prie
le bon Dieu. Ne savez-vous point le *Pater,* et ne le
dites-vous pas au moins deux fois par jour.

ESTÈVE. — Si fait ; mais.....

SULPICE. — Quoi, mais ?

ESTÈVE. — La prière, sans doute, raffermit l'âme ; elle préserve du désespoir et empêche de succomber au dégoût. Mais, de la résignation que la prière procure au contentement inébranlable où je vous vois, il y a si loin!

SULPICE. — La résignation et le contentement sont deux étages de la même hôtellerie : pour arriver du premier au second, il ne faut que monter un petit escalier très agréable, qui s'appelle la logique. Si vous êtes déjà résigné, raisonnez un instant, et vous serez satisfait. Toute puissance et toute bonté vient de Dieu : *majeure*. Folie de résister à la volonté de Dieu, nécessité de s'y soumettre, résignation : *mineure*. Mais cette volonté très sainte est aussi très juste, et très éclairée, et très aimante ; donc, elle n'agit sur nous que par justice, par lumière et par amour ; donc, elle nous guide et nous pousse vers le souverain bien ; donc nous sommes toujours, ou du moins nous pouvons toujours entrer dans la voie la plus sûre pour arriver à ce bien unique et suprême. *Conséquence* : bénissons Dieu et tenons-nous contents. — Il n'y a point de syllogisme plus simple.

ESTÈVE. — Mon cher ami, cela vous est commode à dire.

SULPICE. — Mon cher ami, avec votre permission, cela vous est facile à faire.

ESTÈVE. — Mais, non! Est-ce qu'il n'y a pas autour de nous mille spectacles, et en nous mille passions qui nous apportent chaque jour un épouvantable contingent d'angoisses et de douleurs? Sans doute, Dieu est bon, Dieu est juste, et j'admets tout ce que vous dites, vous le savez bien; cependant ma foi ne s'étonne pas plus de mes inquiétudes qu'elle ne s'explique votre tranquillité.

SULPICE. — Qui vous a dit que je n'eusse point d'inquiétudes? Les spectacles du monde passent devant mes yeux, aussi tristes que devant les vôtres; mon cœur n'est pas exempt de passions; enfin, le contingent d'angoisses que chaque jour vous apporte tombe sur mon âme chaque jour, sans prendre garde que celui de la veille est encore tout entier.

ESTÈVE. — Et vous êtes si calme, avec tout cela?

SULPICE. — Vous seriez aussi calme que moi, si vous n'aviez que cela. Mais aux deux fardeaux que nous portons, vous en ajoutez, si je ne me trompe, un troisième, sous lequel vous chancelez. La charge de la veille et celle du jour ne vous suffisent pas : sans que rien ne vous y oblige, vous en prenez follement une troisième.

ESTÈVE. — Laquelle donc?

SULPICE. — Celle du lendemain.

ESTÈVE. — Je l'avoue; mais...

SULPICE. — Point de *mais*, s'il vous plaît! Dieu vous doit secours et assistance pour vos maux présents et passés. Quant aux maux futurs, priez-le de vous les épargner, et n'y pensez plus.

ESTÈVE. — Eh! comment faire pour n'y plus penser? Ils sont là, je les vois venir, ils vont fondre sur moi...

SULPICE. — Qu'importe qu'ils soient prochains et imminents! Dieu est plus près encore pour les détourner. Craignez-vous qu'il vous oublie, surtout lorsque vous l'avez mis en demeure de veiller sur vous?

ESTÈVE. — Tout le monde ne peut avoir cette confiance.

SULPICE. — Dites que tout le monde ne l'a pas, ce sera la vérité ; mais il est vrai aussi que tout le monde peut l'avoir.

ESTÈVE. — Comme il vous plaira. Ceux qui ne l'ont pas sont à plaindre, vous l'avouerez, surtout en un temps tel que le nôtre.

SULPICE. — Ceux qui n'ont pas confiance en Dieu sont à plaindre en tout temps, et en tout temps c'est leur faute. Ils imaginent sans doute que Dieu n'est pas assez puissant, ou pas assez bon, ou pas assez sage? Qu'ils luttent contre cette sotte passion de leur esprit, comme ils lutteraient contre quelque grossière passion de la chair. Je ne vois pas pourquoi vous seriez plus fatalement condamné à vous alarmer qu'un joueur à jouer, un ivrogne à boire, un débauché à se vautrer dans les orgies. Que conseilleriez-vous aux victimes de ces vices brutaux, les entendant se plaindre de leur ruine et de leurs maladies? D'être sobres, d'être chastes, de ne pas livrer leur fortune et leur âme aux hasards des cartes. Dites-vous, cher Estève, que Dieu vous aime et que l'avenir lui appartient : vous serez alors délivré de ce souci de l'heure future, qui est le plus terrible et le plus insensé de tous ceux que notre folle espèce s'inflige volontairement. Que pouvez-vous craindre, en effet, et que pouvez-vous éviter? Qu'il s'agisse de votre vie ou de celle de vos proches, il faut la permission de Dieu pour qu'un cheveu tombe d'une tête humaine : mais si la permission de Dieu est donnée, quel autre recours avez-vous que la prière et la soumission? Vous fuirez? Bien : à condition qu'en fuyant le danger, vous ne fuirez pas le devoir. Vous irez dans un lieu où l'on ne meurt point, n'est-ce pas? Êtes-vous sûr qu'avant d'arriver en ce lieu si bien défendu contre la mort, vous ne trouverez pas la mort sur le chemin?

ESTÈVE. — Vous êtes fataliste, mon cher Sulpice.

SULPICE. — Le fataliste est celui qui croit les malheurs futurs assez inévitables pour s'en affecter d'avance. Moi, je raisonne : je me dis que Dieu accomplit en dépit de nos calculs tout ce qu'il a résolu; mais je crois que nos prières éveillent sa miséricorde, et que sa miséricorde fait fléchir même son inflexible justice. Je le prie donc, je lui offre le sang de Jésus-Christ, cette source expiatoire qui coule toujours pour laver mes péchés; je m'applique, en un mot, suivant le conseil d'un Père de l'Eglise, à ne fuir Dieu qu'en me jetant dans ses bras. Une fois là, nous pouvons attendre. L'épreuve, si elle vient, sera accompagnée de cette force et de ces consolations auxquelles nous n'avons nul droit quand nous voulons *jouir* de l'épreuve avant qu'elle soit venue.

ESTÈVE. — Vous me laissez sans réplique, mais non sans résistance. Quelque chose, au fond de mon cœur, proteste contre ma raison vaincue. Je ne sais ce que j'ai à répondre, mais j'ai à répondre.

SULPICE. — *Ce que l'on conçoit bien s'exprime clairement...* Je vous laisse à juger ce que peuvent valoir des idées et des sentiments que vous concevez mal. Raisonnez moins, ou plutôt subtilisez moins, et priez davantage. La prière est l'action qui doit suivre le raisonnement. Je suppose qu'il s'agit de franchir une rivière trop large et trop rapide pour être traversée à la nage. Vous apercevez à quelque distance un bateau garni de rames; vous ne pouvez l'atteindre en étendant les bras, mais vous avez à votre disposition une longue corde, pourvue d'un grappin : voilà de quoi passer l'eau. Vous savez qu'en jetant le grappin sur le bateau, vous l'attirerez à vous, et qu'en faisant mouvoir les rames, vous franchirez le fleuve. N'offensez-vous pas la Providence, ne vous trahissez-vous pas vous-même, si, tous ces raisonnements faits, vous restez à vous lamenter, criant que vous ne pourrez jamais passer cette terrible rivière, que la nuit va vous surprendre sur le rivage et que vous y périrez? Or, le bateau, c'est la miséricorde de Dieu, qui vous portera sain et sauf sur les eaux profondes ; la corde, le grappin, les rames c'est la prière. Priez, et vous passerez l'eau, vous gagnerez la rive heureuse. Peut-être aurez-vous le vent contraire, il faudra se roidir sur la rame : mais prétendez-vous faire un tel voyage sans vous fatiguer un peu?

ESTÈVE. — Hélas! je crains que ce soit là le fond de mes désirs. Vivre sans fatigue! telle est, peut-être, l'objection qui se révolte obscurément dans les ténèbres de mon cœur, sans que je sache ou que j'ose la formuler.

SULPICE. — Ah! vous l'exprimez assez! Je la connais. Plus d'une fois, dans cette nuit où elle se cache, elle m'a livré de terribles combats!

ESTÈVE. — Plus heureux que moi, vous l'avez vaincue.

SULPICE. — Oui, comme on la peut vaincre. Elle a trois noms et trois caractères : elle s'appelle concupiscence de la chair, concupiscence des yeux, orgueil de la vie. C'est elle qui fait toutes ces jolies choses que nous voyons dans le monde. Les ayant faites, elle les ramasse en faisceaux, et dit insolemment à Dieu : Pourquoi as-tu permis le mal et nous as-tu voués au malheur? Puis, sur cette base d'arguments, elle invente des hérésies, des systèmes politiques et sociaux, pour rendre à l'espèce humaine son bonheur et sa dignité.

Je me suis laissé prendre, durant la plus grande

part de ma vie, à ses innombrables sophismes ; et aujourd'hui encore, les connaissant bien, j'ai besoin de veiller pour n'être pas séduit. Voulez-vous que je vous raconte cela? C'est l'histoire de tout le monde.

ESTÈVE. — Dites. Nous verrons si mon âme peut s'asseoir sur les fondements où la vôtre a pris son repos.

SULPICE. — Dès que mes maîtres de philosophie eurent suffisamment ébranlé en moi les convictions chrétiennes, résolu d'être parfaitement heureux, je désirai une immense fortune, afin d'avoir beaucoup d'esclaves. Mais c'était peu d'une fortune, si grande qu'elle fût, je reconnus bientôt qu'il me fallait un empire. En parcourant mon empire, je vis qu'il ne suffisait pas, et que j'avais besoin de l'immortalité. Me voilà Dieu, voilà toute la terre soumise à mes caprices, voilà que je n'ai plus rien à désirer ; — et voilà que je m'ennuie comme Jupiter dans son olympe : tout prêt à me changer en bête pour m'amuser un peu. Il me parut que j'aurais aussi bien fait de rester homme. Je quittai donc mon olympe, puis mon trône, puis ma grande fortune, et j'essayai de trouver dans la réalité le bonheur que ne m'auraient pas donné, je le sentais profondément, toutes ces chimères, eussé-je pu les réaliser.

Or, la réalité, c'était une condition bourgeoise médiocre, avec quelque aptitude pour les travaux de l'esprit. Je me dis alors : Le bonheur est dans la gloire, il faut se faire un nom. Que serai-je? Grand poète, grand historien, grand philosophe, grand orateur? Je conclus que je serais toutes ces choses-là successivement. Je me lançai dans les livres et dans les voyages: j'y passai plusieurs années, j'y mangeai mon patrimoine, et je devins un grand sceptique en fait de gloire de l'esprit.

Dans le nombre considérable d'artistes et de gens de littérature que je fréquentai, ou dont j'étudiai la vie, j'en trouvai peu dont j'eusse voulu faire les ouvrages: je n'en trouvai point dont j'eusse sujet d'envier le bonheur. C'est un peuple triste, jaloux et vain, où personne jamais n'est content de soi ni des autres, ni de la fortune.

Comment regarder sans pitié le groupe des philosophes et des poètes? les uns vendeurs de sagesse, qui n'ont pas même l'excuse de la folie, se font louer de nos passions en leur offrant une morale au rabais. Les autres, cyniques esclaves pour complaire aux puissants de ce monde, leur débitent des contes lascifs, où la vertu déjà sapée sourdement par la pioche philosophique, succombe à l'outrage de la marotte et du grelot. Quoiqu'à peine chrétien en ce temps-là, je sentis que ce serait un poids éternel sur mon âme d'avoir écrit tel illustre mauvais livre, qui ne doit qu'à la complicité intéressée du vice sa prétendue perfection. Je rougissais de penser que ma mémoire serait exposée aux panégyriques de cette suite de gredins subalternes qui se relayent de siècle en siècle pour glorifier les auteurs impudiques et impies. Devant les bons ouvrages des honnêtes gens, tels que *Polyeucte, Athalie, Télémaque*, mon admiration me décourageait autant qu'ailleurs mon dégoût : car cette admiration ne m'empêchait pas d'y voir des fautes, et je me demandais ce que c'est que la gloire, lorsque le premier venu pouvait, comme moi, valablement écrire son *veto* sur ces œuvres consacrées. Enfin j'avais pitié de moi, voyant la peine que je prenais à écrire, les terreurs dont j'étais accablé lorsque mon ouvrage paraissait, l'anxiété avec laquelle j'interrogeais l'impression de tel ou tel sot qui m'avait lu, la joie humiliante dont me remplissaient les moindres éloges. Je me surpris relisant pour la troisième fois, le même jour, l'article d'un enthousiaste qui me célébrait en style de collège, et qui faisait voir sa prédilection pour les endroits où mon talent se rapprochait le plus du sien. Quelques gens de mérite aussi m'approuvèrent. Je sentis que je marchais d'un pas plus sûr. Regardez, le voilà qui passe, ce grand auteur ! Et tout cela pour quelques mots assez habilement arrangés, pour quelque peinture assez vive d'une chose ou d'un sentiment vulgaire. Je conclus que, si j'avais quelque succès, je deviendrais à mes propres yeux le fat le plus ridicule du monde. L'homme n'est pas fait pour l'encens. Si peu qu'il en aspire, sa raison l'abandonne ; il tombe dans l'ivresse, au-dessous du viveur brutal qui s'éloigne en chancelant du théâtre de ses orgies.

Ce que je dis ici de l'écrivain, je le dis du peintre, du statuaire, du musicien, du comédien, de l'orateur, en un mot de tout le peuple artiste. Ces gens-là sont doués, et certes, d'une façon magnifique! Mais il semble que la fée Carabosse présida aussi à leur naissance, et qu'elle leur a infligé un *contre-don* des plus fâcheux : c'est une avidité de louanges insatiable, accompagnée d'une délicatesse d'orgueil qui se blesse de la louange même. La rage du succès les précipite au rang des plus lâches et vils flatteurs qui soient parmi les hommes. Ils flattent tout, le trône, le ruisseau, le coffre-fort ; et tout ce qu'ils flattent, ils le méprisent, n'estimant au fond qu'eux seuls ; en sorte qu'il n'y a point d'applaudissement qui les assouvisse, ni de couronne qui leur semble assez relevée. Le moraliste ne diffère pas, sous ce rapport, du farceur.

Une chose qui m'étonnait fort, c'était de voir combien, en général, le talent présente peu le caractère vrai de l'homme : le manteau noir du philosophe et les pleureuses de l'élégiaque cachent un compère jovial, amoureux avant tout de sa panse ; l'humoriste est rangé comme un bourgeois du Marais ; le pamphlétaire est poltron et craint les flèches des petits journaux ; l'esprit-fort consulte les somnambules ; le matamore et le casseur de vitres placent à la caisse d'épargne ; le bouffon est un croque-mort. Tous ces discoureurs qui parlent pompeusement de la mission du poète, du sacerdoce de l'art, qui se prétendent les vrais apôtres de la vérité, jouent une comédie perpétuelle, et peut-être n'ont de mérite qu'à cette condition. La condition est dure pour de tels glorieux ; mais ils font bien d'autres vilenies que de porter le masque et de grimper au tréteau. Voyez l'orateur balbutier et fuir à la moindre menace d'impopularité ; voyez l'historien tronquer et falsifier les textes, dans l'intérêt de sa thèse et de son parti ; voyez le philosophe mentir à ce qui lui reste de conscience et de bon sens ; voyez le publiciste tremper sa plume dans les plus subtils venins de la calomnie ; voyez l'auteur dramatique et le comédien remplir le parterre d'applaudisseurs gagés ; voyez le peintre, le sculpteur, le romancier, le poète, prodiguer les nudités, traiter de préférence les sujets qui pourront le mieux exciter dans la foule ces délectations impures qui font les grands succès ! En quoi de si fiers talents vous semblent-ils plus haut placés sur l'échelle morale, que les derniers agents des plaisirs de Trimalcion ? Pour moi, je les mets au-dessous de ces esclaves ; car ils sont libres, ils prostituent volontairement leur génie ; tandis que les agents de Trimalcion pouvaient craindre le bâton, l'*ergastulum* et les murènes.

Trimalcion ! Nos gens de littérature l'appellent aujourd'hui Turcaret, et le bafouent ; mais c'est qu'il veut bien rire aussi de lui-même ; car il est toujours leur maître, et eux ne le bafouent que pour le divertir !

Trimalcion est vraiment le mortel privilégié ; c'est lui qui a reçu du ciel le don le plus rare, le plus précieux, le plus digne d'envie : il est riche !

ESTÈVE. — Je vous trouve aujourd'hui, Sulpice, une singulière pente à l'exagération et au paradoxe. Vous aurez beau dire : la gloire est la gloire. C'est quelque chose d'avoir un nom parmi les hommes, de laisser de soi un souvenir, et de ne pas mourir tout entier.

SULPICE. — C'est quelque chose, si vous voulez ; mais que vaut *ce quelque chose?* Est-ce une joie digne, c'est-à-dire une joie vraie en ce monde ? Est-ce le bonheur dans l'autre vie ? Si vous y tenez, je ne nierai pas la gloire. Mais souvenez-vous que je demandais à la gloire d'être le bonheur.

ESTÈVE. — Eh bien ! n'est-ce donc pas le bonheur que concevoir un ouvrage, l'exécuter, travailler pour l'amener à sa perfection, vivre avec cette pensée, en espérer des résultats utiles pour les autres et agréables pour soi-même? On a quelque raison, ce me semble, d'être satisfait lorsqu'on peut se dire : J'aurai revêtu d'une forme durable des idées saines et consolantes ; mon livre sera comme un phare sur les écueils, un arbre dans la plaine, un puits au désert. Ni Dieu ni les hommes ne condamnent un tel dessein, et l'on peut s'y complaire sans rougir de soi-même.

SULPICE. — Assurément. Mais c'est du travail, et non plus le bonheur et la gloire que je voulais. Ces livres dont vous parlez, on les fait humblement, à force de fatigue et de sacrifice. L'auteur impose à son esprit le joug très rude de la vérité, de la raison, du bon sens. Il est chaste, il est sobre, vertus qui ne coûtent pas moins à l'esprit qu'à la chair ; il est désintéressé enfin, car il refuse d'entrer dans la voie des applaudissements, comme d'autres refusent de suivre la voie de la fortune. Il s'expose, s'il a moins de force que de bonnes intentions, à ne mettre au jour qu'une platitude. Lors même que son génie répondrait à son honnêteté, il peut compter que le succès ne répondra point à son génie. Je ne le plains pas! Je tiens que l'homme capable d'écrire *Athalie*, *Télémaque*, le *Discours sur l'Histoire universelle*, ou le *Sermon sur la prière*, a en lui tout ce qu'il faut de véritable supériorité pour mépriser le dédain du public, et pour oublier même son ouvrage. Mais cet homme n'est plus l'artiste, le frivole amant de l'art pur, le vain adorateur de la renommée. Il n'a pas écrit pour le puéril plaisir de voir son portrait aux vitres des marchands d'images, et de recevoir les épîtres enflammées de Cathos et de Madelon. Il a voulu servir les hommes en glorifiant Dieu : il sait que ce qu'il a fait ne comptera pour la vie future, comme toute œuvre humaine, qu'à titre de bonne action ; et, quant au mérite de la façon, il n'en est pas plus fier que tout autre artisan de tout autre ouvrage. Que lui importe qu'on lise sur sa tombe : *Il a fait des livres*, ou : *Il a fait des souliers ?*

Les cinquante ou cent grimauds qui arrosent d'encre fraîche le piédestal de Voltaire, voudraient bien avoir l'esprit et la gloire de ce merveilleux garnement. Bossuet, Fénelon, Racine eussent de bon cœur échangé tous leurs ouvrages pour le mérite, la gloire et la récompense de saint Crépin. Ils auraient eu raison ; la vraie grandeur est celle que Dieu couronne.

En me jetant dans le métier littéraire, je n'avais aspiré qu'à la gloire comme moyen de bonheur. Je voulais gagner le suprême rang, et tenir le monde attentif à mes paroles. J'avais refait, sous une autre forme plus pratique, le rêve impérial dont je m'étais cru désabusé. Pour la seconde fois, je n'avais vu que moi dans le monde. Je ne me donnais plus la divinité aussi absolument que dans le premier essor de mes concupiscences ; mais je me voyais en montre au genre humain, l'objet de ses respects, l'arbitre de ses pensées.

Convaincu à temps que j'aspirais à couvrir le monde d'une aile de papillon, et que je ne serais pas heureux pour devenir ridicule, je désirai la richesse : l'orgueil du riche me paraissant, au surplus, beaucoup mieux fondé que celui de l'artiste et du lettré. Le sentiment de l'art, me dis-je, est un don, une faveur céleste, ou une conquête ; mais, don ou conquête, il est aux ordres de la richesse. Le riche est le patricien pour qui travaille docilement et respectueusement toute cette plèbe railleuse et pleine de jactance. il commande, et l'on s'empresse ; il approuve, et l'on se hausse ; il dédaigne, et l'on n'est pas ; il siffle, et l'on n'est plus. Le talent n'est qu'un des valets de la fortune. Turcaret peut-être, puisque ainsi on le nomme, a moins de science et moins de piquant dans l'esprit qu'Apelles et qu'Horace ; mais Apelles rêve de décorer la maison de Turcaret, Horace vient chanter à sa table pour une petite rente. Turcaret entre partout la tête haute. On l'annonce, la porte s'ouvre à deux battants. Horace ne vient que s'il est mandé ; il incline très bas sa tête panachée de lauriers, il se met dans un coin, il s'assied à la dernière place, il attend le dessert pour réciter quelque chose en l'honneur et au goût de Turcaret. S'il faut un député, le peuple choisit Turcaret ; s'il faut un ministre, c'est Turcaret que le roi nomme : et quand, par un renversement de toutes les idées reçues, Horace monte à la tribune ou se glisse dans le conseil, un immense éclat de rire s'élève et le renvoie à l'Académie ; la voix du peuple redemande Turcaret. Ce Turcaret est plein de bon sens et de solidité. Si ses poètes et ses artistes ne le corrompaient point, il aurait de la morale. Donc, manifestement, la richesse est un don supérieur au génie, ou une conquête plus glorieuse. L'homme *fort* est celui qui entre à la Banque ; il a cent fois le droit de mépriser le baladin qui monte au Parnasse. Je n'ai été riche qu'en rêve, il faut l'être en réalité.

C'est la richesse qui me donnera le bonheur. Je serai indépendant, je jouirai de la vie, je ferai du bien, j'entrerai sans fatigue et sans ambition dans la politique, et je prendrai même plaisir, sans aucun mélange de jalousie, aux ouvrages des auteurs, s'ils en font de bons.

Un héritage m'échut à point nommé ; je me trouvai riche au moment que je souhaitais de l'être. Par malheur, ma fortune était dans l'industrie. Je fus forcer d'y veiller assidûment, et, ne pouvant la réaliser, je me laissai aller au désir de l'accroître. Tout alla fort bien pendant quelque temps. L'argent m'arrivait par cent voies. J'eus hôtel et château, grand train, grande livrée, grande table, peintres, musiciens, gens de lettres. Avais-je trouvé le bonheur ? Non, j'avais gagné la fièvre. J'étais le premier manufacturier de mon département : il fallait devenir le premier industriel et le premier argentier de France. Je ne rêvais que d'Ango et de Jacques Cœur, et je voulais qu'un jour, bientôt, mes navires couvrissent les mers. Un de mes hommes de lettres m'avait composé une bibliothèque magnifique, où je n'entrais jamais ; un de mes artistes faisait dans ma maison de campagne des embellissements que je n'allais point voir ; deux de mes journaux, d'accord avec mon préfet, m'offraient la députation, et je ne voulais point l'accepter. Les plus célèbres chanteurs venaient dans mes salons. Pendant qu'ils chantaient, je causais dans un coin de quelque affaire, avec d'autres artistes non moins ardents et non moins ingénieux que ceux qui courent après la gloire, car ils courent après l'argent.

Ce n'était point l'argent, néanmoins, qui m'enfiévrait ainsi ; c'était la même ivresse de domination et d'empire, la même convoitise, la même concupiscence qui m'avait toujours emporté. Au milieu de mes richesses, je menais une vie d'anachorète. Je dormais moins qu'un chartreux, et d'un sommeil moins paisible; je ne savais ni ce que je mangeais, ni comment je m'habillais ; je n'appartenais ni à mes amis, ni à ma famille, ni à moi-même, ni à Dieu : j'appartenais aux affaires et aux gens d'affaires, et je cherchais quelque moyen de culbuter mes rivaux. Devenir le plus puissant des capitalistes, tel était mon rêve; les millions de Rothschild pesaient autant sur mon âme que les lauriers de Miltiade sur l'âme du héros Thémistocle. Vanité des vanités, tout n'est que vanité dans les soucis que l'homme se donne pour son bonheur, parce qu'il place son bonheur dans la satisfaction de ses sens ou de son orgueil qui ne seront jamais satisfaits !

Un jour, une affaire importante m'appela impérieusement à cent cinquante lieues de Paris. J'emmenai avec moi un ingénieur dont je pouvais avoir besoin. C'était une manière de juif fort mal baptisé, qui, en vertu de son baptême, n'était plus juif, et, en vertu de sa juiverie, n'était pas chrétien. Du reste, garçon d'esprit, indépendamment de son métier qu'il savait bien, et bon diable. Il avait passé par toutes les doctrines du temps ; de toutes il avait retenu quelque chose : un peu saint-simonien, un peu phalanstérien, un peu guèbre, un peu musulman, un peu illuminé. Tout cela faisait ce qu'on appelle aujourd'hui un socialiste. Nous causâmes ; il entreprit de me convertir. Dans le courant de la conversation, je lui confiai que je ne me trouvais pas heureux. Il me répondit que cela était tout simple, personne ne pouvant être heureux en ce monde mal ordonné. Vous êtes fait, ajouta-t-il, pour des jouissances infinies ; mais vous ne pourrez goûter ces jouissances qu'après avoir refondu le globe, la société et vous-même. — Voilà de la besogne ! lui dis-je. — Non, reprit-il. La stérilité actuelle du globe sera vaincue par les premiers assauts du travail harmonien. Il ne s'agit que de faire succéder l'harmonie à la concurrence anarchique qui nous divise et nous arme les uns contre les autres. Nous sommes tous très mal dans le monde, parce que chacun de nous n'y voit que soi, et veut plier le reste des créatures à lui servir d'instrument. Abdiquons cette personnalité égoïste, devenons frères et solidaires les uns des autres : le mal est vaincu, le monde change de face. — C'est la doctrine chrétienne du sacrifice, observai-je ; elle est noble et généreuse ; mais la pratique en est impossible. — La doctrine chrétienne, reprit-il, a fait son temps. L'homme en a reconnu la fausseté ; il ne peut s'y soumettre, parce qu'elle ne le gouverne qu'à condition de le mutiler. Nous, au contraire, nous donnons libre essor à tous les instincts de l'humanité ; elle peut, elle doit les suivre tous, parce qu'elle n'en a point de mauvais. — Comment! m'écriai-je ; mais tous les instincts de l'homme se réduisent à un seul, qui est précisément cet égoïsme auquel vous attribuez avec raison tous nos maux. L'homme se souvient d'avoir été, à l'origine, le roi solitaire et non collectif de toute la création ; et son orgueil, qui l'a fait tomber, le pousse sans cesse à reconquérir ce primitif empire. Il ne veut être le plus beau, le plus aimé, le plus savant, le plus éloquent, le plus riche, que pour être le plus puissant. Son éternel travail a pour but de l'élever au-dessus de ce qui l'entoure. Il essaye d'abattre tout ce qu'il ne peut dominer, et, sans la parole de Jésus-Christ, il ne comprendrait même pas qu'il pût appeler un autre homme son frère. Pour mon compte, je l'avoue, cette parole seule me fait souvenir que mes ouvriers, mes agents et tous ceux que j'emploie sont mes semblables. Mon instinct est d'être votre maître, et de réduire à la même servitude quiconque est encore au-dessus de moi. Je n'en ai point de plus énergique. Je suis curieux de savoir quelle espèce de bonheur vous pouvez me promettre à moins de satisfaire cet instinct, ou de m'enseigner à le vaincre.

Il me fit là-dessus le pathos accoutumé de sa secte, qui m'intéressa, parce que je l'entendais pour la première fois. Tout en me reprochant de ne voir dans le monde que mon cerveau, ce garçon n'y voyait que son ventre. En échange de mes joies d'orgueilleux, il me promit des jouissances de pourceau, non moins irréalisables. Je lui répondis que son paradis terrestre me soulevait le cœur ; mais je lui accordai qu'au temps où nous sommes, si l'on ôte Jésus-Christ, il n'y a que Fourier. Fourier est le véritable prophète du socialisme, en dépit des dissidents que nous voyons aujourd'hui s'efforcer de faire école à part, moins par dégoût de tant d'absurdités que par jalousie. Qu'est-ce que le phalanstère ? Une classification hiérarchique de toutes les sensualités au profit les unes des autres. Fourier fait du genre humain une immense armée de cuisiniers, de maçons, de baladins et de bayadères occupés à le divertir, et se nourrissant des restes de son orgie. C'est là que doivent aboutir naturellement tous les systèmes forgés dans la nuit et dans le chaos de notre intelligence, dès que Jésus-Christ n'y met plus sa règle et sa lumière, c'est-à-dire dès que la triple concupiscence y devient souveraine. Concupiscence de la chair : l'homme possède l'homme. Concupiscence des yeux : l'homme est maître de ce qu'il voit. Orgueil de la vie : l'homme est dieu ; il se crée lui-même à sa guise, et tout ce qu'il fait est marqué au sceau de la perfection. Si nos vieux panthéistes, aujourd'hui décriés et détrônés, qui disaient que le christianisme n'en a pas pour trois cents ans ; si nos politiques conservateurs, acharnés à faire dominer les intérêts matériels ; si nos révolutionnaires de toute espèce, depuis le blanc jusqu'à l'écarlate, ne sont pas disciples fervents du prophète Fourier, c'est qu'ils avaient autrement construit leur phalanstère, ou qu'ils envient à M. Considérant l'honneur d'être le kalife de ce Mahomet de cuisine.

Mon phalanstérien, cependant, m'avait fait réfléchir plus que cela ne m'était arrivé depuis longtemps. Où va le monde, me demandai-je, et où vais-je moi-même ? Quand je serai le premier manufacturier et le premier capitaliste d'Europe, que me reviendra-t-il ? Quel bien aurai-je fait ? Qu'emporterai-je dans le tombeau ? Que répondrai-je à Dieu, qui me demandera compte de ma vie ? Oui, nous sommes solidaires ; oui, j'ai trop pensé à moi ; oui, je dois à mes frères quelque chose que je ne leur ai pas donné. L'homme ne peut rien que par le sacrifice ; le sacrifice est la condition première de toute prééminence et de toute grandeur. Sacrifice du repos, sacrifice du plaisir, sacrifice de l'esprit, sacrifice même de la conscience, chaque pas que nous faisons vers le but de nos désirs exige un sacrifice ; et l'homme qui ne veut rien se sacrifier fait déjà un sacrifice immense, puisqu'il se voue à la servitude et au mépris. Jusqu'ici ma vie a été un sacrifice, mais un sacrifice de moi à moi. J'ai sacrifié des instincts secondaires à un instinct dominant, dans la satisfaction duquel j'espérais trouver le bonheur. Cependant, plus j'avance, plus le but s'éloigne ; et, par un prodige effrayant, plus je poursuis le but, moins je désire arriver. Je suis le jouet d'un démon railleur, qui m'abandonne après m'avoir fait dévier du chemin. Ce *Moi*, ce dieu menteur déserte son autel chargé de mes inutiles offrandes ; il me laisse comprendre que ma chimère, dussé-je l'atteindre, ne vaudrait pas une heure du sommeil qu'elle m'a coûté. De même que le sacrifice au *Moi* est la condition de la gloire, peut-être que le sacrifice du *Moi* est la condition du bonheur.

Cette conclusion me jeta dans une sorte d'ivresse, pleine à la fois de terreur et de joie. Je songeai sérieusement à me retirer des affaires, pour mener désormais une vie toute nouvelle ; mais en même temps je me sentis plus saisi que je ne l'avais cru par la richesse et par l'orgueil de la richesse. M'arracher de ce mouvement, de ces entreprises, c'était, même en restant riche, abdiquer la puissance et la fortune. J'hésitais donc, quoique pressé d'en finir.

Dieu me tira du filet où je ne savais que m'empêtrer. En un clin d'œil je fus mis dans l'état de Job, aux ulcères près. Sans me vanter, j'en pris gaillardement mon parti. Je considérai toute cette phase de prétendue prospérité, si complètement disparue, comme un apologue en action qu'on aurait joué devant moi pour me rendre plus sage. Je ne m'amusai pas à regretter le bien que j'aurais pu faire avec les trésors que je n'avais plus ; je m'en allai de mon palais et je retournai à l'auberge, dans la situation d'un homme qui, la pièce jouée, quitte sa place au parterre, estimant qu'il en a eu pour son argent. J'adressai à Dieu ma plus longue prière ; je dormis comme depuis longtemps je n'espérais plus dormir !

ESTÈVE. — Je vous écoute avec étonnement, Sulpice ; vous avez été riche !

SULPICE. — Très riche. Vous voyez qu'on ne meurt pas pour tomber de richesse en pauvreté.

ESTÈVE. — Et vous avez subi si patiemment cette ruine totale !

SULPICE. — Sans doute, puisque Dieu dans sa miséricorde m'y avait préparé. Je vous dirai même que cela ne se passa point sans quelques épisodes burlesques, dont je fus assez diverti, et sans quelques circonstances touchantes, capables de consoler un homme plus affligé que je ne l'étais. Vous ne sauriez imaginer avec quelle promptitude comique me fuirent deux ou trois philosophes et une demi-douzaine de lettrés qui m'avaient fait l'honneur de préférer ma table à celle de leurs autres Mécènes. Ils ne dépeignent point les ingrats autrement qu'ils ne se montrèrent à moi. Ces rêveurs-là, qui volontiers, je crois, auraient monté derrière mes voitures, ne me saluèrent plus dès qu'ils me virent à pied. Mon *frère* le phalanstérien ne daigna plus m'adresser le moindre mot pour me convertir à son évangile. Tous craignaient que je ne leur empruntasse de l'argent. Mais il se trouva de mes derniers rivaux, des Turcarets, qui m'en offrirent ; et le jardinier de mon ancienne maison de campagne vint me prier d'accepter l'hospitalité chez lui. Ce brave homme était bon chrétien ; je le pris au mot. J'allai passer le printemps dans sa maisonnette, à deux pas de ma villa, mise en vente pour le compte de mes créanciers. En vérité cette villa était charmante. J'en jouis pour la première fois, et j'y contractai ce vif amour de la campagne qui est devenu la source intarissable de mes plus grandes joies. Jusqu'alors, absorbé en moi-même, je n'avais pas, pour ainsi dire, ouvert les yeux sur la nature. Qu'elle me parut belle, au sortir de ces limbes de l'orgueil où je n'avais vu que moi, toujours moi ! Avec quelle indicible énergie elle me parla de Dieu, et me fit aimer ce bon Père, dont la clémence a laissé tant de merveilles sur la terre d'exil où nous devons passer avant de rentrer au port de l'éternité !

ESTÈVE. — Pardonnez, Sulpice, à mon insistance. Mais, franchement, dans ces champs où vous vous plaisez, n'éprouvez-vous aucune amertume à penser qu'au lieu d'être simplement un hôte ou un passant, vous pourriez être possesseur ? Et, lorsque, dans vos courses, vous rencontrez des malheureux, quelque paysan ruiné, quelque orphelin sans asile, quelque veuve, ne regrettez-vous point cette caisse bien garnie où vous auriez pris, sans qu'il y parût, de quoi soulager leur misère?

SULPICE. — Que me demandez-vous? Je suis homme et chrétien. Comme homme, mon cœur est toujours un abîme de désirs et de chimères ; comme chrétien, je souffre, grâce à Dieu, de tous les maux que je vois. Il ne se passe pas de jour où je n'éprouve plusieurs fois le regret de n'être plus riche : le vieux serpent est là, qui voudrait bien me reprendre ! Mais autant de fois il se montre, autant de fois je le chasse, et sans beaucoup de peine. J'étais esclave dans son enfer, je suis maître dans mon paradis. Par cent raisons je me console de n'être plus riche ; et la première, c'est que je ne le suis plus parce que Dieu l'a ainsi ordonné dans sa sagesse infiniment supérieure à la mienne, et dans sa miséricorde infiniment plus grande que ma charité. S'il devenait nécessaire à moi ou à mes frères que j'eusse cent mille livres de rente, pourquoi ne les aurais-je pas? Le bon Dieu me les donnerait assurément, dût-il s'appauvrir. Mais quand j'étais riche, il y a une joie que je n'avais pas et un désir, je l'avoue a ma honte, qui ne me persécutait guère. Dans ce temps-là, je possédais prés, arbres, rivières, j'avais plaine et colline : je n'en possédais point la beauté ; je visitais rarement ma terre, et j'en revenais humilié de ne pouvoir encore acheter la montagne et la forêt qui bornent l'horizon. Depuis que je n'ai et que je ne désire rien, j'admire tout, je jouis de tout. Je suis donc plus véritablement possesseur que je ne l'étais alors. Quand je rencontrais un malheureux, cette vue m'importunait ; je regrette aujourd'hui de ne pouvoir l'assister, je souhaitais alors de ne le plus voir. Je crois que ma compassion, quoique impuissante, vaut mieux pour moi, et même est moins stérile encore pour le malheureux, que ne l'était mon offrande. Si j'ai fait quelque bien dans ma vie, c'est depuis que je suis pauvre. *Je n'ai ni or ni argent; mais ce que j'ai, je le donne.* Un bon avis est plus précieux qu'une pièce d'or ; une parole tendre, une larme, une prière est plus précieuse qu'un bon avis. J'offre aux malheureux mes conseils, ils ont mon amitié ; et si la pièce d'or est absolument nécessaire, Dieu me fournit quelque moyen de la trouver, non dans ma poche, mais dans une autre, où elle serait restée, et d'où je la fais sortir. Les pauvres ont eu de tous temps des amis ; jamais ils n'en ont eu de meilleurs que les pauvres. Qui peut dire combien de millions ont passé par les mains de saint Vincent de Paul, qui ne fut peut-être jamais propriétaire de trois chemises? Et la mort n'a pas borné le cours de ses bienfaits. Après deux siècles, ce saint mendiant distribue encore des aumônes auxquelles ne pourrait suffire la fortune d'un souverain. Croyez-moi, l'avocat des pauvres, si peu qu'il ait de zèle, déterre toujours un banquier des pauvres. Mais l'argent, c'est la moindre chose. L'aumône vraie, l'aumône féconde est celle du cœur; chacun la peut faire : et que de fois je l'ai reçue de ceux à qui je la voulais donner! Oui, j'ai souvent quitté la cabane et la masure, émerveillé des trésors de courage et de résignation que j'y laissais, heureux d'en emporter ma part! L'indigent que j'avais vu là me remerciait d'être venu lui faire une lecture pieuse, et ne me demandait que de revenir lorsque j'en aurais le temps. J'y retournais, je n'y portais que mon livre. Qu'aurais-je porté autre chose? Par les toits rompus il tombait plus de bénédictions célestes que de pluie ou de vent; et je rendais grâce à Dieu d'avoir fait la pauvreté.

ESTÈVE. — Eh! Sulpice, quel excès! Gardez que nos démocrates vous entendent, eux qui déclarent la pauvreté mauvaise, infâme, attentatoire aux droits de l'homme, et qui la veulent abolir! Plaisanterie à part, n'allez-vous pas un peu loin dans votre sens, comme ils vont trop loin dans le leur? Il y a trop de pauvres sur la terre : l'on peut, ce me semble, essayer d'en diminuer le nombre.

SULPICE. — Sans doute, et c'est à quoi je vous engage à travailler, dans l'intérêt des pauvres et dans le vôtre. Donnez aux pauvres, mais surtout *évangélisez-les*. Je ne dis rien à ces sectaires qui croient que notre Sauveur n'était qu'un homme. En prenant la défense des pauvres, ils n'ont d'autre vue que de se faire une armée, pour en être les généraux. Les meilleurs d'entre eux sont tout au plus des philanthropes et des utopistes. Les uns ignorent ce que c'est que la pauvreté, les autres méprisent les pauvres. On ne les rencontre point dans les hôpitaux, à moins qu'ils n'y touchent des appointements, après avoir chassé les religieuses pour se faire plus large part ; on ne les voit point chez les indigents. Leur apostolat s'exerce à la tribune des clubs et à la table des cabarets politiques ; la pauvreté qu'ils ont sous les yeux trinque avec eux, la colère à la bouche, l'arme au poing ; elle est née du vice. C'est celle-là qu'ils prétendent abolir ; mais vous savez s'ils se proposent d'abolir le vice ! Êtes-vous cependant du petit nombre des chrétiens que leur doctrine menteuse et grossière a séduits ? Rappelez-vous alors, vous qui croyez que Jésus-Christ est Dieu, rappelez-vous qu'il n'a pas dit aux envoyés de Jean : *Il n'y a plus de pauvres;* mais : *Les pauvres sont évangélisés.* Les juifs charnels lui demandaient de venir dans la puissance et dans la gloire ; il vint dans la pauvreté. Afin de prouver sa mission, il guérit ceux qui croyaient en lui ; mais il leur donna pour fortune, quoi ? sa parole, et le commandement de ne pécher plus. Ses disciples les plus aimés, ses apôtres qui régnaient sur les éléments et qui étaient servis par les anges, aimaient certes les pauvres : où voyez-vous qu'ils aient pris soin d'en enrichir un ? A quel homme sur la terre ont-ils dit : Conserve et accrois tes richesses ? A quel autre : Tu seras riche ? C'est qu'en effet la pauvreté est bonne, bonne à qui la secourt, meilleure à qui la subit. Elle est la nourrice des grands courages, la tutrice des grandes vertus ; elle établit entre l'homme et l'homme, entre l'homme et le ciel, ce constant échange de services, de charité, de soumission, d'espérance, qui est le lien puissant de la famille humaine, la seule consolation de l'âme dans ses inénarrables douleurs, dont les moindres et les plus vite oubliées sont la privation et la faim. La pauvreté est la grande route du ciel : c'est par là que montent vers Dieu tant d'âmes préservées des amollissements et des tentations de la richesse. J'ai vu beaucoup de pauvres ; je n'en connais de vraiment malheureux que ceux qui ont les vices du riche : *Desperantes semetipsos tradiderunt impudicitiæ*. Que puis-je, et que pouvez-vous, et que peuvent toutes les lois humaines contre le désespoir de ceux-là ? Connaissez-vous des aumônes qui les sauraient assouvir ? ou, chercherez-vous querelle à Dieu, parce que sa justice atteint partout le pécheur ! Mais telle est encore la grâce de la pauvreté : le haillon surnage parfois sur le bourbier ; le vêtement de pourpre et d'or coule au fond. Quand un missionnaire passe dans une paroisse, il convertit les pauvres, il reçoit leurs confessions et leurs larmes ; il ne reçoit de la plupart des riches que des injures et des quolibets. Si donc vous souffrez sincèrement de voir vos frères dans la peine et dans le besoin, ne dites pas qu'il faut abolir la douleur et la pauvreté ; ne vous taillez pas de ces grandes besognes devant lesquelles on se croise ensuite les bras; mais aimez les pauvres et secourez-les, comme votre Maître vous en a donné l'exemple. Sans vous préoccuper de leur porter la richesse, offrez-leur la parole de vie. Vous aurez plus fait pour celui à qui vous apprendrez une prière, que si vous aviez assuré sa fortune.

ESTÈVE. — Sans doute, j'aurai plus fait... pour son bonheur éternel.

SULPICE. — Et pour son bonheur présent. En lui donnant une fortune, vous ne le délivreriez ni de l'effroi de la perdre, ni du souci de l'accroître, ni du péril d'en mal user : vous ne lui donneriez donc qu'un bonheur semblable à celui de tant d'autres, à qui rien ne manque et qui se plaignent sans cesse. Apprenez-lui la prière : vous allumez dans son cœur la vive joie de l'espérance, vous l'entourez du bouclier de la résignation, vous le préservez du péché et de tous les maux qui suivent le péché ; vous le délivrez de l'envie, ce monstre qui ne voit au monde que ce qu'il n'a pas ; vous l'investissez enfin d'une force qui agit sur Dieu même : et j'ose le dire, vous le conduisez ainsi dans le champ du père de famille, là où tout homme trouve à glaner et à moissonner. *J'ai été jeune et j'ai vieilli, et je n'ai point vu le juste abandonné sur la terre.* Voilà ce que peuvent répéter, après David, tous ceux qui ont voulu reconnaître la main de Dieu parmi les pauvres. Elle ne se cache pas; elle y est aussi manifeste que sa justice parmi les pécheurs.

ESTÈVE. — Donc, Sulpice, s'il vous était possible d'anéantir la pauvreté, vous ne le feriez pas?

SULPICE. — S'il m'était possible d'anéantir la pauvreté, je serais Dieu; j'aimerais les hommes incomparablement plus que je ne le fais, et je saurais incomparablement mieux que je ne le sais combien le frein de la pauvreté leur est nécessaire. Pourquoi serais-je un Dieu plus sage que celui qui a créé le monde? Je ne sens pas en moi cette supériorité de raison que Matthieu Garo se reconnaît, lorsqu'il imagine de pendre les citrouilles aux chênes; je n'y sens pas davantage cette supériorité d'amour qui inspire à Fourier le besoin de nous faire faire chaque jour quatre ou cinq repas, chacun à quatre ou cinq services. Laissons ces fous à leur folie.

ESTÈVE. — Hélas! ces fous, pourtant, troublent le monde.

SULPICE. — Rien ne prouve mieux qu'ils sont fous.

ESTÈVE. — D'accord. Mais enfin le monde est troublé. Ils ont jeté au sein des multitudes mille terribles semences qui lèvent avec une terrible rapidité. Comment répondre à ces voix formidables qui crient : Plus de pauvreté, plus d'aumône!

SULPICE. — Par l'aumône et par la pauvreté. Le mouvement qui agite le monde a pris naissance à

Wittemberg, au XVIᵉ siècle ; il s'est appelé le protestantisme, et il a été, comme l'ont dit avec orgueil les philosophes de Louis-Philippe, une révolte de la chair, trop comprimée par la discipline catholique. Il a premièrement abattu, dans une notable partie de l'Europe, la doctrine et la pratique du sacrifice. La révolte, gagnant ensuite de proche en proche les sommités sociales, a fini par triompher dans tout l'univers chrétien. La société dirigeante est devenue protestante de fait, et bientôt incrédule, dans les pays mêmes où le protestantisme n'avait pu s'implanter. Au lieu de fonder des couvents et de bâtir des églises, on a construit des palais, que l'art, devenu païen, a décorés de peintures obscènes. La pauvreté a été honnie et le sacrifice bafoué, non par les pauvres, mais par des riches qui ne voulaient plus se dévouer aux pauvres. La richesse a cessé de faire à la pauvreté cette large part qu'elle lui offrait jadis ; le peuple n'a plus vu descendre vers lui, des hautes classes, ces pauvres volontaires qui lui apportaient leurs trésors et leur vie pour l'amour de Dieu. On a fait plus que de sacrifier les pauvres à la passion des richesses et du bien-être, on les a dépouillés en dépouillant l'Église ; et les biens arrachés au sanctuaire ont créé une nouvelle espèce de riches, les plus durs, les plus avides, les plus âpres au gain et les plus gonflés d'orgueil. De même qu'autrefois les grands seigneurs d'Allemagne avaient dit : *Il n'y a plus de pape!* ces nouveaux riches, par la voix de leurs philosophes et de leurs histrions, ont dit : *Il n'y a plus de Dieu!* Alors une voix est sortie de la poussière des manufactures, où le riche avait ses pactoles, et de la boue des grandes villes, centre de ses plaisirs ; et cette voix a répondu : *Il n'y a plus de propriété !* Le riche et le pauvre, depuis longtemps devenus ennemis, se sont livré bataille. Comment finira le combat? Par l'abolition de la pauvreté? Non? Par l'abolition de la richesse ? Pas davantage! Pour changer de mains et pour être diminuée dans celles qui la posséderont, la richesse ne sera pas abolie. Le combat finira par le retour de la richesse aux devoirs que Dieu lui impose. Après avoir acquitté par force, au comptoir des révolutions, l'arriéré de cette dîme qu'elle s'était flattée de ne plus payer jamais, elle continuera de la payer volontairement en argent et en hommes, comme par le passé. Elle fondera des hôpitaux et des écoles, elle bâtira des couvents et des églises, elle y mettra des moines, des hommes de sacrifice qui renonceront aux jouissances de la fortune pour évangéliser les pauvres et pour les servir, et la société sera rétablie sur ses bases.

Et maintenant, mon cher ami, si vous voulez savoir pourquoi je me rends à Rome, je vous l'ai dit. Quoique bien heureux depuis le jour où Dieu m'a fait entrer dans la voie du renoncement, je n'ai pas laissé de sentir que je n'y avais pas assez marché. Un bien me restait, c'était moi-même ; et comme ce bien m'appartenait en toute propriété, naturellement je n'en jouissais pas. J'ai résolu de le donner à Dieu. Je vais donc devenir prêtre, enchaîner au pied des autels ma liberté, et, pour cette offrande, recevoir le pouvoir immense d'absoudre et de bénir. Mais je compte ne pas m'en tenir là. Quand je serai prêtre, alors je me ferai religieux. Je chercherai dans le monde un saint, un de ces cœurs enflammés de l'amour du sacrifice, une de ces volontés inspirées qui savent vraiment par quel moyen plus sûr et par quelle industrie plus prompte on peut, à chaque époque, pousser les hommes dans la voie du salut. Je m'attacherai à lui par le vœu de l'obéissance, pour travailler, vivre ou mourir, comme il me l'ordonnera. C'est ainsi que je compte payer ma dette à Dieu et à l'humanité.

Vous m'avez demandé le secret de ma joie, vous le connaissez. Agissez de même. Fiez-vous à Dieu, priez-le ; croyez-le plus sage et meilleur que vous, ce n'est pas bien difficile ; ne désirez ni la gloire, ni la fortune, ni l'empire ; sans entreprendre d'organiser le monde autrement que Dieu ne semble l'avoir voulu, réglez votre vie comme votre conscience vous dit très clairement qu'il le veut ; faites à ceux qui vous approcheront tout le bien que vous pourrez leur faire, dites-leur toutes les bonnes paroles que vous pourrez leur dire : moyennant cela, vous ne serez malheureux ni dans la pauvreté ni dans la souffrance, et vous ne craindrez pas de voir le monde crouler autour de vous.

ESTÈVE. — Hélas! Sulpice, je sens que vous avez raison ; mais vous ne voyez pas que vous donnez des conseils héroïques à une âme pleine de faiblesse et de lâcheté.

SULPICE. — Des conseils héroïques! le mot est trop fort et ne l'est pas assez. Je ne me contente pas pour mes amis qu'ils soient des héros, je veux qu'ils deviennent des saints. Laissons l'héroïsme ; visons plus haut que notre piédestal, élevons nos regards et nos cœurs jusqu'à la croix qui protégera notre tombeau. De là, comme déjà rendus dans le port, nous contemplerons avec assurance ces coquilles de noix qui sont notre fortune, notre gloire, notre vie, mais qui ne sont pas nous-mêmes, et qui peuvent s'engloutir aujourd'hui ou demain, sans que notre âme se perde dans le naufrage.

Être un héros, un grand homme comme le monde l'entend, c'est trop aisé. Les événements font les trois quarts de la besogne, le monde fait toute la gloire ; il la fait chétive et périssable comme lui. Fût-on César, on n'est jamais que le coq d'un village. Le village vous paraît grand, parce qu'il s'appelle la terre ; une renommée vous paraît durable, parce qu'elle subsiste des siècles entiers : qu'est-ce pourtant que cette petite terre dans l'ensemble des mondes, et qu'est-ce qu'une éternité qui aura un dernier jour?

Nous sommes appelés à quelque chose de mieux, à une vie divine, à une gloire éternelle, en un mot, à la sainteté. C'est là que nous devons tendre. Nulle autre entreprise n'est digne de nos efforts, celle-là nous étant proposée ; et nulle autre ne peut nous conduire au bonheur.

Or, si Dieu nous appelle à la sainteté, si la sainteté est la condition de notre contentement ici-bas et de notre bonheur éternel ; si elle est l'ordre dans lequel nous devons vivre, qui nous empêchera d'être saints ? qui se mettra entre Dieu et nous, malgré Dieu et malgré nous ? qui nous suscitera des obstacles insurmontables ? Et s'il n'y a pas d'obstacles insurmontables, qu'y a-t-il ? Je vois une multitude sans nombre, gens de toute condition, de tout pays, de tout âge, de toute science et de toute ignorance, de toute richesse et de toute misère, de toute faiblesse et de toute force, qui s'avance et qui monte, depuis dix-huit siècles, par cette voie étroite où vous dites que vous ne pouvez marcher ? Tous ne vont pas également vite : Dieu est patient, et ne refuse pas d'attendre. Quelques-uns s'arrêtent, épuisés de fatigue, ou plutôt saisis de langueur : Dieu se baisse et leur tend la main, ou leur envoie un ami qui leur porte secours, et qui se fortifie lui-même en les raffermissant.

ESTÈVE. — Oui, Sulpice ; et je connais un homme à qui Dieu, en ce moment même, fait cette grâce.

SULPICE. — Vous en connaissez deux. Malheur à moi, si je me croyais délivré des embûches d'où j'essaye à vous tirer ! Je n'ai pas un moindre besoin de me défendre que de vous secourir. Dans la vie chrétienne, c'est remporter la victoire que de commencer le combat; mais il faut le soutenir jusqu'au bout, jusqu'à la mort. Mon avantage sur vous est simplement une plus longue expérience de l'ennemi. Vous entrez dans la carrière ; voilà dix ans que Dieu m'y soutient, me laissant mesurer ma faiblesse et me faisant juge de sa bonté. Croyez-moi, pour gagner le ciel, nous n'avons pas de plus grande peine à prendre que de le désirer. Qu'ai-je donc fait, moi, pour recevoir la grâce de la vocation apostolique ! J'ai usé un peu de ma raison et un peu de ma volonté. J'ai consenti à reconnaître que Dieu est plus sage et meilleur que moi ; qu'il est souverainement bon, souverainement juste, souverainement miséricordieux ; qu'il donne à nos cœurs des lumières ineffables et une loi parfaite. J'ai voulu ensuite obéir à cette loi qui me procure la paix aujourd'hui, et qui me promet un bonheur sans fin. J'ai tâché d'apporter, dans l'accomplissement des devoirs qu'elle m'inspire, un reste, une ombre de l'énergie et de la vigilance que j'employai si longtemps à poursuivre tant de chimères. Faire un petit sacrifice, accepter sans murmure un léger contre-temps, se déprendre d'une espérance et d'une ambition que la simple sagesse humaine nous conseillerait d'abandonner, qu'est-ce que cela ? Avec une telle monnaie, vous n'achèteriez rien sur le marché des honneurs et des plaisirs du monde. Dieu s'en contente ! Par ces imperceptibles degrés, il nous dresse à en franchir de plus élevés, que nous apercevons moins encore. Nos cœurs s'abandonnent à la joie du sacrifice, nos yeux se familiarisent avec les lumières de la vérité. *In lumine tuo videbimus lumen,* dit David. Que cette parole est profonde ! La vérité se montre à nous chaque jour, plus nette et plus vive ; devant son rayonnement auguste se dissipent les sophismes du mal. Nous craignons encore l'épreuve, et lorsqu'elle arrive, notre âme se trouve déjà établie dans un état habituel de soumission réfléchie et forte qui défie toutes les vicissitudes de la vie.

Elle les défie ! je ne veux pas dire qu'elle n'en souffrira point, je dis qu'elle n'en sera ni écrasée ni désespérée. La terre est un lieu d'exil et de douleur : *Lacrymarum valle.* Tout homme y versera des larmes. Ceux qui le nient sont des fous, et ceux qui s'en plaignent regrettent d'avoir une âme. Lorsqu'ils développent les plans de leur humanité nouvelle, qui ne pleurera plus et qui sera heureuse parce qu'elle n'aura ni froid ni faim, j'entends une voix très anciennement connue : c'est le même esprit qui demandait au Sauveur des hommes la grâce d'entrer dans le corps des pourceaux. Laissons-les rêver l'édifice de leurs voluptés : les fondements n'en sortiront point de terre ! Et, tandis qu'ils se flattent de fuir la douleur, acceptons-la comme le dernier éclat que Dieu donne à la vertu. Les souffrances, les désastres sont le pain quotidien de la vie : il faut en remercier Dieu, qui met tant de biens sur la terre pour que nous y puissions vivre, et qui mêle à ces biens tant d'inséparables maux pour nous apprendre à n'attacher notre cœur qu'aux biens éternels. *Heu mihi, quia incolatus meus prolongatus est !* Le bonheur est un gémissement vers Dieu, une plainte pleine d'espérance et d'amour. *Hélas ! que mon exil est long !* mais cet exil n'est pas éternel. Le chrétien dans l'épreuve goûte la sainte joie du voyageur qui revient vers la patrie. Battu de la mer menaçante, il sait que cette tempête qui soulève les ondes et qui emporte, à chaque effort, quelque chose du navire, ne fait pourtant que le pousser plus vite au port.

ESTÈVE. — Ah ! Sulpice, que j'envie cette sérénité !

SULPICE. — Vous la posséderez au prochain malheur. D'ici là, pour vous trouver en mesure, demandez le calme. Afin d'obtenir le calme, éloignez tout ce qui fait du bruit autour de votre cœur. Quand nous voulons atteindre un but de fortune ou de gloire, nous savons très bien chasser les émissaires que nous envoie constamment la cohue mutinée de nos passions. Tout est refoulé, le champ reste libre à la passion qu'il s'agit de satisfaire, Déployez ici cette même fermeté ; l'objet en vaut la peine. Demander le calme, c'est demander l'abandon à Dieu, et par conséquent le sacrifice de soi-même ; car il faut toujours en venir là...

ESTÈVE. — Je le vois bien ; et c'est pourquoi, sans doute, on y arrive avec tant de peine. Ce calme si nécessaire, on ne l'a pas, quoi qu'on fasse. On a beau le poursuivre, il fuit.

SULPICE. — Il ne faut pas le poursuivre, il faut l'attendre ; et dès qu'on l'attend, on l'a. Demandons qu'il s'accroisse, mais demandons-le avec calme. La patience joue ici le rôle des oiseaux privés qui attirent d'autres oiseaux. Répétons la prière qui dit tout : *Que votre volonté soit faite.* Mais, ajoute Bourdaloue, *mais par-dessus tout, qu'elle s'accomplisse en nous, et que nous lui soyons toujours soumis !* Si nous pensions bien que c'est Dieu lui-même qui nous enseigne à lui demander cela, nous comprendrions qu'il a voulu que nous fussions en quelque sorte, dès ici-bas, participants de sa souveraine paix, et nous regarderions tout ce qui se passe sur la terre comme il le regarde lui-même, de cet œil devant qui ce que nous appelons encore l'avenir est déjà le passé.

ESTÈVE. — Cher ami, rempli par avance de l'esprit sacerdotal, vous ne voyez dans le méchant et dans l'insensé qu'un malade à guérir : je ne craindrai donc pas de décourager votre charité en vous laissant voir toute ma misère. Eh bien ! vous venez de prononcer un mot qui touche à l'une de mes plaies les plus cuisantes. Vous voulez que je me défende de la crainte de l'avenir, et j'y réussirai, je l'espère, en m'abandonnant à la miséricorde divine. Mais qui me soulagera du passé ? Nous faisons tous les jours, à la messe, une prière bien profonde : nous demandons à Dieu de nous délivrer de tous les maux *passés,* présents et futurs : *ab omnibus malis præteritis, præsentibus et futuris.* Cette prière, que je répète avec ardeur, Dieu ne l'a pas jusqu'à présent exaucée. Je vis dans le passé plus encore que dans l'avenir, et il semble qu'il n'y ait que le présent qui n'existe pas pour moi. Ma vie est un soupir continuel vers ce qui n'est plus.

SULPICE. — Quand vous cesserez de redouter l'avenir, vous oublierez le passé. Acceptez courageusement le devoir de l'heure présente : vous remettrez à la fois dans les mains de Dieu la veille et le lendemain, ne retenant des jours qui ne sont plus que la douleur de vos fautes, ne demandant à ceux qui ne sont pas que le bonheur de ne plus pécher.

Permettez-moi de descendre jusqu'au fond de votre âme, ou plutôt de lire dans la mienne : le sentiment dont vous vous plaignez n'y est pas tellement effacé, que je n'en puisse retrouver la trace. Son vrai nom, c'est la douleur d'être chrétien. Nous ne regrettons si profondément que de n'avoir pas pu ou de n'avoir pas osé faire assez de mal. Ce lâche et abominable regret ne contribue pas médiocrement à nous attrister sur l'avenir.

Je l'ai combattu en m'efforçant de n'être plus chrétien à demi, en évoquant devant ma raison, éclairée par la foi, les fantômes qui venaient troubler mon cœur.

Je me suis demandé si vraiment je pouvais être assez fou, ayant enfin connu le néant de mon égoïsme, pour souhaiter d'y rentrer, poursuivant de nouveau l'insaisissable rêve du bonheur? J'ai toujours vu alors que je n'avais rien perdu, sauf peut-être quelques illusions destinées à disparaître bientôt. Mais comme c'est risquer beaucoup que de donner audience à la passion même assoupie, même vaincue, j'ai fini par ne plus vouloir écouter ma mémoire, toutes les fois qu'elle allait remuer dans mes souvenirs quelque chose qui n'était pas la salutaire honte du péché.

Craignons la douceur des larmes que nous aimons à verser sur nous-mêmes. J'en connais le danger ; j'y ai failli périr, non suivant la chair, qui résiste toujours très bien à de tels assauts, quelque plaintive qu'elle se fasse, mais selon l'âme. Oh! que l'Esprit-Saint les appelle avec raison *homicides,* ces langueurs, ces tristesses si éloignées de la sainte douleur que doivent nous inspirer nos véritables misères!

Armons-nous contre nous. Dès que nous nous complaisons à une chose, le signe est certain : c'est là qu'il faut frapper. Les voluptés de l'esprit sont pernicieuses comme celles de la chair. Elles nous séduisent par cette concupiscence, ce faux et funeste amour de nous-même dont nous ne goûtons les joies qu'au prix de notre dégradation. Un mélancolique qui ne combat point sa mélancolie, qui l'aime au contraire, et qui l'alimente ou par des lectures ou par des rêves, savez-vous à quoi je le compare? La comparaison, peut-être, vous paraîtra violente, mais enfin, je ne vois en lui qu'un ivrogne qui a le vin triste. Et toutes les fois qu'il ouvre certains livres, et laisse monter à son âme certaines noires vapeurs dont il connaît la puissance, je dis qu'il va au cabaret. Oui, cet homme s'enivre. Il se distrait lâchement de son œuvre, de ses devoirs, par les grossières délices du malheureux qui court se jeter sous le joug du vin, sachant d'avance qu'il y perdra sa force et sa raison. J'en dis autant de l'orgueilleux, autant de l'avare, autant de toutes les mauvaises pentes de l'âme humaine. On a beau me parler de grandes passions, de nobles passions, de généreuses passions. Tout ce qui n'est point passion de servir Dieu et sacrifice à Dieu, n'est que passion pour nous-même et sacrifice à nous-même. Et cela, c'est le mal, et le malheur, et l'ignominie. Sans doute, cela souvent s'enveloppe de mille replis épais et magnifiques. J'écarte ces déguisements, ces beaux voiles, ces pompes de la gloire humaine et je trouve, quoi? l'ivrogne faible et malade, sous les lauriers du héros. Gardez-vous du breuvage empoisonné ! Dans quelque coupe qu'il se présente, écartez-le, renversez-le. Il vous coucherait, à jamais vaincu, sur la terre ; et l'éternel ennemi s'emparerait de vous sans effort.

Écoutez les deux grands apôtres du Christianisme, cette religion de la dignité et du bonheur. L'un vous dit que la vie est une milice, et qu'il y faut marcher en armes : — Prenez le bouclier de la foi, revêtez le casque du salut. L'autre vous crie : — Soyez sobres et veillez !

1848.

# LA CHAMBRE NUPTIALE

Mon cœur battait quand je descendis de voiture à la porte d'Henri. J'allais le revoir après quinze ans d'absence. Nous avions été compagnons de marches et de cavalcades, compagnons de clairs de lune et de levers de soleil ; compagnons de fêtes, de lectures, de rêveries, d'opinions, de chimères ; enfin compagnons de vingt ans. Nous nous étions assis à la même table, la dernière fois, pour le festin de ses noces ; et le lendemain, au milieu de cette grande fête de sa vie, je lui avais dit adieu. Dérobant une heure à sa joie, il était venu me reconduire seul, bien loin, ne pouvant me quitter, ni cesser de me parler de son bonheur. Je l'avais laissé l'homme le plus heureux du monde, au comble de ses vœux, bien établi, plein de confiance, plein de projets. Il ne songeait qu'à parer sa femme, qu'à embellir sa maison, qu'à planter son jardin. Je verrais comme ses enfants seraient bien élevés, il me les amènerait, je

serais parrain du second, tout au moins du troisième...
Depuis quinze ans, nous ne nous étions point revus ;
depuis cinq ans, à peine nous étions-nous écrit.

Cependant, je n'ignorais pas qu'il avait prospéré,
que sa vie était paisible, qu'il m'aimait toujours. Je
savais, et j'en étais encore plus charmé, qu'il connaissait et qu'il aimait Dieu, et que je retrouverais dans
l'ami de ma jeunesse un bon chrétien, un fervent cathotique, un frère.

Sa maison était celle où je l'avais laissé. Il l'habitait
depuis le jour de son mariage. Que de visites nous y
avions faites avant ce jour ! que de conseils et de délibérations entre nous, pour la rendre digne de la
souveraine qu'on y attendait ! Une vieille servante
m'ouvrit : « Quoi ! c'est vous, Monsieur ! » Je la regardai : « Vous ne me reconnaissez pas ? » reprit-elle. —
« Quoi ! Madelon, c'est vous, » m'écriai-je à mon tour.
« Avez-vous été malade, ma chère ? » — « Ah ! »
poursuivit Madelon, « j'ai fait la maladie de tout le
monde ; et j'ai quinze ans de plus qu'il y a quinze ans.
Je suis arrivée de quarante-cinq à soixante, toujours
sur mes jambes... Mais ne vous inquiétez pas, je sais
encore faire la galette de sarrazin. » C'était son grand
talent, que nous avions souvent célébré. Je lui promis
mon apppétit d'autrefois. « Et Henri, comment va-t-il ?
— Il va bien, Monsieur, il a fait comme vous : il a
oublié de vieillir. Qu'il sera content de vous voir ! Il
ne manque pas de parler de vous quand je lui sers

quelque chose que vous aimiez. Venez ; il est là-haut, avec Madame, dans la chambre bleue ; vous savez, la chambre *nuptiale*, comme vous disiez... Étiez-vous gai dans ce temps-là, Monsieur ? Vous avez tout de même l'air plus rassis.. »

Madelon avait toujours trouvé quelque chose de très plaisant à ce mot de *chambre nuptiale*. Elle n'était pas parvenue sans peine à le prononcer correctement, et depuis quinze ans elle continuait d'en rire, sans savoir pourquoi.

« Quelle drôle de chose, Monsieur, » poursuivit la bonne créature, en s'arrêtant pour reprendre haleine sur les marches de cet escalier, qu'autrefois elle franchissait quatre à quatre comme nous ; « quelle drôle de chose, cette jeunesse, pour avoir comme ça des mots et des idées qui font rire ! En disiez-vous, avec M. Henri ! Il y en a qui me reviennent et qui me dérident encore. Peut-être que ça ne serait pas de même aujourd'hui. Vous ne le diriez plus, ou je n'en rirais plus. La peine nous arrive de tant de côtés dans la vie de ce monde ! Le souci finit par faire son nid en dedans de nous, et nous restons tristes, même sans sujet de chagrin. Ça se prend à tout le tempérament, Monsieur ; et j'ai peur que vous n'aimiez plus mes galettes. »

La marche de Madelon s'accordait trop avec sa philosophie pour que l'une et l'autre ne fissent pas sur moi une certaine impression. Je me trouvai vieux tout à coup, dans cette maison et sur cet escalier où je me souvenais d'avoir été si jeune. Là, j'avais senti mes jarrets plus souples, mon cœur plus allègre. Madelon me mettait quinze ans sur les épaules.

J'entrai sans me faire annoncer dans la chambre bleue. Henri me sauta au cou. C'était toujours lui ; c'était cet œil pétillant, ce cœur vif que j'avais tant aimé. Le moment d'après, il me sembla que je ne le reconnaissais plus. Sa taille svelte et droite s'était épaissie et courbée ; sa parole si rapide était devenue lente ; le temps avait fait son sillon sur ce front dégarni de son abondante chevelure ; front paisible autrefois, et maintenant grave. Plus de flamme de gaieté dans ces yeux, qui désormais avaient trop regardé la vie. Je me rappelai qu'Henri, jadis, se plaignait de ne pouvoir dompter au fond de son âme l'opiniâtre sentiment du ridicule.—« J'ai trop envie de rire, » disait-il ; « j'ai un démon qui me fait remarquer les grimaces des gens qui pleurent, même quand je les aime et quand je les plains. » Ah ! je n'eus pas besoin de lui demander son histoire pour savoir qu'il avait pleuré à son tour, que ce sentiment de l'ironie était dompté, cette flamme du rire à jamais éteinte.

La femme d'Henri m'avait moins vu. Elle ne put pas, sans un petit effort, se rappeler ma figure et mon nom. Et moi, partout ailleurs, je lui aurais parlé sans la reconnaître. Dans ma mémoire, c'était la fée de la jeunesse, vêtue de gaze, couronnée de fleurs, abordant la réalité, le sourire aux lèvres, par les chemins verts du printemps. Un cœur que rien n'a froissé, des regards qui n'ont vu rien de triste, un esprit qui n'a point conçu d'alarmes, des oreilles qui n'ont entendu que de douces paroles, des mains qui n'ont porté que des bouquets ; tout le matin, toute la fleur, toute la promesse de la vie ! Ainsi elle m'était apparue le jour de son mariage, chrétienne, femme, enfant tout ensemble, harmonie de beauté, de foi, d'amour, de candeur ; sérieuse parce qu'elle croyait, heureuse parce qu'elle aimait, radieuse parce qu'elle ignorait... Après quinze ans, c'était une épouse vieillie aux soucis du ménage, une fille en deuil de sa mère, une mère en deuil de ses enfants. Sur son visage pâli, le torrent des larmes avait creusé plus profonde la trace des années ; dans son cœur soumis à la croix, elle étouffait l'inconsolable sanglot de Rachel. Je me rappelai que nous l'appelions *Stella matutina*. — Maintenant, pensai-je, c'est *Mater dolorosa* qu'il faudrait dire.

Et dans ce moment, mes yeux qui parcouraient la chambre bleue et qui ne la reconnaissaient plus, s'arrêtèrent sur une image de la Mère de douleurs, au cœur percé de sept glaives.

Henri pria sa femme d'aller chercher ses enfants, qu'il voulait me montrer. J'avais achevé l'examen de la chambre bleue.

« Je ne retrouve ici, » dis-je à mon ami, quand

nous fûmes seuls, « que ton visage et ton cœur. Nous avions fait de cette chambre un musée qui n'est pas celui que je vois. »

—« Le goût de l'esprit, me répondit-il, avait arrangé cette ancienne décoration ; peu à peu elle a été remplacée par le goût et les besoins du cœur, par la prière, par le souvenir. Ni toi ni moi n'avions songé au Crucifix : le voilà. A l'endroit qu'il occupe se trouvait, si tu t'en souviens, la Diane chasseresse : elle nous aurait moins consolés, quand la mort est venue allumer ici ses flambeaux ! J'ai donné à ma femme cette image de Marie au pied de la croix, et elle a remplacé je ne sais quelle gravure poétique, après la mort de notre premier enfant. Ce dessin, au-dessus de la toilette, où était la grande fête de Watteau, représente la tombe de mon père dans le cimetière de son village ; c'est par là que j'ai commencé de bâtir, et les cyprès qui entourent l'édifice sont les premiers arbres que j'aie plantés. A côté est le portrait de la mère de ma femme : elle est morte dans cette chambre, que nous seuls pouvons habiter désormais. Ces autres portraits sont maintenant ce qui nous reste de presque tous les êtres chers qui nous ont élevés, qui ont travaillé et souffert pour nous, et si tendrement pris soin de notre bonheur. Cet ange qui s'envole au ciel est le second enfant que Dieu nous a repris, notre chère petite Thérèse. Nous l'avons perdue, l'année dernière, à six ans. Elle s'est écriée : « Dieu ! Dieu ! où est Dieu ! Je veux aller à Dieu ! » Et elle a emporté les derniers jours heureux de sa mère. »

Les yeux d'Henri se remplirent de larmes. Troublé moi-même, je promenai silencieusement mes regards sur tous ces souvenirs funèbres. Mon ami comprit ma pensée.

« Oui, frère Louis, » me dit-il en me serrant la main, « voilà ce que devient une chambre nuptiale : au bout de quelques années, c'est un mémorial de deuil, écrit du doigt de la mort.

« Mais », ajouta-t-il, « grâce au Christ éternel, ni l'infamie, ni l'aversion, ni le désespoir ne sont entrés ici ; et j'ai pu voir que la douleur était comme un envoyé de miséricorde qui venait accroître la confiance, l'amour et la paix ! »

1849.

# PETITS VOYAGES

## I

ARCACHON.

Arcachon, en langue du pays, signifie *résine*. C'était et c'est encore un lieu couvert de pins, jadis habité seulement par quelques résiniers, gens pauvres et de dure vie, dont les huttes se cachaient sous ces bois noirs et tristes. Là où s'élève présentement la ville, on ne voyait, il y a quinze ans, d'autre construction que la chapelle, cabane plutôt que temple, fondée, au commencement du xvii$^e$ siècle, par le bienheureux Thomas Illyricus, cordelier, lequel, ayant évangélisé Bordeaux avec grand éclat, se tira de l'odeur de gloire pour venir en ce désert conquérir l'odeur de sainteté.

Le territoire d'Arcachon dépendait de la Teste (*Teste de Buch*, tête du bois) bourg originairement formé des débris de la riche cité des Boyens. Dévastée par les barbares, la cité des Boyens fut plus tard ensevelie par les sables.

Les gens de la Teste sont adonnés à la mer, très cruelle pour eux. La passe d'Arcachon, qui leur donne entrée dans l'Océan, est battue d'un vent terrible, obstruée de sables mouvants. Point d'année sans naufrages. A la Teste, de tout temps, la majorité de la population a été de veuves et d'orphelins. Les orphelins suivent la voie où leurs pères sont morts. Tel est l'attrait de la mer, tel est le noble instinct de l'homme, également attiré par la beauté et par le péril. Le marin méprise le résinier, dont l'existence plus rude est moins menacée.

On ôte beaucoup à l'homme que l'on protège trop. On lui ôte la liberté, le soin de veiller sur lui-même; on le ramène à l'enfance et à la tutelle. Et c'est pourquoi, peut-être, ces hommes si protégés, si gardés, si amusés, témoignent si peu de reconnaissance à leurs protecteurs. Ont-ils tort? L'homme trop protégé est surveillé de près; il est dirigé sans relâche, il est exploité souvent, réduit à l'état domestique. Il y a, je crois, dans les Landes, un certain mouton que l'on améliore; c'est-à-dire que l'on dote d'une toison... pour être tondu. La protection est un grand avantage, mais la liberté est un grand bien. Ce que la protection prend de trop à la liberté... et à la toison, l'âme humaine en tient le compte. De là, parmi les sujets de la civilisation moderne, un malaise qui constitue la force haute du révolutionnaire. Par cette force, il est invincible à tout autre que Dieu.

La ville d'Arcachon date de quelques années. Sorte de singulier fruit, poussé sur les bords du chemin de fer, et dont les développements très rapides sont dus aux deux puissances que l'on nomme la Spéculation et la *Réclame*.

Un marin retiré à la Teste eut l'idée de construire une auberge pour les baigneurs qui venaient chaque année, en très petit nombre, de Bordeaux, et qui logeaient chez les résiniers. Un résinier qui avait fait quelques économies dans cette industrie de logeur, imita le marin. Un préfet passant en partie de chasse, comprit que l'on pourrait faire là, plus tard, une ville de bains. Bientôt naquit le projet d'exploiter les Landes. Des capitalistes de Bordeaux obtinrent la permission d'établir un chemin de fer qui deviendrait nécessairement la voie de Bayonne. Maintes culbutes signalèrent ces commencements; mais l'affaire était lancée. Elle passa glorieusement sur les culbutés, qui servirent de fascines. La *réclame* fit merveille. Les Bordelais s'y entendent, les juifs encore mieux, et il y a des juifs bordelais. Finalement ce désert de sable, où ne poussent que des pins et des arbustes, devint une Californie. Le terrain se vendait cinq centimes le mètre, il se vend dix francs; le prix montera sans doute davantage, quand la beauté primitive aura encore plus disparu.

Le *Journal d'Arcachon,* fondé pour répandre au loin la renommée de la ville naissante, est une des choses instructives que j'aie lues. Ce sont les annales d'une cité moderne. On la voit naître jour par jour. Elle naît par les cafés, par les auberges, par les trains de plaisirs. Le mirliton réalise les anciens prodiges de la lyre, les maisons poussent comme des légumes. Mais, hélas! dans ce sable, les légumes ne poussent pas comme les maisons. Le maire, le médecin, même le curé, sont les rédacteurs du journal, aidés de quelques beaux esprits de passage. Chacun fait effort et prouve qu'Arcachon est le lieu le plus plaisant, le plus salubre, le plus moral de la terre. Chacun en est convaincu et chacun a raison. C'est vraiment une agréable et honnête baignoire ; les enfants s'y portent bien, les parents y sont sages. Mais gare le trop de bruit, le trop de plaisirs! Pour atteindre cette prospérité redoutable, on met toutes voiles au vent, et la religion tient la rame comme le casino. Le *Journal d'Arcachon* tire parti de tout, voit tout en beau, embrasse tout. Il loue la piété du général Tartas, l'un des fondateurs, et la beauté de M<sup>me</sup> P*** célèbre actrice, l'une des visiteuses ; il convoque le public au café-concert et aux processions sur l'eau, spécialité d'Arcachon ; il annonce l'arrivée des plus grands banquiers et celle des moindres écrivains. J'ai été traité d'*hôte illustre*, moi qui vous parle, dans le même numéro que M. Péreire. C'est comme cela !

En vérité, jusqu'à présent, je ferais bien ma partie dans le *Journal d'Arcachon*. La santé de mes filles me remplit d'enthousiasme pour ce lieu tout à la fois pacifique et animé. Nous avons comme tout le monde notre petit chalet, tout entier à nous, avec d'aimables voisins à droite et à gauche. Nous sommes sur le bord de l'eau. Ce n'est pas la mer, mais c'est un grand lac, avec l'odeur de la mer et quelque chose de son profond gémissement. La rive circulaire est bordée d'une ribambelle d'enfants florissants et joyeux, qui, presque tous, font des trous dans le sable. Je me souviens d'un romancier nommé Biot, Blot ou Broc, qui passait pour auteur d'un roman intitulé : *Creuser la terre avec les ongles*. C'est peut-être le plus beau roman de la vie ! Quand le vent souffle des dunes, il nous apporte une senteur de résine, âpre et suave, qui semble doubler l'énergie des poumons. Nous allons le matin entendre la messe dans l'église principale, rebâtie sur l'emplacement de l'ermitage du bienheureux Illyricus ; nous allons faire la prière du soir dans la chapelle de Saint-Ferdinand, à l'autre extrémité de la ville. Entre ces deux points extrêmes, la journée s'écoule gracieusement, sans que l'on sache bien de quoi elle a été remplie.

Cependant j'ai peur de l'avenir. Le *Journal d'Arcachon* a des tendances que je redoute. Il faut que je note ici une de ses vues sur le rôle civilisateur des cafés-concerts. Car nous avons un café-concert ; mais il ne va pas bien, de quoi le journal se désole.

Il rappelle douloureusement que le théâtre a dû fermer, que le casino n'a pu tenir quinze jours, que le cabinet de lecture n'a pas fait ses frais, que le café-concert languit, malgré ses efforts pour répondre aux vœux du public. « Pourquoi cet abandon? » dit le journal. « Est-il justifié ? En aucune façon. Le local est
« parfaitement éclairé, *la troupe chantante est à la*
« *hauteur de sa mission*... Elle se compose de deux
« demoiselles qui joignent à une voix fort agréable
« une excellente méthode et une tenue irréprochable,
« d'un ténor qui chante la romance avec beaucoup de
« goût et de sentiment, et d'un comique dont les
« scènes de bon aloi excitent toujours un fou rire
« et provoquent des applaudissements mérités..... »
Et le journal conclut que : « Si la vie de famille est surtout recherchée à Arcachon, elle ne doit pas cependant exclure impitoyablement un agrément permis. »

Quel bel éloge ce journal fait là, sans le savoir et sans le vouloir, des baigneurs d'Arcachon ! Mais, en même temps, il ne donne pas une grande idée de sa logique. Puisque le public ne va pas au café-concert, évidemment l'effort que le café-concert doit faire pour répondre aux vœux du public est bien simple : c'est de s'en aller.

Programme de la séance du 29 juillet 1860, au café-concert d'Arcachon. On y entendra : *C'est ma fille, cri du cœur poussé par M. Foucault*. Poussé !...

L'un de mes voisins m'a donné une partie de forêt, un autre une partie de mer. Toutes deux ont été fort aimables. C'est une jolie chose qu'une cavalcade sur la grève, avec retour par les pins. J'ai vu les plantations de Bremontier, homme ingénieux, ardent au bien, patient à le faire. Il y avait longtemps qu'on cherchait le moyen de lutter contre les sables. Un prêtre, dont je ne me rappelle pas le nom, l'avait trouvé, et l'idée était restée là. Bremontier la reprit et la mit en œuvre. Où est l'inventeur d'une chose? Celui qui invente le premier n'est jamais le premier ; il a toujours un ancêtre qui a rêvé, tâtonné, entrevu avant lui. On appelle premier celui qui laisse une marque plus visible de la conception. L'exécution tombe à un autre, qui n'exécute pas tout seul. Le perfectionnement, qui absorbe l'invention et l'exécution première, est l'œuvre de centaines et de milliers de mains inconnues. L'homme n'est vraiment qu'un membre, c'est l'humanité qui est un être. Mais en présence de cette infirmité qui la réduit à l'action collective, prétendre que l'humanité soit l'Être, voilà ce que j'appelle le fait d'un fat.

Les plantations de Bremontier datent de 1788. Il a fixé ces dunes mouvantes au moment que tout allait être bouleversé dans le monde. En calculant la marche régulière des sables, on pouvait marquer le jour où Bordeaux serait enseveli. Le grain de sable arrête la mer et lui dit : Pas plus loin ! Une faible graine, jetée par la faible main de l'homme, enchaîne la montagne voyageuse et lui dit : Reste là ! Cette aridité mortelle est devenue une forêt d'où le vent n'emporte plus que de vivifiants aromes. Aux pieds des pins croissent les bruyères roses. En été, la cigale crie sur les branches ; en hiver, le soleil, comme trompé par cette verdure, la caresse encore de chauds rayons.

Nous avons fait la partie de mer à bord de la *Brise*, navire à voiles, capable de porter six ou sept passagers et un homme d'équipage. Mon voisin, armateur et capitaine de la *Brise*, était en même temps notre amphitryon : il n'avait pas oublié les vivres. Nous allâmes descendre au cap Ferret, sans accident. On étendit sur le sable la grande voile, on la couvrit de saucissons, de pâtés, de fioles glorieuses, et plusieurs choses furent dites à l'honneur des vignes du Médoc, dont le suc vaillant et fort triomphe des assauts de la mer.

Les sables du cap Ferret, non encore ensemencés, du moins en totalité, sont clairsemés de plantes et de fleurs charmantes. J'y ai particulièrement admiré des chardons : il y en a de différentes espèces, très variées et très élégantes, d'un velouté gris-blanc le plus frais du monde. On y voit aussi des immortelles ; c'est bien le lieu de cette fleur funèbre, car les dunes sont un vaste cimetière où dorment plusieurs générations de naufragés.

A l'extrémité des dunes, l'Océan mugit. C'est la grande mer, bondissante et furieuse. Elle ne souffre

sur les sables ni fleur ni brin d'herbe, rien qui ait
vie ; elle n'y souffre rien non plus qui rappelle la main
de l'homme, sauf quelques épaves que le flot emporte
et ramène en hurlant.

## II

EN MEDOC.

A M. Eugène Veuillot.

J'ai vu ces illustres vignes : c'est d'une vigne que je
t'écris. Rien de plus laid ! Néanmoins, l'effet général
intéresse. Je me suis laissé voiturer à travers ces sar-
ments, tout un jour, sans ennui. Château-Laffitte,
Pichon-Longueville, Château-Larose, Château-Margaux, Mouton, La Grange et d'autres. C'est toujours
même visage, même absence de physionomie ; mais la
célébrité soutient cela, comme elle soutient la basse
mine des personnages en renom. Il faut que l'homme
soit bien « sur sa bouche » pour avoir attaché tant de
gloire à ces lianes sans figure. Les ronces sont plus
belles. Ce qui tue la ronce, c'est que son fruit ne grise
pas... Mais, pardon ! je crois que je sacrifie aux grâces
et que je m'exerce à ne point parler comme tout le
monde.

En somme, le bon vin est bon. Il réjouit le cœur. Ce n'est pas la faute du vin s'il y a des ivrognes et même des gourmets ; et, tout compte fait, le sarment est très préférable à l'épine. Tournons-nous vers d'autres points de comparaison. Vois-tu cette petite branche rampante qu'il faut soutenir, cette humilité qui porte ces larges feuilles vertes et ces puissants diamants, pleins de feu liquide? Que de belles choses à dire sur les branches du cep!

C'est en les tenant courbées et captives, attachées à un bois mort, qu'on les rend fécondes. Il y a là quelque lointain écho des enseignements de la Croix. Laissées libres, ces branches s'élèveraient follement, comme la vigne d'Isaïe; trompant l'espérance du planteur, elles ne donneraient que des fruits vains et arides : *Exspectavit ut faceret uvas, et fecit labruscas.* D'autres branches ramperaient et s'enfouiraient. Voilà que la grappe a grossi et mûri par la captivité de la branche. Elle est belle et superbe, mais elle ne contient qu'une liqueur agréable, sans vigueur, sans vertu. Ce n'est pas encore le *sang de la vigne.* La grappe est détachée et mise sous le pressoir. Ah! maintenant, c'est le sang qui coule : il a le parfum, la couleur, la vie : qu'il vieillisse dans une prison de bois ou de verre, au sein d'une obscurité profonde, il devient parfait.

C'est alors aussi que la sensualité de l'homme abuse de ce don de Dieu, amené à maturité et à perfection

par un si long travail. L'homme a très grand tort;
mais le don de Dieu n'en est pas moins admirable, et
ce petit bois qui le porte premièrement n'en est pas
moins précieux. Dieu prend soin de nous enseigner
l'humilité. La vigne, arbuste faible et rampant! le
blé, herbe sans éclat! La ronce est plus belle que
la vigne, le chardon plus robuste et plus brillant que
le blé.

Les Bordelais, nation singulièrement courtoise,
gracieuse et bien disante, prodiguent les hommages à
leur vin. Ils le regardent comme une richesse très
noble que Dieu leur a donnée, comme un produit
illustre de leur sol et en même temps de leur art, en
quoi ils ont raison. Car, ainsi que je viens de l'indiquer, le sol et le bon Dieu ne font pas tout seuls le vin
de Bordeaux.

Il y a des rangs dans ce grand vin, entre lesquels
le connaisseur distingue, comme le joaillier distingue
entre les pierres précieuses de même famille. Il y a
plusieurs catégories ; dans chaque catégorie, chaque
cru a son numéro d'ordre ; dans chaque cru, l'on note
les années. Les Bordelais causent de tout cela fort
agréablement. Ils ont une terminologie pour décrire
les qualités de tel ou tel vin : on lui connaît du *bouquet*, de la *robe,* de la *chair*, etc., et ces termes sont
vraiment bien trouvés.

Un joaillier sait sertir les pierreries, un Bordelais sait monter ses vins : la monture, c'est le repas. Un repas bordelais s'organise en vue de boire : les mets doivent faire valoir les vins.

J'ai été invité, moi indigne, à un de ces festins de vins, chez un homme aimable et excellent, mon ancien voisin de chalet à Arcachon.

Je compare les bonnes gens que l'on rencontre en ce monde à ces fontaines et à ces ombrages que la Providence a placés sur la route du voyageur. Celui-ci était un ombrage de pampres et une fontaine de vin, mais quel vin ! Il nous présenta douze bouteilles. Chacune avait son nom, son caractère, sa date, à rendre envieux Boucingaut. *Boucingaut n'en eut point de pareilles !* Contre ce corps d'armée nous n'étions que douze convives, et de ces douze, la grosse moitié ne valait rien. Un médecin savant et modeste, un économiste pensif et attaché à ses statistiques, deux femmes, deux enfants et moi, nous composions cette moitié misérable, ces non-valeurs. De plus, c'était vendredi, et le repas était en maigre, circonstance malheureuse, on disait même fatale et cruelle. Il fallut boire sur homard ce qui se doit boire sur rôti, et arroser je ne sais quel légume d'un liquide précieux que les virtuoses étendent sur champignon gras. Néanmoins les douze bouteilles furent débouchées, elles y passèrent. Quel meurtre ! Je ne puis penser sans regret que j'en ai pris ma part, que mes lèvres ignorantes ont effleuré douze verres de grand vin. Et, s'il faut parler franc, qui m'eût donné un verre de cidre m'eût fait plaisir! Toutefois, de vrais buveurs étaient là, qui dédommagèrent bien ces illustres méconnus de nos froideurs barbares. Ils dissertaient dignement et spirituellement du contenu de chaque fiole, entretenant leur vigueur par de petits coups d'eau de Seltz. Ils restèrent très fermes, c'était très beau. Je complimentai le plus vaillant. Il renvoya modestement l'honneur de sa contenance au loyal tempérament du noble vin. « Notre vin », me dit-il, « n'est pas traître. Jamais, à moins d'être lui-même trahi, il n'a renversé son buveur. » Je ne contestai point. Cependant je croyais sentir que mon visage répandait des torrents de lumière. Et lui-même, cet homme humble qui venait de me parler en athlète éprouvé, il était fulgurant et plus chauve que ne comportait son âge. Voudrait-il jurer que son gracieux vin ne lui a pas arraché quelques poignées de cheveux?

Dans un autre dîner, au moment le plus animé, l'amphitryon fait faire silence. On écoute ; il annonce deux bouteilles de... *retour de l'Inde*, que le producteur, qui était l'un des convives, avait lui-même apportées, voulant payer son écot et le payer en seigneur. Les fronts s'inclinent, et les deux bouteilles, bouchées à l'émeri, sont confiées au maître d'hôtel, qui les distribue avec révérence. On m'a demandé ce que j'en pensais. J'ai levé les yeux au ciel, j'ai mis la main sur mon cœur, et j'ai hasardé qu'à mon humble avis, ce vin avait de la *flûte*. L'aménité bordelaise s'est amusée de cette figure ; l'on m'a fait honneur de ne me pas trouver trop beauceron. Dans l'intime de ma conscience, le... *retour de l'Inde* ne me paraissait pas essentiellement distinct de mon vin ordinaire. Mais la vanité est bien forte, et je me suis laissé traiter d'expert. Ils en ont pensé ce qu'ils ont voulu. J'ajoute que si mon palais est inepte, mon sang n'est pas plus lourd à danser qu'un autre. En vérité, ce vin ne tarde guère d'éveiller dans tout l'homme une certaine musique qui n'est pas sans attrait. *Lœtificat !*

J'ai vu en plein Médoc, dans un illustre cru, un personnage bien étrange. Il est chef de chaix, grand connaisseur, grand estimateur, et il a horreur du vin ; il n'en boit jamais. Il déguste par l'odorat. Cela me paraît valoir ce que l'on dit de plus merveilleux des mohicans et des chiens de chasse.

Tu te rappelles cet homme si pieux, si docte, si éloquent, si aimable, si sobre et si frugal en son particulier, mais si large dans l'hospitalité, et qui veut alors que la table où il rassemble ses amis, soit servie théologiquement et présente un catéchisme abrégé de la souveraineté de l'homme? « L'homme », dit-il, « étant roi de la nature, toute la nature doit paraître sur sa table, comme vassale, et doit paraître dans un ordre hiérarchique. Il faut que le règne animal, le règne végétal et le règne minéral y soient convoqués. Il faut des quadrupèdes, des volatiles, des poissons, des fruits, des fleurs, de l'eau, du vin; il faut des cristaux, de l'or, et que tout porte la trace de la main humaine, de qui la matière attend ses perfectionnements et ses embellissements. Qu'avant de toucher à toutes ces choses excellentes qui sont pour lui, l'homme bénisse d'abord le Maître très grand et le Père très bon qui les lui a données; qu'ensuite il en use et se réjouisse avec ses amis; et qu'enfin il rende grâce. »

A Bordeaux, on met bien en pratique cette théologie du festin hospitalier. La terre, l'air, les fleuves et la mer fournissent des éléments de banquets auxquels la science humaine sait donner des tours, des perfectionnements, des allégresses sans nombre. Quels beaux feux dans les yeux, et dans les verres! Quelles pointes d'ail et quelles pointes d'esprit! Mais la sobriété? Ah! l'on ne peut tout avoir, et l'hospitalité n'est pas tenue à cette sobriété stricte qui vit de rien. Nous esquiverons l'indigestion; n'en demande pas davantage.

Sortons de table et parcourons le pays. J'ai fait une course de Pauillac à Lesparre, et de Lesparre à N.-D. de Fin-des-Terres, traversant tout le Médoc.

C'est un heureux sol, et à force d'être riche, il est beau, quoique plat et monotone.

Les « châteaux » dont nous entendons si glorieusement parler, sont de vrais châteaux. Ils s'élèvent magnifiques, et en abondance. On ramasse aisément quarante, cinquante, cent mille francs de rente dans un petit espace autour de soi. Tel propriétaire a suffisamment de quoi boire et de quoi vivre, rien qu'ici, pour se donner sur cette terre précieuse la place d'une belle avenue et d'une ample et solide maison de chiens. En eussions-nous une pareille à passer nos vieux jours! Mais, hélas! les valets de chiens de ce sire sont mieux logés que ses vignerons, et ses vignerons postulent pour être valets de chiens. Voilà les signes du temps ; on les retrouve partout! Les vignerons commencent donc à remarquer que les laquais du château mangent davantage et sont plus payés pour travailler moins, et se passent encore la fantaisie de se moquer d'eux, vignerons, en fumant des cigares de dix centimes. De leur côté, les jeunes vigneronnes ont l'œil sur les rubans, les chapeaux et les robes de soie de mesdemoiselles les femmes de chambre. La grande richesse de ce pays, c'était la simplicité des mœurs. Il y a plus d'argent qu'autrefois, et l'habitant est plus pauvre, parce que l'envie et le luxe sont venus avec l'argent. Autour de certains grands châteaux où l'on danse et où l'on joue la comédie, il s'est créé des bals populaires : les jeunes paysannes y brillent en robe décolletée. Comme dans le beau monde, une mise indécente est de rigueur.

C'est un château que nous habitons. Il est fait pour nous prouver que l'on peut encore vivre où les violons n'entrent pas. Les violons y devaient entrer. On avait commencé une grande construction, tracé un beau parc. Quelque malheur est survenu heureusement, lorsqu'une aile seulement se trouvait terminée, et tout en est resté là. L'humble et forte sagesse s'est installée dans ce logis qu'on ne lui destinait point. Elle y a tout réglé à l'ancienne mode. Ayant garni les armoires, les greniers, la cave, elle a meublé modestement les chambres, tendues de petit papier. Il y a des livres et l'on cause. Dans le jardin, quelques fleurs qui poussent un peu comme elles veulent; pour la promenade, de vieilles allées nobles et négligées. Je ne saurais dire combien nous nous trouvons heureux dans cette simplicité qui nous tire du chrysocale, dans cette négligence qui nous délivre des régularités de l'habitation « bien tenue ». Ne sens-tu pas que le chef de bureau a passé partout dans le monde moderne, et partout tracé de belles lignes qui lui rappellent la symétrie de ses cartons? Ici les arbres ne sont pas alignés, les gazons ne sont pas tondus, les fleurs des plates-bandes se penchent et s'accoudent sur leurs parapets de buis. Cet aspect m'aide à respirer; je me figure que je ne suis pas encore numéroté.

A propos de numéro, la vigne qui nous entoure en a un ; toutes en ont. Le nôtre n'est pas des tout premiers ; il n'est pas non plus des moindres. C'est une grande affaire que ces numéros ; ce sont des rangs et des classes. Il y a premier, second, troisième, premier-premier, etc. *Château-Lafitte, Château-Margaux, Canon* sont premiers. Tous trois furent en même temps la propriété des Ségur. Je ne sais pas si ce sont nos Ségur à nous, les aimables et catholiques Ségur, qui parlent si bien, qui écrivent si bien, qui content si bien, qui font tout si bien. Ce serait un fier argument pour le vin de Bordeaux, que cette race de Ségur l'eût teté en guise de lait ; et, comme son vin, elle a gagné à vieillir.

Je me suis laissé conter que Château-Lafitte, qui est premier-premier, *fait* (c'est l'expression locale) des années de 800,000 fr. Le propriétaire actuel est un Anglais nommé Brown, ou peut-être Scott. Il vient, dit-on, une fois par an, saluer sa vigne. Il débarque à Pauillac, d'un yacht qui lui appartient, monte en voiture, court chez lui, fume un cigare, vide une bouteille et se rembarque. Tout cela lui prend deux heures. Voilà la légende, et si elle n'est pas vraie, c'est qu'elle est trop vraie.

La hiérarchie des crus est gardée avec soin par les propriétaires, maintenue sévèrement par les rivaux. Il faut des cas de force majeure pour monter et pour descendre. Un propriétaire embarrassé, et qui a du vin plein ses celliers, n'en vend pas une bouteille au rabais, car il serait déclassé. Il souffre plutôt la gêne un an et deux au milieu de ses richesses. Il y en a des exemples fréquents. Les exemples de surclassement sont rares ; le propriétaire qui les veut donner ne doit pas être un mince seigneur. La moitié d'une vigne qui était jadis d'un seul tenant, a passé aux mains de l'un des grands de Juda. Un sentier large de dix-huit pouces, sépare ces deux parties d'un même héritage. La partie restée chrétienne est restée cinquième ; la partie devenue juive est devenue deuxième, et elle a été un moment première. Le grand juif, ne pouvant souffrir d'être quelque part et de n'être pas le premier, a voulu se faire classer premier. Il l'a fait pour une année. Mais l'année suivante, les courtiers ont trouvé que c'était trop fort, et le grand juif est descendu second. C'est encore bien joli, et il en est bien offensé. Monter de cinquième second n'eût été possible à nul autre. Bordeaux a son roi juif, qui peut beaucoup, et qui ne pourrait pas cela. Il y fallait la majesté de l'*autre ;* il fallait être LUI. Que cela te console !

Nous avons visité de belles églises, très anciennes, trop souvent mal restaurées et décorées à la moderne. On a ici la plaie des bienfaiteurs qui donnent des tableaux, des statues, des vitraux. Certaine figure en marbre, présent d'une noble dame, m'a frappé par son naturel. Représente-toi un beau jeune homme de 1847, moulé vif à l'école de natation. Certainement la donatrice eût hésité à placer cela dans son parc; mais avec un nom de saint gravé sur son piédestal, c'est parfait pour une église. Il faut parfois gémir du mauvais goût ou de la faiblesse des curés ! Quant aux fleurs en papier dans des pots de porcelaine dorée, avec le monogramme de la sainte Vierge, elles abondent. On en fait des échafaudages merveilleux. J'ai encore vu une chose qui ne m'a point fait plaisir : un curé, excellent et bien famé d'ailleurs, qui est grand amateur de chevaux. Il en a deux qu'il mène ventre à terre, en fumant dans sa voiture. C'est trop bon genre.

A Lesparre finit le Médoc des grands vins et commence le Médoc des blés et des pâturages.

On entre dans une vaste plaine, où la terre produit toujours sans être fumée ; elle se repose d'avoir produit des grains en produisant des fourrages. Les espaces sont immenses, semés de bouquets de pins, égayés de maisons blanches bien bâties qui rient sous leurs tuiles rouges. Les attelages sont beaux, les bestiaux sont gras, l'air est salubre. Pas un pauvre.

Par là, vers la Fin-des-Terres, où nous allions, au pied des dunes que nous nous préparions à franchir et qui protègent le pays contre le vent de mer, nous avons rencontré un petit presbytère blanchi à la chaux.

Il nous a paru que nous pouvions nous arrêter là et demander une table et quelques chaises pour déjeuner. Tout nous fut accordé de grand cœur, sans que nous eussions besoin de décliner nos noms. On parla même de nous donner des serviettes; mais, la veille, Monsieur le Curé avait traité deux ou trois confrères, et il ne lui restait plus de serviettes. La plénitude regorgeante de la bibliothèque m'expliqua le vide de l'armoire. Les rayons pliaient sous le poids des anciens et des modernes. J'y vis une partie de la *Patrologie,* saint Thomas, saint Augustin, Joseph de Maistre, Bonald, Guéranger, Guizot, Rorhbacher, etc., etc. Le langage et les idées de ce petit curé d'un petit village dominent de plusieurs coudées tout ce que pourraient comprendre les autorités du département voisin, sans vouloir offenser ces puissances; et je crois avoir rencontré plus d'un ancien ministre d'État qui ne se rendait pas si bien compte de la marche des choses. J'avoue cependant qu'il ne faudrait pas beaucoup pousser l'ancien ministre pour tirer de lui bon nombre de fortes considérations sur l'obscurcissement et l'ignorance du clergé. *Laissons dire... le savoir a son prix.* Un temps vient où tout le monde sans exception saura lire, mais alors, le clergé, qui seul a des croyances, possédera seul une véritable culture intellectuelle; et il y aura des surprises.

J'eus là un trait de Médoquin qui m'amusa. Nous avions apporté deux bouteilles de *notre* château. Nous priâmes Monsieur le Curé de nous faire l'honneur de trinquer avec nous. Il y consentit bonnement et se fit apporter un verre qu'il laissa remplir à demi ; mais à peine l'eut-il touché des lèvres qu'il le posa sur la table, et il dit : Oh! oh! en jetant sur nous des regards étonnés. Il nous rappela ces héros de la fable, qui tout à coup reconnaissent un dieu dans le mortel avec lequel ils traitaient familièrement. Que n'as-tu entendu ce *oh! oh!* pour que nous eussions longtemps de quoi rire en nous le répétant. Nous demandâmes à M. le Curé de vouloir bien accepter la bouteille qui restait. — Très volontiers, dit-il, et grand merci : mais cela me coûtera une oie.

En causant avec ce jeune et aimable curé, nous arrivâmes au but de notre voyage, qui était l'église de Notre-Dame-de-Fin-des-Terres, sur le bord de l'Océan. Deux fois engloutie par les sables avec tout le village au milieu duquel elle s'élevait, cette église vient d'être déterrée par le cardinal Donnet, archevêque de Bordeaux, qui mérite bien le titre d'*Amator ecclesiarum,* donné à tant de saints papes et de glorieux évêques. Il en a bâti ou restauré plus de cent, et tiré celle-ci de son linceul de sable, étendu sur elle par la tempête, par la mer et par les siècles. Il a lutté contre ces trois victorieux, et lutté victorieusement. A présent, il s'agit d'empêcher que l'édifice déterré s'écroule. Je serais étonné que l'archevêque n'en vînt pas à bout.

L'aspect de l'église de Notre-Dame-de-Fin-des-Terres est étrange et émouvant. Certaines parties sont du IX⁰ ou X⁰ siècle, époque de la construction primitive. On y voit un art majestueux et solide, qui ne laisse pas de déranger assez les idées qu'on se fait sur le « siècle de fer ». L'église était vaste, d'exquise proportion. Il est clair qu'en ce temps-là, dans un désert sans nom, loin de toute communication avec le reste du monde, l'art religieux élevait des monuments dont l'art civil aujourd'hui n'égale pas la beauté, même dans les capitales. Quand le sable eut recouvert cette première église, on édifia sur les constructions ensevelies une église nouvelle. Celle-ci est du XV⁰ siècle. Elle fut recouverte aussi. Alors la paroisse déménagea. On emporta les boiseries et les statues, et elles ornent l'église du nouveau Soulac, bâtie au pied des dunes, désormais fixées par le génie de Brémontier. Ces boiseries attestent que l'abandon est assez récent. Elles sont du XVII⁰ siècle, mais déjà bien avancé, et plus riches que belles. On était riche alors, seulement le goût s'en allait. Ce qui déparait l'ancienne église fait l'unique pompe de l'église nouvelle. Quel déchet! Cette nouvelle église, d'ailleurs solidement bâtie, est une véritable grange, et il y en a de pires. Il semble que quand l'époque de la reconstruction fut venue, après les frénésies des vandales révolutionnaires, le diable eut permission de se venger en choisissant les architectes. De 1800 à 1830, il n'y a pas de monstruosités que les architectes ne se soient permises contre le culte divin.

Dans les dunes arides, sur le fin bord de la mer presque toujours irritée, s'élèvent de hideux chalets pour les baigneurs. Difficilement on pourrait voir quelque chose de plus triste et de plus laid. Les crinolines circulent dans ce pêle-mêle de planches, de plâtre et de poussière, où l'on respire vingt odeurs d'affreux fricots. Quels crimes expient donc les gens qui vont s'amuser là!

De retour dans le Médoc des vins, non loin d'un château fameux, au milieu des vignes, nous vîmes un cimetière. J'étais sur le siège de la voiture, auprès du cocher, homme honnête et de sens droit, avec qui j'avais assez causé du train du monde. — Voilà, lui dis-je, le grand pressoir de la grande justice. — Oui, répondit-il; c'est la consolation du pauvre, de voir cela.

## III

### EN LIMOUSIN.

Voici un doux pays, le pays des douces montagnes. Les Alpes sont tristes, les Pyrénées joyeuses. Dans les Alpes, parfois le soleil semble s'éteindre ; il ne peut descendre au fond de ces vallées qui pleurent et de ces ravins d'où monte le froid. Il rit dans les Pyrénées ; il teint de rose ces sommets qui se laissent fouler par le pied de l'homme, mais qui refuse le labeur de ses mains. Les douces montagnes du Limousin sont humaines. Elles appartiennent à l'homme, elles produisent pour lui. D'échelons en échelons il y fait monter ses troupeaux, il y mène sa charrue.

La haute partie du Limousin, serviable encore, mais plus sauvage, est celle qui tire son nom de la Corrèze, rivière bien nommée. *Corrèze,* coureuse. Elle court. Elle prend son élan, bondit et se remet à courir. On pourrait aussi l'appeler chanteuse ; elle ne court pas sans chanter. Quel chant vivant, aimable, parfois éclatant ! Lorsqu'elle s'élance pour franchir un obstacle ; ou lorsqu'un rocher du bord veut l'arrêter, sa robe verte s'entr'ouvre, il en jaillit des perles : la coureuse les laisse, et elle court. Elle s'enfonce sous les berceaux de châtaigniers, elle tourne au flanc des hautes collines, elle caresse les grandes herbes, courant, chantant, dansant ; et les grands bestiaux la regardent courir. Oh! la belle coureuse! On voit sur la route l'eau s'échapper des rochers en filets d'argent, et courir et se précipiter et la rejoindre. Et elle va toujours, preste et contente ; et nous ne pouvons nous retenir de lui jeter des genêts fleuris, des bruyères, des mauves, pour qu'elle les emporte. A quelle fête vas-tu si joyeusement? Prends du moins ces parures!

La Dordogne est la sœur de la Corrèze. Sur son territoire, qu'elle traverse, elle prend ses coutumes; elle court et elle chante aussi. Quelquefois elle écume, quelquefois elle dort. De Servière à Argentat, où prêcha Bridaine, et l'on s'en souvient, j'ai suivi le chemin de rive de la Dordogne. Nous étions venus par les landes, à travers les bruyères et les châtaigniers. L'air était embaumé de senteurs divines : parfum des feuilles, parfum des herbes et des fleurs, parfum des chaumes. Çà et là, le sol laissait voir ses flancs de granit rose; le vent soulevait une poussière de diamant.

Les landes sont magnifiques. La lande a plusieurs robes qu'elle change souvent. Quand la bruyère se fane, l'ajonc paraît en grappes d'or, l'herbe, à son tour fanée, devient un tapis d'or plus pâle; durant l'hiver, la lande revêt sa grande robe de neige, tantôt mate, tantôt étincelante de pierreries; le printemps fait fondre la neige et la lande étale sa robe verte diaprée. Beauté toujours féconde, la lande est un atelier où travaille le soleil. Du sein inépuisable de la lande, cet ouvrier tire la nourriture des bestiaux.

Les bœufs et les moutons sont les convives appelés

au festin de la lande. Ils paissent gravement, comme s'ils s'acquittaient d'un office ; et c'est bien un office, en vérité! Un enfant, tenant en main quelque branche coupée dans le buisson, gouverne ces êtres inférieurs, si incomparablement plus forts que lui. A la voix du petit pâtre, le bœuf obéit, le chien se tait. Mais l'enfant voit passer l'Évêque : il accourt, dépose son bâton, et, à genoux, il baise l'anneau du pasteur qui le bénit. Harmonies puissantes et douces!

J'avais la compagnie et la conversation de l'Évêque de Tulle parmi ce beau spectacle. Nous allions de la terre au ciel, nous revenions du ciel à la terre pour monter encore dans le ciel. L'Évêque de Tulle sait le nom de tous les hommes qui ont passé par ces chemins; il connaît tous les anges dont ils sont fréquentés, plus visibles pour les yeux de son génie que s'ils apparaissaient aux yeux de son corps.

Nous rencontrâmes un petit paysan orphelin. — D'où es-tu? lui demanda l'Évêque. — De partout, répondit l'enfant. Car il allait de village en village, demeurant où il trouvait du travail et du pain. — N'as-tu point de père? — J'ai mon père qui est aux cieux. — Tu connais Dieu? — Dieu est le créateur du ciel et de la terre et des hommes, et de tout ce que nous voyons, et des choses invisibles. — Où est Dieu? — Il est au ciel, en la terre et en tous lieux. — Est-il là? nous voit-il en ce moment! — Il est là et nous voit ; il entend ce que je dis, il connaît ce que je pense. — Et, dis-moi, enfant, sais-tu pourquoi Dieu t'a créé? — Il m'a créé pour le connaître, l'aimer, le servir, et par ce moyen acquérir la vie éternelle. — La vie éternelle, où la posséderons-nous? — Dans le paradis, en présence de Dieu, si nous avons ici-bas rempli les commandements. — Combien y a-t-il de commandements, et à quoi se réduisent-ils? — Il y a dix commandements de Dieu et six commandements de l'Église, et tous ces commandements se réduisent à deux, qui sont d'aimer Dieu par-dessus tout et notre prochain comme nous-mêmes. — Mais comment parvenons-nous à accomplir les commandements, malgré la faiblesse humaine? — Par la grâce de Dieu. — Qu'est-ce que c'est que la grâce? — C'est une force que la bonté de Dieu met en nous, pour nous faire éviter le mal et nous faire aimer le bien. — Comment attirons-nous la grâce? — Par la prière. — As-tu soin de prier Dieu? — Oui, soir et matin, et plusieurs fois durant le jour. — Quelle prière fais-tu? — Je dis : Notre Père, qui êtes dans les cieux. — Qui t'a appris cette prière? — C'est M. le Curé. — Et qui l'a apprise à M. le Curé? — C'est le bon Dieu. Je dis aussi : Je vous salue, Marie.

L'Évêque prolongea ses questions ; l'enfant répondit à tout sans broncher. Il répondit sur le mystère de la

Trinité, sur l'Incarnation, sur la Rédemption, sur le salut. Il savait bien tout le catéchisme et le savait avec intelligence. L'Évêque me dit : — « Je pourrais interroger avec autant de certitude la plupart des enfants de cet âge dans toutes nos campagnes. La science de Dieu n'a rien de trop grand pour ces petits.

« Mais la vie moderne vient, qui apporte ses journaux, qui ouvre ses cabarets, qui établit partout ses voies de fer. Elle séduit, elle obscurcit, elle gâte et perd ces intelligences et ces âmes droites ; et je pleure sur mes enfants dévorés par la bête féroce. Ils ne connaissent plus Dieu, ses merveilles ne leur parlent plus ; cette douce terre où il les a placés n'a plus d'attrait pour leurs yeux sollicités par les fanges dorées de la ville. »

Le paysan s'en va ! Il reste par ici des familles qui vivent depuis trois et quatre siècles sur leur terre. L'Évêque leur dit qu'ils sont les vrais gentilshommes. Il définit la noblesse, la durée de l'être. Ces hommes sont bien des chênes. Le bourgeois se détruit comme un légume, et pour gros qu'il soit, n'a que sa saison. Ces durs paysans, devenus bourgeois, périssent.

Au fond d'un vallon demi-sauvage, près du bourg de Servières, habitent les E..., qui comptent parmi leurs ascendants des évêques et des cardinaux. Ils savent ce qu'ils sont, et ils gardent une belle attitude et une digne fierté dans leur pauvre état de petits laboureurs. Deux garçons de cette race, élèves d'une humble école, ayant été appelés pour recevoir des prix, tout le monde les remarqua et l'on demanda qui ils étaient. Moins heureux sont les A..., descendants directs de l'officier de Fontenoy qui dit : *Messieurs les Anglais, tirez les premiers !* L'un est maréchal des logis dans la gendarmerie à pied, l'autre exempt de police, tous deux, d'ailleurs, fort honnêtes gens.

Heureux le sort du laboureur qui vit sur le champ de ses pères, dans un vallon comme celui que nous avons traversé de Périgueux à Brives, le vallon de la Bachellerie ! Vaste, avec de belles percées entre les collines, des mamelons isolés, des hauteurs au loin, tout l'horizon vert, tout le ciel bleu, la rivière claire et calme, des prairies, des noyers et des chênes, peu de maisons, le cimetière autour du clocher. On y fait un chemin de fer, et voici que la machine y passera plusieurs fois le jour, remplissant de fumée toute cette splendeur, et de hurlements tout ce silence. Ses grossiers palefreniers, qui n'ont point de Dieu, habiteront là. Elle vomira ce qu'elle porte dans ses flancs, elle arrachera et dévorera les fruits de cette terre jadis heureuse.

Tous les bruits de la nature sont beaux et ma-

jestueux, même lorsqu'ils sont terribles. Ceux de
l'industrie sont particulièrement hideux : des ronflements, des grincements, des tapages et des déchirements ; ils exhalent des puanteurs : tout ce que
nous imaginons en enfer ! Ils font sentir à l'homme
qu'il s'est donné un maître brutal.

## IV

### LE PROGRÈS.

Progrès ! progrès ! Mais ils auront beau chanter !
Toujours quelques esprits persisteront à ne voir ce
progrès que sous la forme d'un pic toujours plus élevé,
autour duquel grondent toujours plus d'orages, au
pied duquel s'ouvrent des abîmes toujours plus profonds. Et de ces hauteurs dangereuses, le triste voyageur, reprenant sa vaine escalade, sentira plus que
jamais les cieux hors d'atteinte, et d'un regard plus
chagrin cherchera dans la brume épaissie l'heureuse
vallée où le progrès était une marche tranquille à
travers les prés et les eaux coulantes. Là les vents
courbaient l'herbe sans déraciner les chênes ; peu
d'aigles, mais des oiseaux chantants ; peu de points
de vue, mais des abris sûrs et des soleils doux, et
des fleurs, et des fruits, et des tombes !

Si l'on avait dit à nos pères qu'un temps viendrait où l'on partirait le matin de Paris après déjeuner pour aller souper le soir à Marseille, et que ce ne serait qu'un commencement, un apprentissage à marcher plus vite ; qu'un bourgeois de Paris, en ce temps-là, saurait à midi ce qui s'est passé le matin à Londres, à Rome, à Vienne, à Saint-Pétersbourg, et qu'il ne faudrait qu'attendre un peu pour avoir les nouvelles de Calcutta et bientôt de Pékin ; si l'on avait ajouté que ces merveilles et mille autres ne seraient rien à côté de toutes celles qu'on aurait sous la main pour l'année ou la semaine suivante, et que 1862 ferait pitié à 1863, lequel à son tour exciterait les dédains de 1864, et que 1864 serait pourtant regardé avec mépris, comme une époque de tâtonnements et d'ébauches, par 1865 ; à coup sûr, nos pères, voyant tout cela, auraient dit : On se gabe, ou nos enfants seront des dieux.

— Oui, bonnes gens, vos enfants seront des dieux qui verront les effets du fulminate de mercure, — qui liront des romans-feuilletons, — qui seront dirigés dans les voies intellectuelles par des écrivains sans grammaire, — et qui, en grand nombre, se coucheront sans souper, vu le haut prix de la viande de cheval.

Dans leur capitale régularisée, aérée, magnifique, où l'on plantera des arbres tout faits, autour de monuments splendides élevés en quelques semaines et comme apportés tout faits aussi des carrières ; dans cette ville grande et grandiose, sans cesse enrichie, sans cesse embellie, toujours éveillée au bruit de tous les plaisirs, il n'y aura plus de nuit, — et plus de repos. L'ancien Paris de Boileau, dont le perpétuel vacarme semblait une matière de satire, quelle chartreuse ! Il existait dans ce Paris-là un religieux qui courait les rues, assemblant les enfants et les femmes du peuple pour leur réciter des vers latins. Et les enfants et les femmes du peuple s'attroupaient, disant : C'est M. Santeul ; venez ouïr ses vers ! Aujourd'hui nous avons cinquante cordonniers et cent emballeurs qui font des vers, et le peuple n'en connaît pas un ; il lit de la prose, la prose des journaux.

A certains jours la jeunesse lettrée se rendait au seuil de certaines églises, pour s'amuser à expliquer en latin des devises latines qu'on y affichait. Une fois, un de ces jeunes gens, — c'était un avocat — fit un barbarisme. Tout Paris en éclata de rire pendant plusieurs mois. Cet avocat, nommé Barbier d'Ancour, perdit son nom. Il n'était plus connu que par son barbarisme. Il avait dit *sacrus* au lieu de *sacer*, on ne l'appelait plus que l'avocat *sacrus* ; si bien que longtemps après, ayant fait ses preuves en français, il eut encore mille peines à se couler dans l'Académie. Il y entra par surprise et ce fut un scandale. Aujourd'hui les académiciens font des barbarismes français.

## V

### AU PETIT SÉMINAIRE.

Je suis dans un âpre village, sous un toit aussi rude que les rochers qui l'entourent. Les hommes que j'y ai trouvés appartiennent à cette élite du genre humain que je cherche et qui me plaît uniquement, savourant la joie rare d'aimer, de respecter et d'admirer. Ces hommes sont jeunes, instruits, remplis de saintes ardeurs : ils acceptent de vivre captifs et pauvres, et ce qui est plus grand encore, de vivre laborieux et inconnus dans ce lieu sauvage, pour former des hommes comme eux, qui accepteront la même vie éloignée de toute gloriole et de toute mollesse, dévoués dès leur jeune âge aux travaux du Christ. Vous reconnaissez un petit séminaire. En général, les petits séminaires sont pauvres. Celui-ci est indigent. On m'a donné la chambre d'un professeur. Je l'inspecte avec une curiosité pieuse, et cet inventaire me console beaucoup.

Le mobilier, si j'en excepte les livres, ne vaut pas cinquante francs ; il n'y a point de meubles pour serrer les habits. Quant aux livres, ils ne sont point beaux, ni rares. Néanmoins depuis quelques années, toutes les économies du propriétaire y ont été mises. Chose admirable, qui peint la littérature de nos jours ! La classe de gens qu'elle déteste le plus et contre laquelle elle ameute ses lecteurs, est la seule qui achète encore des livres. Il est vrai que cette classe-là n'achète point les livres que fait cette littérature-là.

Ces livres que j'ai sous la main ont été lus, et plusieurs même sont fatigués. Il y en a bon nombre qui traitent de la science que mon hôte enseigne ici. Les autres contiennent tout ce qui peut orner sainement l'esprit et tout ce qu'il est à propos de savoir sur les choses du temps présent. Je connais à fond plus d'un docteur de grand journal qui ne se trouverait pas à l'aise devant le propriétaire de ces livres, s'ils venaient à se rencontrer en présence d'un auditoire compétent. Mais le journal sait choisir son terrain, et l'auditoire est choisi.

Le petit séminaire de Servières est un château des Turenne. C'était une forte demeure, faite pour dominer le pays. Elle s'élève en solides pierres, sur un sommet de rochers entouré de ravins profonds, au sein d'un pays facile à défendre très loin à la ronde. Il y avait des remparts, des parapets, des citernes ; les maisons qui forment le village étaient habitées par de petits gentilshommes vassaux. Je ne sais si ces fiers Turenne avaient cru bâtir un petit séminaire ; c'est ce qu'ils ont fait pourtant.

Je songe à Rome. Ainsi Rome s'était faite forte et inexpugnable. Les jours de la rétribution sont venus ; Rome a été prise et dépouillée, mais ses vainqueurs ne l'ont pu détruire. L'homme croit se venger et ne venge que Dieu, Rome est restée la tête du monde, tête plus puissante que jamais. Servières est toujours un château-fort, plus fort que jamais. On a jeté des ponts sur les ravins, on a ouvert partout des portes, il n'y a plus d'armes ni de chevaux; mais c'est un arsenal d'idées.

On y fait des hommes, plus que des hommes, des chrétiens; plus que des chrétiens, puisque beaucoup de ces enfants élevés ici seront prêtres. Un prêtre, un prêtre! Il n'en faut qu'un çà et là pour tout maintenir. Dieu n'a pas permis que rien jamais sur la terre fût plus fort qu'un seul homme qui dit : Je crois.

Quand je passe devant un petit séminaire, tout mon sang se remue et se réjouit dans mon cœur. Mon sang chrétien, mon sang français. Le petit séminaire est l'école nationale. Là sont élevés ensemble des enfants de la même terre; ils sont élevés dans toutes les traditions de la patrie, ils se connaissent, ils s'aiment par l'esprit et par le cœur ; et quelles que soient les tempêtes de la vie, ils auront à jamais un même mot de ralliement, un même drapeau : Ils aimeront Dieu et la France.

1861.

## LA PAIX

Une fille spirituelle de l'abbé Planson avait reçu de lui quelques lettres d'où j'ai tiré les conseils suivants, qui répondent à beaucoup de plaintes et à beaucoup de feintes. Il y a des âmes inquiètes, il y en a qui voudraient l'être. Les premières sont vraiment malheureuses ; les autres, tranquilles au fond, aspirent follement à de lâches douleurs. Si l'abbé Planson avait démêlé ce caractère dans la personne qui le consultait, il ne lui aurait pas écrit. Elle lui parut vraiment tourmentée, il eut pitié d'elle et lui apprit à trouver la paix.

### I

Votre maladie, si je m'y connais, est incurable, non point mortelle. Elle est incurable parce que vous la décrivez très bien. Cette consultation que vous demandez ne saurait être donnée par personne mieux que par vous. Si vous pouviez guérir, vous gueririez. Mais la maladie n'est pas mortelle, parce qu'elle n'est pas de celles qui irritent les regards de Dieu. Vous vivrez avec cela. Tantôt la souffrance sera plus aiguë, tantôt plus douce ; l'âge la calmera sans l'emporter définitivement, et Dieu vous prendra enfin dans un état de résignation qui sera un certain mépris paisible de tous vos désirs non satisfaits. Vous vous traiterez en priant, en pleurant, en chantant. Tâchez de ne rêver jamais. Dans la tempête, soyez le naufragé qui souffre, mais qui ne s'oublie point et ne désespère point, car la frêle planche qui le soutient est plus forte que le vent et que la mer. Il y aura des moments où vous sentirez très bien votre lâcheté et votre ingratitude : alors votre cœur s'élançant vers le Dieu bon qui vous secourt, bénira la tempête. Si nous n'étions à ce point misérables, saurions-nous à quel point nous sommes aimés ?

Ne consultez personne que votre confesseur, et ne le fatiguez pas comme tant de dévotes qui font consister toute la religion dans le cher ennui de parler de soi. Le mieux qui puisse arriver de ces racontages est qu'ils restent sans fruit. La sagesse humaine n'a point d'onguents pour vous. Votre mal très glorieux est d'être sur la terre et d'aspirer plus haut. Envolez-vous sur les ailes de la prière. Heureuses, lorsqu'elles le savent, les âmes à qui Dieu ne laisse d'entretien qu'avec lui !

Confiance, confiance! Notre Père *qui est aux cieux* est le Père de l'enfant prodigue. Et s'il pouvait ne pas entendre quand nous crions : Père! il y a près de lui la Mère, qui entendra. Mais il ne faut appeler la Mère que pour lui demander de nous aider à former en nous le Fils. Tout autre œuvre est indigne de sa majesté. Quand c'est cela que nous voulons faire, alors Elle nous aime et nous aide. Sinon, Elle a toujours de la pitié, mais la mesure de sa pitié s'ajuste à la taille de notre amour : et quelle est la taille d'un amour fainéant?

II

Soyez franche, soyez simple, soyez ce que vous êtes. Je ne goûte guère ces traités de morale et de bienséance qui recommandent « un maintien composé ». Ne laissez rien dans votre cœur qui n'y doive être, et rien ne paraîtra dans votre attitude que l'on puisse blâmer. C'est le cœur qui fait le visage ; mais la composition du maintien est un masque qui peut déformer le cœur. Ce masque tombe toujours et découvre un visage que la réaction du cœur déformé a rendu hideux. Oh! combien j'aime mieux la colombe que le serpent! Je la crois même plus fine : elle a des ailes! Cependant une femme doit avoir de la prudence, la prudence de la colombe qui ne vole point partout, qui ne pose point le pied partout, qui ne violente point l'instinct par lequel elle est avertie de fuir.

## III

Gardez-vous de la mélancolie, même lorsqu'elle se présente sous couleur de contrition. Une vaillante allégresse dans le devoir vaut mieux que tous les regrets sur les fautes passées. La mère Séraphine Boulier sentait ses péchés matériellement effacés par les paroles de l'absolution. A tous ceux qui ont sincèrement confessé leur misère, cette grâce est accordée, bien qu'ils ne le sentent pas. Craignons le moindre alanguissement. Allons vers Dieu de bon courage, comme l'enfant pardonné court vers son père.

## IV

Je vous plains des deuils qui vous entourent. C'est vous plaindre de vivre. La vie se compose d'une longue suite de morts. Nous mourons en nous, nous mourons autour de nous, nous mourons dans nos espérances réalisées. Il faut regarder passer la vie et se taire. Des choses que nous appelons, peu viennent; elles passent et nous les rappelons en vain, elles ne reviennent pas. Il est de l'essence de la vie et des choses de la vie de passer. Toute fleur passe, le plus souvent stérile, quelquefois laissant un fruit, je veux dire l'espérance d'un fruit qui ne vient à maturité que pour passer à son tour. Rien à faire pour ramener les fleurs et rattacher aux branches les fruits avortés, ou tombés, ou dévorés! Mais nos âmes doivent se former dans ces tempêtes qui emportent les fleurs, et mûrir sous ces âcres soleils qui brûlent toute verdure. Qui sait cela, sait tout. Alors on porte la vie et la mort. Alors on triomphe aisément de cet attrait dangereux qui excite à la plainte; on se renferme dans ce silence qui laisse Dieu parler, et Dieu parle : il fait comprendre qu'il demande beaucoup parce qu'il veut donner beaucoup.

Ce n'est point que je veuille ôter la compassion de votre cœur. Au contraire. Dites-vous seulement, en thèse générale et pour le cas de besoin, que la compassion que nous avons pour nous-même retire beaucoup de celle que nous devons au prochain. Assistez vos amis dans la douleur. Assistez les mourants sans les plaindre de mourir ; que l'ardeur constante de vos prières en faveur de leur âme témoigne de votre fidélité pour eux.

## V

Si Dieu vous disait : — Quel don veux-tu? Comme vous êtes tenue par la justice de ne demander pour vous que ce qui peut en vous être le plus utile aux autres, répondez hardiment : — Seigneur, la largeur d'âme!

C'est la largeur d'âme qui vous fera négliger les petites offenses et qui vous apprendra à pardonner les grands torts ; c'est la largeur d'âme qui mettra sur vos lèvres les bonnes paroles et qui vous rendra faciles et communes les bonnes œuvres, tout particulièrement la meilleure et la plus difficile, qui est de supporter les défauts d'autrui.

Je ne méprise point les dévotes, Dieu le sait! Et que resterait-il à beaucoup de pauvres créatures, si elles n'avaient ce peu que l'on appelle mal à propos dévotion? Mais enfin, j'ai vu trop de dévotes à qui nulle vertu ne manque, sauf la largeur d'âme, sauf d'être chrétiennes.

## VI

Donc, vous vieillissez? Voilà une bonne nouvelle. Ce moment arrive pour vous où nos organes, prenant les privilèges des vieux serviteurs, font mal la plupart de leurs offices et en refusent tout à fait quelques-uns. Les infirmités apparaissent et s'installent. Qu'elles soient les bienvenues! La très miséricordieuse Providence les envoie pour imposer enfin la patience et la sagesse à l'hôte intérieur, qui prétend ne point vieillir.

Tout se détache de l'homme pour l'avertir de se détacher. Heureux ceux qui comprennent ces avertissements décisifs! Plus heureux ceux qui ne les attendent point et savent courir au-devant. Il est bon d'offrir aujourd'hui ce qu'il faudra bon gré mal gré donner demain.

Infirmités, infériorité de position, mauvaises rencontres de la vie, pures misères indignes de nos pensées! Quiconque connaît Dieu et veut le servir, est en bonne position, en bonne santé, en bonne pratique de la vie. Si vous vous trouviez de passage chez les Océaniens, vous les verriez très fiers d'être tatoués, de porter des colliers de verroterie, de manger leurs ennemis vaincus, et d'oser tirer leurs flèches imbéciles contre la lune. Auriez-vous envie d'abjurer votre éducation civilisée pour régner parmi ce monde-là?

Vous êtes une fille de roi dans l'exil, une noble fille du Christ, qui travaille généreusement à conquérir son trône. Attendez ainsi les jours que vous ne connaissiez pas, vous inquiétant peu qu'ils soient laborieux et sombres, pourvu que vous fassiez un pas sur votre chemin, vers votre but royal et éternel. Vous ne savez pas ce que Dieu vous garde, mais vous savez qu'il ne vous garde rien qui ne soit digne de son enfant.

# LETTRES A UN AMI

Les lettres tristement revenues dans mes mains, d'où sont tirés les fragments que l'on va lire, ont été adressées à M. Adolphe-Esprit Segretain, que j'ai eu la douleur de voir mourir cette année. Nous nous étions connus tard, mais une grande sympathie existait entre nous, et notre amitié avait vieilli, pour ainsi dire, dès le premier jour.

Il était doué d'un esprit vif, brillant, frivole à l'extérieur, au fond très sérieux. Sans beaucoup s'appliquer, il avait beaucoup appris. Certains hommes semblent nés pour SAVOIR. Cet amoureux de la conversation, de la musique, de la distraction en tout genre, prenait à la course les choses les plus difficiles et ne lâchait rien. Un sens très droit l'avait amené presque sans guide aux convictions les plus éloignées de ses premières études et des entraînements de sa vie. Laissant les philosophes incrédules, qui furent d'abord ses maîtres, il avait passé tout seul aux pensées chrétiennes ; et des pensées chrétiennes, il était arrivé aux idées catholiques. Néanmoins, il resta quelque temps sur le seuil, entre M. de Lamennais tombé, qu'il voyait assez assidûment, et un autre homme qu'il rencontrait parfois et dont il avait peur, quoique puissamment attiré vers lui. Cet autre était dom Guéranger, abbé de Solesmes. M. Segretain avait peur de lui, parce que dom Guéranger ne se contentait pas de faire de la philosophie et de l'histoire, et lui parlait franchement de ses devoirs envers la vérité. Segretain fut bientôt convaincu ; mais il était humilié de ne pouvoir répondre, et il lui répugnait extrêmement de conclure.

Il céda enfin. Il venait de se marier ; il aimait tendrement sa femme, personne aimable et remplie de toutes les bonnes ardeurs. Le même jour, du même cœur, ils se soumirent aux douces sévérités de la vie chrétienne.

M. Segretain se sentait né pour les œuvres de l'esprit. Il s'était essayé dans divers genres, tâtant à la fois les plus opposés. Il avait publié, encore imberbe, deux volumes de philosophie sociale intitulés : *Les Éléments de l'État*. Quand on lui reprochait, plus tard, comme à tous les catholiques entiers, de n'être pas de son temps : « — Comment ! » disait-il, « et les *Éléments de l'État ?* Un plan complet de réforme politique, religieuse, administrative, composé à dix-huit ans, publié à vingt ans sans ombre de scrupule. Et je ne suis pas de mon temps !... » Ces fameux *Éléments de l'État* n'étaient point son début : une année auparavant, il avait mis au jour quelques pièces de vers, intitulées : *Poésies de collège*. Œuvre de collège, en effet, portant d'ailleurs la marque d'un esprit facile et gracieux. Il se montra tout de suite supérieur à ces vains ouvrages en dédaignant le petit succès qu'ils avaient obtenu. D'accord avec son bon esprit, sa paresse l'empêcha de continuer. Averti par un instinct sûr, il laissa dormir ce don de facilité d'où il avait senti qu'il ne tirait rien de nouveau. Il s'occupa de gouverner sa médiocre fortune et ne philosopha plus qu'en amateur. Les circonstances politiques l'éloignèrent encore plus de la vocation littéraire. Il devint maire de Laval et fut élu député en 1852.

C'est alors que je le connus. Ses relations avec dom Guéranger l'avaient mis en relations avec les rédacteurs de l'*Univers*, l'intimité ne tarda pas. Nous lui fîmes reprendre la plume. Toutefois, il n'était pas entièrement journaliste ; il craignait la polémique. Il n'était pas non plus parfait député ; il avait horreur des démarches et des stations dans les ministères. Sauf un grand acte, auquel il eut une part très active, la création de l'évêché de Laval, il ne fit pas grand'chose pour son département. Que de fois il remit et oublia des démarches nécessaires à sa situation politique, pour terminer une partie de boules engagée entre les rédacteurs de l'*Univers !* Mais il aimait mieux s'engager dans la partie de boules que dans les discussions contre les autres journaux. Au fond, ni le journal parisien ni les électeurs de Laval ne lui avaient donné ce qu'il lui fallait ; et ce qu'il lui fallait, il ne le savait pas encore.

Tout commença de s'éclaircir et de se débrouiller en 1856, année électorale. Il ne fut pas réélu, il donna sa démission de maire, et il vint se fixer à Paris, assez ennuyé de son échec, assez content de n'avoir plus rien à faire ; c'est-à-dire de n'avoir plus à faire que ce pourquoi il était fait. Il avait bien résolu d'écrire pour la cause de l'Église.

Pour commencer, il entreprit un travail sur l'abjuration de Henri IV. Il y sentait une grande joie d'esprit, exerçant à la fois toutes ses aptitudes, qu'il n'avait pu jusqu'alors expérimenter qu'isolément et avec beaucoup de gêne : il faisait en même temps et dans sa mesure de la philosophie, de la politique, de la critique, de la polémique ; et tout cela, c'était cette grande et belle chose qu'on appelle l'Histoire. Il donna un livre court, mais substantiel et vivant, plein d'ordre, plein de vues, d'une clarté excellente, d'un style franc et vif. Les meilleurs juges, dom Guéranger et M. Édouard Dumont en tête, en furent charmés.

*Sixte-Quint et Henri IV, introduction du protestantisme en France,* tel est le titre de ce livre, ne formait que la première partie d'un ensemble qui devait contenir l'histoire du *Traité de Westphalie,* l'histoire de la *Révocation de l'Édit de Nantes,* enfin l'histoire des *Origines immédiates de la Révolution française.* Les matériaux étaient rassemblés et en grande partie étudiés, le plan arrêté jusque dans les moindres détails, plusieurs chapitres importants déjà ébauchés. Après le coup d'essai que nous venions de lire, nous pouvions espérer un chef-d'œuvre. Cette espérance n'aboutit qu'à un deuil plus profond.

M. Segretain avait quarante-trois ans ; sa constitution, d'aspect robuste et joyeux, semblait mettre une longue vie au service de ses desseins. Il devint malade, mais sans se croire encore menacé, et il disait même qu'il n'en travaillerait que mieux. Bientôt le mal le renversa, le coucha comme pour le dévorer plus vite. Il entrevit la mort, cruelle et prochaine.

Jusqu'alors, il avait eu plus de foi que de piété ; la religion semblait être pour lui un soleil sans chaleur, il aimait moins qu'il ne croyait. La souffrance lui apporta l'amour. Il se tourna vers Dieu aussi promptement, aussi pleinement qu'il était terrassé. Tout de suite il appela le R. P. Lefèvre, de la Compagnie de Jésus, à qui il avait donné dès longtemps sa confiance, et il se soumit à la volonté de Dieu avec l'ardeur d'un cœur purifié et la simplicité d'un grand esprit. « Dieu fait bien », me dit-il, « et me traite comme il faut ; j'avais l'orgueil de la vie ! » Il me dit un autre jour : « Dieu me guérira si cette épreuve peut « me convertir. S'il voit que ma faiblesse est incurable, alors « sa miséricorde me rappellera, et il fera faire par un autre, qui « le fera mieux, ce que j'avais rêvé pour la défense de la vérité. » C'est dans ces sentiments qu'il est mort, nous édifiant par sa patience et par son amour, libre d'esprit jusqu'au dernier moment. Le docteur J. P. Tessier, notre ami, qui le soignait comme un frère, ayant ordonné des sinapismes pour le soulager des suffocations qui le torturaient : « Des sinapismes, » dit-il, « je sais « ce que cela signifie. » Quelques moments après, il porta le crucifix à sa bouche et ce fut le dernier mouvement de ses bras ; il dit : « Jésus, Marie, Joseph, » et ce fut le dernier mouvement de ses lèvres ; il tourna la tête vers l'image du Sauveur qu'il avait fait placer dans son alcôve, et ce fut le dernier regard de ses yeux.

Son visage encore riant et animé, pendant sa maladie, et qui ressemblait à sa conversation, habituellement piquante, était devenu sévère. C'était, si je puis parler ainsi, le visage de son livre, le visage de l'homme intérieur qui vivait avec une pensée plus haute que son langage ordinaire et qui, dans la solitude et jusqu'au milieu du monde, contemplait en lui ses tristesses dont il ne parlait pas. Ce visage caché à l'œil même de l'amitié, l'œil de l'artiste l'avait pourtant aperçu. Un portrait de Segretain, par M. Émile Lafon, lui donne cette physionomie qu'on ne lui voyait jamais. Nous disions au peintre : « Quelle idée de nous montrer un Segretain sérieux et presque imposant ? » Il nous répondait : « Ce n'est pas peut-être le Segretain qui parle et qui remue, mais c'est celui qui vit. » L'artiste avait raison, mais cet homme vivant ne se montra que dans la mort. *La mort,* dit Bossuet, *révèle le secret des cœurs.*

Cette notice ne paraîtra guère en rapport avec les fragments que l'on va lire, tirés de lettres écrites quand notre amitié ne m'avait encore apporté que ses allégresses ; et ces fragments eux-mêmes, peut-être, ne justifieront que difficilement leur présence dans ce livre. L'amitié veut que je laisse quelque souvenir d'un homme de si grand mérite, que la mort a jeté dans l'oubli lorsqu'il allait sortir de l'obscurité.

1862.

1855.

Je condamne votre passion contre les rogatons en gros style.

Ne comprendrez-vous jamais l'utilité et l'autorité du bouilli dans les choses de l'intelligence! En littérature, le bouilli est très puissant; en politique et en philosophie, il règne;

Et à l'état de miroton, il n'a plus de rival, il est dieu!

Se régaler de bouilli réchauffé avec de gros oignons, est une volupté très recherchée de l'esprit humain. C'est dans cette sauce qu'il met du laurier.

Par condescendance pour les délicats, Dieu a permis d'autres ragoûts. De ces autres, vous n'en avez pas à *gogo* et vous vous plaignez. Mais, qu'êtes-vous, pour que Dieu change le temps où il a trouvé bon de vous faire vivre? Vous vivez dans une démocratie; mangez à la gamelle, ou serrez-vous le ventre.

Lulu devait se confesser hier pour la première fois. Elle en était très fière, et elle s'est réveillée, en disant: « Je vais tâcher de faire une aussi bonne confession comme j'ai fait un bon somme. » Preuve que la chose est dans la nature.

## II

1856.

Ainsi vous voilà décidément tiré de la vie politique! Soyez-en décidément content. Pour vous, c'est le vrai moyen d'entrer dans « les affaires ». Vous allez être où Dieu vous veut, et vous ferez ce qu'il veut. Il n'y a que cela qui plaise. On croit le dire par convenance, et c'est la vérité.

## III

Erquy, 1856.

Erquy, cher ci-devant, est le lieu où je voudrais avoir une maison avec une chambre pour vous, à moins que vous n'eussiez la maison et moi la chambre. Il y a des grèves, et puis des grèves, et encore des grèves, et des rochers sur des rochers, et sur ces rochers enrochés, des pelouses vêtues de camomille et de fougère, avec des fontaines courantes et du cresson dans les claires eaux. Les plus beaux sables, les plus beaux vents, la fraîcheur à l'ardeur du soleil, mille sites soudains, du joli dans le grandiose, beaucoup d'appétit, point de Parisiens. Voilà ce que c'est qu'Erquy, dont vous dites : Qu'est-ce? Un idéal de

bain de mer! Je vois la mer de ma fenêtre, et je
l'entends de mon lit. Ajoutez une église pleine de
bonnes gens pleins de bons sens, nulle crinoline, et
même des abonnés de l'*Univers*.

Comment ai-je trouvé cela? Je n'en sais rien. Un
prêtre que je ne connaissais pas du tout et que je ne
connais guère encore, avait là sa maison, qu'il m'a
louée pour un grand merci. Maison montée en lits,
linge, vaisselle, chaudronnage, légumage, liqueurs
fortes (dites fines), pot à tabac et livres de main. Je
l'ai remplie de mon clan et de moi-même, j'y reçois
des visites, j'y lis, j'y fume, j'y rime ; j'y « penserais »,
si j'étais penseur. Eugène vient d'arriver, Arthur s'annonce, il ne manque que vous. Nous pêchons; j'ai
mangé de ma pêche!! Néanmoins la cuisine est faible.
C'est primitif presque tout à fait. Mais l'air marin est
grand maître-queux ; et puis si vous étiez là, il faudrait
bien trouver à frire.

Votre lettre a été la bien venue; on l'a lue au déjeuner avec grand applaudissement. Vous avez de l'esprit à en donner aux autres, et l'on ne peut déposer
le galon plus à la spartiate. Passez-vous d'être brodé,
jamais vous n'eûtes meilleure mine. Le *philosophe
chrétien*, ce n'est plus Rupert, c'est vous. Rupert n'a
fait que le livre, vous faites l'homme. Enfin, je vous
souhaite ici, et j'imagine que la conversation irait ron-
dement. Je vous dégoiserais à plein cœur tout ce que
j'espère de votre rentrée sur un terrain que j'ai toujours

cru fait pour vous. Si je ne craignais les attendrissements, qui ne sont plus de mon âge, j'ajouterais « quelques paroles senties » touchant la confidence de vos petits arrangements. C'est là ce qui me chatouille au bon endroit; j'y trouve le *je ne sais quoi* qui ne se dit qu'à l'ami qui passe frère. Oui, oui! nous y pendrons la crémaillère en ce réduit du sage, et les dames publient qu'elles en seront. Nous verrons vos tableaux de Port-Royal; nous boirons le bon vin du bon Dieu à la barbe de ces ivrognes d'eau qui se saoulaient de leur fausse pénitence. Ah! les vilains anges! Mais ils étaient beaux imprimeurs, et comme piocheurs il faudrait les prendre pour modèles. J'en lis un présentement, qui a des pages fortes et superbes; c'est Duguet. Entre autres petits travaux, il a commenté l'Écriture sainte : quelques douzaines de légers volumes, pleins de science, de belles pensées, souvent de poésie. N'est-ce pas vexant.

Voici l'heure du bain : la mer vient se faire prendre avec une négligence de reine et une ponctualité d'esclave.... ou de Dieu. Je vous laisse. Et tous les charmes d'ici, quoique grands et puissants, n'empêcheront pas que je revienne joyeux à mon ruisselet parisien. Ce n'est pas peu, pour l'agrément du cloaque, de savoir qu'on vous retrouvera sur les bords, avec Du Lac et les autres frères, et les boules, et nos petits fricots. D'ici, l'œil sur les rochers et sur la mer, à travers la brume lumineuse, je vois quelque chose qui n'est pas sans attrait encore parmi ces solides biens : c'est le profil de notre portière de l'*Univers*. Définition de l'homme : Un animal fait pour la société, qui croit se plaire dans la solitude. Les vrais amants de la solitude n'ont jamais vu le profil de leur portier dans la brume, sur le grand horizon de la mer et des rochers. Mais les vrais solitaires sont-ils des hommes?

## IV

Je réfléchis sur une observation que vous me fîtes, il y a deux mois. Je prétends que je n'ai pas eu tort de vous appeler *mon gros*. Vous demandiez si, Dieu vous ayant infligé une bosse, je vous appellerais *mon bossu?* Non, certainement! — Eh donc! dites-vous. — Eh donc! dis-je. Pourquoi ne vous appellerais-je pas bossu? Parce que bossu est une disgrâce; mais gros ne l'est pas : et la preuve, c'est que je vous ai appelé spontanément *mon gros*. Si vous aviez jamais aimé, vous sauriez que la langue de l'ami ne fourche jamais. Bossu est laid, et l'on chuchote bien des choses sur le caractère des bossus. Celui donc qui aime un bossu, ou ne le voit point bossu, ou, averti par l'instinct de l'amitié, ne donne point à son bossu d'ami ce titre de bossu qui caractérise la laideur. Mais *gros* est si charmant, si rond, si fleuri, si joyeux, que l'amitié n'hésite nullement de qualifier gros même des maigres.

Quand je vous ai dit : *mon gros,* je voulais donc vous dorloter. Si vous avez des préjugés que je ne pouvais prévoir, ce n'est point ma faute.

Et comment veux-tu que je ne te dise pas gros, quand je vois la place que tu tiens dans mon cœur!

Je médite sur ce point et je juge important que nous dinions ce soir ensemble pour tirer la conclusion. Votre couvert est mis,

..... Entrez, on vous attend.

## V

Mon cher ami, quand un homme peut ne pas se presser de publier un livre, c'est son devoir de ne pas se presser. Ainsi l'on corrige ce qu'il y a toujours d'imparfait dans le très excellent don de facilité. Certains ouvrages moisissent pour deux ou trois mois de tiroir; le vôtre est de ceux que le même délai fait mûrir. Vous n'y toucherez pas, ainsi le veut la bonne nature (vous savez qui j'entends), laquelle a bien eu ses motifs pour vous rendre paresseux; mais vous y penserez, et voilà précisément comment la chose viendra à pleine et parfaite maturité. Les épreuves seront relues d'un œil plus sûr, vous épousseterez plus à fond ce qui, dans le branle-bas de la composition, aurait pu s'échapper des cases de votre cerveau où ne séjourne pas l'esprit de l'histoire.

J'ajoute que nous sommes dans la saison des fruits et des fleurs, et que votre livre est une bonne grosse viande, faite pour les sérieux appétits de l'hiver.

De plus, un chapitre sur le Concile de Trente serait utile et même nécessaire. Tout ce qui est utile dans un livre y est nécessaire, comme tout l'inutile est mortel. Ce Concile est le plus grand flambeau que les papes des temps modernes aient porté dans leurs mains. Pourquoi n'en laisseriez-vous voir la lumière qu'à travers un verre dépoli ? Vous n'aurez jamais l'occasion plus opportune de dire ce que vous pensez là-dessus.

Enfin, je suis aussi pour la préface « carabinée » ; morceau encore qui ne perdra rien à recevoir deux façons.

Je conclus donc comme vous à laisser passer la belle saison avant de mettre les imprimeurs en besogne.

## VI

1860.

Je ne puis que vous féliciter de n'avoir point vu cet opéra, que l'on dit ennuyeux au possible ; et quel possible que celui de l'Opéra ! Mais vous conviendrez que j'ai agi avec délicatesse en vous envoyant le billet. Si le donateur a jeté les yeux sur la stalle vide, comme il a dû la trouver pleine de nos vertus et de notre esprit !

Pendant que vous n'alliez pas à l'Opéra, je caquetais avec dame Nature, très belle et douce par ici ; mouillée comme il convient à la saison, mais souriante en son humidité. Les foins étant rentrés, la pluie ne peut assombrir la bonne humeur de mon hôte, et au contraire cette pluie assure le regain. Il est homme, d'ailleurs, à ne point laisser voir un pli de tristesse pour toute une récolte fricassée. Je jouis de lui autant que de son admirable château, un vieux diamant dans un bouquet de tilleuls, de buis, de lis et de roses ; et le bouquet lui-même est placé sur une nappe de blés. Le nom du lieu signifie *vallée des épis*. Plus loin sont les vignes, plus loin les bois. C'est grande joie de voir un vrai gentilhomme, bien en chevaux, bien en voitures, bien en chiens, vaches, veaux et taureaux, se gaudir dans cette seigneurie plantureuse, où il fait toutes les bonnes œuvres que permettent les autorités. Ici ont passé, ont demeuré vingt nobles perruques, encore visibles dans l'histoire.

Je lis des lettres autographes de Vauban, qui a fortifié le lieu ; de Marie de Rabutin, qui l'a visité ; du grand Condé, qui l'a habité ; j'en cherche de Le Nôtre, qui a dessiné les jardins. Tout cela ne me semble point rustre. Et deux belles nobles simples jeunes filles nous jouent Mozart.

J'ai d'autres plaisirs. Hier, furetant dans la bibliothèque, très noblement garnie, j'ai trouvé en un certain fond, un affreux nid de serpents du xviiie siècle, charmants de peau, de dorure, d'impression ; quant au surplus, de quoi pourrir la Bourse. Le propriétaire ne se connaissait pas cette richesse. Je lui ai proposé de tout mettre au feu. Il y avait M. de Parny, M. de Voltaire, M. de Grécourt et d'autres. Nous en avons fait un beau bûcher, pour solenniser la fête de saint Vincent de Paul. J'ai jeté les yeux dans quelques-uns de ces livres, que je ne connaissais que de noms. C'est complètement ignoble et complètement inepte, et il faut avoir bien envie de se corrompre pour dévorer tant d'ennui. Ma foi, je suis ouvertement de l'avis d'Hello : Le diable est un être médiocre !

Adieu, *arcicarissimo*. Nous partons pour une expédition historique et champêtre, avec des paniers pleins de nourriture. Nos filles ne savent plus se servir que d'une jambe à la fois. On leur annonce qu'elles passeront une rivière sur un arbre !

## VII

Arcachon, 1860

Ah ! dame, ce n'est plus Erquy ! Il y a différents bords de mer. J'ai un petit compartiment dans un petit meuble de bois qu'on appelle chalet, posé entre cour et jardin. Il y a du sable dans la cour et du caillou dans le jardin, et nulles autres fleurs que mes filles. La barrière du jardin (qui est peut-être la cour) est formée par la mer, comme nous appelons cela ; et la barrière de la mer, à deux portées de fusil, est formée par des sables plats. De l'autre côté, la barrière de la cour (qui est peut-être le jardin) est formée par des sables hauts, couronnés de sapins maigres. On se promène dans le sable. Ceux qui n'aiment pas le genre d'exercice que procure ce sol mouvant, peuvent prendre des échasses ou des chevaux. Mes filles circulent dans le sable, et il ne paraît pas que rien puisse être plus charmant ; mais elles s'y préparent en faisant un verbe, après quoi tout paraît délicieux. Malheureusement, je sais mes verbes. Entre les échasses et le cheval, je délibère de mourir de vieillesse, assis sur ma chaise. C'est Buloz qui me sauve. Je lis Esquiros, Mazade, Philarète, Fromentin. Ah! il y en a, du sable, en ce bas monde! Je lis deux journaux tout entiers tous les jours. Je voudrais bien m'en aller. Je reçois des visites et je donne des consultations sur les besoins, sur les périls et sur l'avenir de la société. Hélas! ce n'est plus juste. Notre père Bonald osait dire : « J'ai écrit de ces choses-là toute ma vie pour avoir le droit de n'en jamais parler. »

Pour ne vous rien déguiser, il y a de certains moments où je serais volontiers triste. Ce n'est pas beau, ce que mes deux journaux me font voir! Il me tarde d'être à Tulle. Là je boirai un peu d'*eau-de-vie* qui me remettra le cœur, jusqu'à l'heureuse époque de la retournée, en octobre.

Et alors nous besognerons, nous relirons *Sixte-Quint et Henri IV*, nous lancerons le volume, nous ferons d'autres tours de notre métier.

Néanmoins ce pays est drôle. Mes filles le trouvent délicieux, attendu qu'il a l'air d'une boîte de joujoux. C'est une rue d'une lieue de long, bâtie en maisonnettes, les unes suisses, les autres chinoises, quelques-unes grecques, et deux édifices gothiques battants neufs aux deux extrémités. Tout cela est d'hier. On a apporté tout ce qu'il faut, des églises gothiques, des cafés-concerts, des « magasins de denrées coloniales », — car il n'y a plus d'épiceries, et le fromage de gruyère est denrée coloniale ! — Il y a aussi une librairie, qui se promène dans la rue, attelée d'un mulet : on y trouve les deux Dumas, Ulbach, Bovaryac, Noriac ; rien d'Hippolyte Castille. Le libraire crie : Voici la distraction des baigneurs ! Devant les maisons s'élèvent des acacias-boules qui ont déjà trois pieds de haut. Il y a du gaz, des crinolines, un quarteron de demi-amazones montées sur des bidets jaunes. Je n'en ai vu aucune qui fût un monstre de beauté. Tout ce pêle-mêle peint l'époque, dont la figure est de n'avoir plus aucune figure.

En somme, avec nous, que vous avez le don de mettre de belle humeur, vous croqueriez ici assez gaillardement quelques jours. Il ne faudrait pas un long voyage pour vous introduire chez des gens d'esprit, pères de familles vaincus, comme moi, qui regardent faire des trous dans le sable.

## VIII

Tulle, 1860.

Me voici dans les étrangetés et dans les merveilles. La maison est sur ou plutôt dans une hauteur, sur le rocher et dans le rocher. On a des arbres en haut; la Corrèze, au bas, chante et bouillonne. L'aire était faite pour l'aigle, l'hôte résume bien le logis : rocher couvert d'arbres, fleuve impétueux mugissant dans ses rives trop étroites! La Corrèze, tout en chantant, fait tourner de puissantes machines, et ces machines fabriquent des armes de guerre. Venez un jour voir la quantité de puissants bouquins que l'esprit met ici en mouvement pour forger et tremper l'acier de la parole. Mais il y a savants et savants. Plusieurs ne sont en vérité que des chambres et des armoires de livres, d'où l'on ne tirera jamais que des notes, c'est-à-dire un minerai terreux, d'horrible poids, impropre à tout usage. Ici l'esprit possède le secret que la chimie cherche toujours, le secret de la cohésion des corps. Les livres ne parlent pas à quiconque les interroge! Ici l'esprit les force à parler et les force à s'entendre. Il s'installe au milieu de Babel, et de toutes ces pensées il fait un foyer, de tous ces langages il forme un concert ; et la lumière éclate, et l'Hosannah retentit.

L'évêque de Tulle, cet orateur que vous avez entendu avec tant de ravissement, et qui nous jetait ce grand *Allons ! Allons !* que nous aimons à répéter, il passe une partie de sa vie à parler patois. Il est le même orateur en patois qu'en français. Il ne respecte pas moins sa pensée et son auditoire, et cette grande théologie se fait petite sans s'abaisser.

On a des conversations où il me semble que vous devriez être présent. Je suis un peu gêné de prendre ce régal sans vous et sans quelques autres. Hier, il était question des astrologues. Un livre fut apporté, un de ces livres que l'on trouve ici, où j'ai pris pour vous une note qui me semble curieuse. Ouvrez le Traité *de Sex diebus conditi orbis,* par Fr. Jérôme Vielmo, Vénitien, de l'ordre des Frères Prêcheurs, docteur en théologie, évêque d'Aemonia ; Venise, apud Juntas, 1575, lectio sexta, p. 80. Vous y lirez ce qui suit :

« Sed et Aliacensis (le cardinal d'Ailly) in trac-
« tatu de Concordia Astro, veritatis et narrationis
« historice, cap. 60 et 61 (quem tunc scribebat vide-
« licet anno Domini 1414, sicut in calce operis ipse-
« met aperit) ex Astronomicis indicijs et cum primis

« ex octaua conjunctione maxime suspicatur futuras
« *magnas et admirabiles mundi alterationes, et*
« *forte etiam venturam Antichristum anno Do-*
« *mini* 1789. »

Grands et merveilleux changements dans le monde, avènement présumable de l'Antechrist pour l'an 1789 ! Voilà un étrange coup de lunette astrologique dans un lointain de près de quatre siècles. Et la chose est certaine : cette année 1789, qui a vu la rupture de la société avec l'ordre chrétien, est bien une des années de l'Antechrist.

## IX

Solesmes, 1861

J'ai trouvé Solesmes tel que je l'avais vu, il y a vingt ans, et c'est maintenant la seule chose aimée de moi qui ne soit pas tombée ou qui n'ait pas bougé depuis cette date lointaine. Je ne saurais vous dire le bonheur que j'éprouve à palper et à déguster cette solidité, après cette longue série d'écroulements, de morts et de transformations que représentent aujourd'hui vingt ans d'une vie humaine. Il y a donc encore sur la terre quelque chose que j'ai connu *jadis,* et que je peux reconnaître ! Pour la première fois, peut-être, j'éprouve la sensation du rajeunissement. Les conditions actuelles du monde nous procurent sans exception la sensation anticipée de la vieillesse.

J'ai entendu, en 1838, à Venise, un opéra dont j'ai complètement oublié le titre, l'auteur et tout, sauf une phrase musicale et un vers qui se sont logés dans ma mémoire où ils exhalent un inexprimable parfum de regret et de désir. Un homme revient dans son pays, et il chante : *Vi ritrovo, luoghi ameni*, je vous revois, lieux aimables ! Et il ajoute, sans que je me puisse rappeler les paroles : « Mais moi, je ne me retrouve plus ! » Il faudra que je déterre cet opéra et que je découvre un *basso cantante* qui me chante cette phrase. Je l'ai ici dans le cœur, plus encore que dans l'oreille. *Luoghi ameni !* et j'ai le charme de me retrouver moi-même avec le reste. J'aime ce que je vois, comme je l'aimai jadis ; je l'aime même plus savamment et plus ardemment. Quel délice de contempler cette belle vieille abbaye, assise dans sa majesté douce, au milieu de ce site charmant. Et elle est là depuis huit siècles ! Il y a huit siècles que les collines lui sourient et que la Sarthe coule à ses pieds, silencieuse et vivante ! Savez-vous que c'est une assez belle image de l'éternité, une rivière ? Notre précieux ami Renan craindrait de s'ennuyer au ciel : c'est qu'il ne l'a jamais vu qu'au fond de son encrier. S'il regardait le ciel dans la rivière de Solesmes, le matin après la prière ou le soir après le *Salve Regina*, il saurait peut-être des choses que les Allemands ne lui disent point.

Je me promène avec une incroyable allégresse de

cœur dans ces jardins enchevêtrés qui restent libres au milieu des lois de la culture, qui donnent pêle-mêle des fruits que l'art n'a point croisés et des fleurs que l'on ne cueille jamais, les seuls fruits qui soient savoureux, les seules fleurs dont le parfum soit doux. *Luoghi ameni!* Il y a des places tout à fait négligées, où la terre produit ce qu'elle veut, et c'est encore un charme. Il m'est devenu bien moins désagréable de voir une ortie qu'une grille, et un mendiant qu'un sergent de ville. On abuse du sergent de ville et de la grille! Et ces tonnelles, ces voûtes de feuillage sous lesquelles j'aperçois des moines lisant, priant, travaillant! Il n'était point encore sérieusement question des socialistes quand j'ai vu Solesmes pour la première fois, et je ne me préoccupais point de la grosse « question du travailleur ». C'est cela encore qui est beau et instructif à voir, un homme qui travaille revêtu du saint habit monastique! Voilà la grande égalité dans la sainte hiérarchie. Et enfin, enfin, cette église qui n'est jamais déserte, qui ne perd jamais l'odeur de l'encens, dans laquelle les hymnes, plus éloquentes que les eaux des jardins de Condé, ne se taisent ni le jour ni la nuit!...

J'étudie à nouveau la vie du moine. Il n'en est point au monde qui soit si bien organisée contre la langueur et contre l'ennui. Le moine a toujours à faire, mais sans hâte. Être toujours occupé et jamais pressé, c'est le paradis sur terre, ce me semble, et le para-

dis céleste doit être fait un peu de cette façon. Ajoutez
la flamme du cœur. Le moine est toujours en présence
de Dieu, il parle à Dieu et il l'entend ; il sert Dieu, il
apprend à aimer Dieu. Que le moine sache seulement
ne point mettre le pied hors de sa règle, choisie librement après une étude si calme et si éclairée, il est
dans l'ordre, il a la paix et la joie. Si la tentation vient
l'attaquer au milieu de cette forteresse, il sait se
défendre, il milite, il mérite ; sa joie peut souffrir
quelque trouble, mais sa paix ne lui est point ôtée. Je
trouve ces hommes bien heureux. Il leur est permis
d'être graves ; ils n'ont point de sottes querelles ni de
préoccupations mesquines ; ils ne sont point forcés de
suivre la mode et d'insulter leur corps par des parures ;
ils ne courent point, ils ne babillent point ; la baisse
et la hausse ne les regardent point. Ils sont doux,
simples, sérieux, de bonne grâce ; ils vivent de prière,
de pensée, d'air salubre. Ils ont leur cimetière à l'ombre de l'église, ils y dormiront, la tête appuyée aux
bases de l'autel. Voilà des rois, et nous ne sommes
que des faquins !

Pour que rien ne manque ici, j'y trouve aussi du nouveau et de l'imprévu. Ce nouveau et cet imprévu, c'est
tout simplement le Père Abbé. Je croyais le connaître,
pour l'avoir souvent questionné par lettres et quelquefois entretenu à Paris. Je ne l'avais pas vu ici, dans
son lieu, dans son cloître, dans sa cellule, dans sa
stalle, dans son jardin où il préside l'heure de récréa-

tion en écossant des pois ; à la promenade, où il mène quelquefois les novices. Vous ne me l'aviez pas surfait : il est vraiment fin et fort, plein de savoir en tout, d'excellent conseil, d'une autorité douce, d'une douceur irrésistible, débordant de bonté. Peste ! mon ami, quel chasseur Dieu avait posté pour vous prendre ! Il vous aime en papa, jusqu'à ne pas voir vos défauts ; et moi je ne les lui ai point montrés, parce que je suis un peu aveugle à distance ; mais vous en avez. Que ce Père Abbé est donc moine ! qu'il aime donc sa robe, et son bienheureux Père Benoît, et tous ses moines, novices et frères lais ! Je vais le visiter dans sa cellule, de huit heures à dix heures et demie ; il me reconduit dans la mienne ; on se dit bonsoir jusqu'au bord de demain, et il va « travailler un peu ». Quand je vous dirai que je ne demande pas à me coucher, j'aurai tout dit. Le Père Abbé a lu quelques chapitres du *Parfum de Rome* ; il m'a indiqué de bonnes corrections, et il n'est pas trop mécontent. Si j'avais deux mois à passer auprès de lui, je ferais peut-être un bon livre, qui ne serait pas celui que j'ai conçu.

C'est présentement Dom X*** qui fait la lecture au réfectoire, et Dom Pitra me sert à table, avec un grand tablier passé sur son froc. Il fait cela fort bien, sans rien perdre de sa haute et douce physionomie monastique. Voilà pourtant l'homme de France qui sait le plus de grec, et qui sait tant de choses par-dessus le grec ! Et s'il casse une assiette ou fait quelque autre faute, il se mettra à genoux au milieu du réfectoire, jusqu'à ce qu'on lui dise de se relever. Cela est justement arrivé l'autre jour, et je vous avouerai que peu s'en est fallu que je ne laissasse tomber quelques larmes dans mon verre. Ce n'était pas que je fusse en grande pitié sur le sort de Dom Pitra; certes, je l'aime autant là qu'à l'Institut ! Mais j'étais attendri par le beau de la chose.

Dom X\*\*\*, le lecteur, me procure d'autres émotions. Ce bon Père n'a point pris les leçons de Delsarte. Il a un ton de balançoire circulaire capable de donner le vertige, et en outre, une disposition terrible à s'attendrir sur les malheurs qu'il narre. Hier, il n'a pu retenir un sanglot en lisant la mort du roi Théodoric, décrite par un historien moderne. Je tiens mon sérieux parfaitement et je mange des pois, pendant que les révolutions défilent et que Dom X\*\*\* s'apitoie sur les malheurs des rois. Le soir, une autre histoire occupe mon attention et assaisonne mes pois. Dieu a donné beaucoup de pois cette année à ses Bénédictins de Solesmes ! Depuis seize jours, j'en ai mangé trente-deux fois. Vous voyez que les lectures ne sont pas ce qu'on peut avaler de pire au réfectoire, même quand l'écrivain qu'on y sert est petit cuisinier, comme il arrive parfois : car ce sont ordinairement les modernes qui prennent la parole en ce lieu d'épreuve. Mais la séance est courte, et l'on s'en tire après tout sans fatigue, et même avec profit.

Ah ! que je suis charmé et édifié, et que je me sens refait ! Et que je voudrais, puisque enfin il faudra déguerpir, emporter au moins d'ici le grand art de la solitude intérieure ! Dom Guéranger m'a indiqué des livres pour cela. Peut-être que ce ne serait pas difficile, si l'on voulait bien. Demandez à Dieu que je veuille ; je demanderai la même chose pour vous. Sérieusement, il est insensé de n'être pas chrétien. Cela est insensé et même ridicule. Il faut mettre résolument sous les pieds tout ce qui empêche d'arriver à ce perfectionnement. Nous faisons au bon Dieu des *mamours* qu'il n'aime pas et dont il ne tient nul compte quand nous en restons là. Le bon Dieu n'est pas un petit père ; il ne pardonne pas tout à l'enfant qui se prétend faible et malade pour se dispenser d'agir. *Allons, allons !* comme dit l'évêque de Tulle. Allons, plus de langueurs, plus de défaillance ; laissons tout cela pour prendre gaillardement le fardeau, et levons un regard content vers Dieu qui veut bien nous appeler au travail

## X

Solesmes, 1861.

. . . . . . . . . . . . . . . . . .

Sur cent héros, quatre-vingt-dix-neuf n'ont de force que par leur armure. Ils l'ont revêtue de bon cœur, sachons-leur gré de cela, et ensuite de porter l'armure, malgré la secrète fatigue qui les incline à la déposer.

Mais le monde veut toujours délier les courroies, et les femmes y ont la main particulièrement entendue. Elles le font sans le savoir; le sachant, elles le font encore, sans précisément le vouloir. L'instinct de la fille d'Ève agit avant qu'on le soupçonne éveillé seulement. Voyons si je ferai tomber ce fer! Voyons s'il y a là-dessous un cœur qui batte comme les autres! Et le pauvre héros se trouve à genoux, lorsqu'il croit encore se proposer de combattre. On le méprise, et ce n'est pas injuste, mais il serait plus juste de fermer les yeux, d'oublier, et de ne point recommencer.

Ce qui serait bien encore, ce serait d'avoir pitié de soi-même et de ne point accepter une diminution dans sa foi parce que, le voulant ou non, l'on aura vu un pécheur. Quand nous avons de ces souvenirs périlleux pour notre faiblesse ou notre orgueil, prions Dieu de les envelopper de sa lumière ou de nous les retirer, mais en nous laissant la terreur salutaire des fragilités humaines, des nôtres d'abord, ensuite de celles d'autrui, qui sont nôtres si souvent et par tant d'endroits.

En demandant à Dieu de ne point tomber, soyons cléments pour ceux qui tombent; admirons, faisons plus, aidons ceux qui veulent se relever, et jusqu'à ceux qui seulement le voudraient. Ah! lorsqu'un pécheur impénitent confesse que le mal qu'il fait est le mal, lorsqu'il ne se dit pas innocent, lorsqu'il ne cherche pas à s'excuser, qu'il est déjà grand et sage !

Je n'ai pas eu assez cette miséricorde ; je sortais du baptême et je ne distinguais pas entre les fragilités et les crimes, entre les surprises et les aveuglements du sang et les froides délibérations de l'esprit. Mais depuis, j'ai senti trembler la terre. Que de statues éclatantes et enfin solides (s'il est une solidité), reposent sur des piédestaux formés de débris ! Nous n'avons vu que la faute, Dieu a connu les combats, il a entendu les gémissements, il a vu les larmes, il a compté les bons désirs. Je ne serais pas étonné si beaucoup d'âmes qui jouissent de la présence de Dieu n'avaient eu d'autre mérite que de ne pas désespérer de sa miséricorde.

Ce serait une bonne compassion que celle qui s'exercerait humblement, dans le plus secret de la prière, au profit des hommes qui sont en grande renommée de force et de courage. Il faudrait demander à Dieu d'abord, sans doute, qu'ils ne s'enorgueillissent pas, mais aussi de les soutenir contre le contraste entre ce que le monde voit d'eux et ce qu'eux-mêmes voient en eux. Car le spectacle est tel que la source d'humilité peut devenir un abîme de désespoir.

Savez-vous quelles âmes me paraissent avoir été parfaitement heureuses sur la terre ? Ce sont ces pénitents publics qui se tenaient à genoux couverts d'un sac, à la porte des églises, et sur qui chacun pouvait cracher en passant. Plus d'un pharisien n'y manquait pas, au moins de mine et de cœur ; mais plus d'un publicain moins courageux et même plus d'un saint incontestable ont dû envier cette moisson de mépris et se dire sincèrement qu'elle leur était due.

Pardonnons à ceux par qui nous viennent ces scandales privés, connus de nous seuls ; oublions le scandale et eux-mêmes.

Trois choses sont douces en ce monde : Faire plaisir à ceux qui nous aiment ; ensuite, à ceux que nous n'aimons pas ; ensuite, faire peur aux méchants. Après cela, il n'y a plus rien, ou pas grand'chose.

## XI

Le Pouliguen, juillet 1861.

Ce coin de Bretagne est encore si protégé de sainte Anne qu'il a conservé la vieille poste. Jusqu'à Nantes, les lettres ne voyagent pas la nuit. Point de cercle, point de casino, point de cabaret de lecture ; je dis *cabaret*, c'est ce que je veux dire. Nous recevons le *Monde*, et nous ne voyons que ce qu'il peut nous montrer. Hélas ! il en montre encore trop ! On connaît ici un homme qui a vécu cinq ans dans un rocher, à l'endroit le plus désert et plus périlleux de la côte. Il ne venait au village que la nuit, pour prendre sa provision de pain; lorsqu'on l'allait voir, il se jetait à la mer. On a dit qu'il était fou. Certainement il manquait de sagesse, puisque après une si belle expérience, il est revenu parmi les traîtres humains.

— Et toi, me direz-vous? Moi, c'est différent. Je fréquente des humains humains. Je suis d'ailleurs avili par la prospérité. J'ai besoin de manger chaud, et d'entendre La Bédollière me dire que je baisse, et vous que je me soutiens. Sans ces faiblesses, je ne balancerais plus qu'entre la vie du saint et la vie de l'huître, deux sortes de vie bien supérieures à celle de l'homme civilisé.

Après cela, j'avoue que la civilisation ne manque pas de séductions par ici. Mes hôtes sont bienveillants, très occupés de faire plaisir; ils me témoignent une estime qui me porte à tolérer leurs opinions sur le reste des hommes. La conclusion est que j'accepte encore la vie assez volontiers. Je donne quelques heures au papier blanc, quelques quarts d'heure à certains livres que m'a recommandés le R. P. Abbé de Solesmes. Je tâche de me tourner à la dévotion. Les réflexions que j'ai faites à Solesmes m'ont convaincu mathématiquement qu'on est léger de ce côté-là, et que l'homme a toujours quelques bonnes raisons de se préparer à finir.

## XII

*Le Pouliguen.*

« De grands arbres dont l'ombre majestueuse couvre de verts gazons. » Oh! que j'en voudrais! Faute d'ombre, je m'enveloppe de ténèbres. Le soleil rejaillissant des sables et des flots est entré comme une flèche dans mes misérables yeux; il y a laissé ce qu'on appelle une *conjonctivite.* Connaissez-vous cela? C'est mauvais; c'est plus ennuyeux qu'un poème. Si l'on me condamnait à lire deux chants de la *Henriade* ou un chapitre d'*Émile*, et qu'on me donnât l'instrument nécessaire, je me déclarerais content. Je n'adoucis mon sort qu'en me déchirant le cœur. Antigone, qui comptait se divertir sur les bords de la mer, me lit, deux et trois heures par jour, un certain « *Essai sur... ou tableau historique, politique,* etc., nouvelle édition, soigneusement revue. » Telles sont les choses inhumaines où nous contraint la conjonctivite! Si vous aviez su cela, vous m'eussiez écrit tous les jours et nos destins en seraient adoucis. Sans ce malheur, il n'y a qu'à se réjouir; l'air est bon, la maison est aimable; rien de compliqué dans la façon hospitalière; c'est tout droit, tout simple et tout charmant.

Je m'exerce à faire tourner ma disgrâce au profit de mon âme. Je ne serais pas fâché de donner dans la piété. A cette fin, j'entremêle mon *Tableau politique* de quelques tranches des *Conférences spirituelles* du P. Faber. Livre ascétique, livre anglais, livre traduit; et pourtant j'y prends goût. Véritablement le docteur Faber est un maître homme, et je sais grand gré au P. Abbé de me l'avoir mis aux mains. Il roule son pécheur, le masse, le pelote, le broie, le désosse avec un art qui fait pénétrer le jour dans beaucoup de recoins que l'on tenait soigneusement fermés. Vous me direz que l'amusement semble mince! Peut-être; mais il y a des moments où l'on s'avoue qu'il faut faire une fin. Quand j'ai lu mon journal et que je me sens cet effroyable mal de cœur que vous connaissez, il m'est bon d'essayer quelques pas dans la voie spirituelle. Mon ami, si nous ne sauvons pas nos âmes, nous ne sauverons pas grand'chose : et hors cette guenille immortelle, il n'y a pas grand'chose que l'on puisse avoir à cœur de sauver.

Propos d'un homme éborgné! Je ne l'ignore pas, et c'est peut-être ce mal d'yeux qui me fait regarder au fond!

Changeons de discours. J'ai reçu une lettre de notre loup de mer, écrite du lieu de son échouage. Il me fait une description sublime du peuple de l'endroit : « La « rapacité s'y manifeste avec tout l'arrogant, tout le « subtil, tout l'insolent, tout le crochu imaginable... » La lettre entière est de cette poussée. Dirait-on pas qu'il a lu Saint-Simon? Il en est incapable pourtant, et encore plus incapable de le vouloir imiter s'il le lisait. Mais quelle condition pour bien dire, qu'un grand cœur indigné, et point d'imprimeur en perspective!

## XIII

Je continue de me distraire avec le P. Faber, qui me fait des peurs bleues, accompagnées de fortes envies de conversion. Ce P. Faber est un maître écorcheur, et il a des pinces étranges pour saisir les fibres les plus tenues et les plus cachées sous la peau qu'il enlève dextrement. Grand Dieu, que nous portons d'ulcères! Vous me dites que vous avez conscience de votre profonde infirmité et que vous vous remettez à Dieu du soin de tremper cela dans la mer très profonde de sa miséricorde. Sans se vanter, je crois qu'en fait de misère et de sentiment de la chose, on peut vous valoir; et si l'Institut décernait un prix impérial pour ce genre de mérite, on aurait des chances, même contre vous. Mais cela ne me rassure pas en vue du moment suprême. Le moment suprême, celui après quoi il n'y a plus que l'éternité! Cette éternité qui n'est plus une succession de moments comme la vie, mais une succession sans fin d'éternités! *Basta!* je ne veux pas prêcher, c'est quelquefois une manière subtile de pécher. Seulement, si mes bons propos sont de fermes propos, je m'acharne après votre âme appétissante, et je l'emporte sur les ailes de mes *Ave Maria*.

On fait de bonnes tournées dans les environs. Nous avons découvert un curé de 1,200 âmes, bientôt sexagénaire, blanc, vif, digne, prompt de mouvements, sévère de tenue, qui semble sortir du cabinet de Madame la Dauphine. Il a chouanné en 1832 et il vient de bâtir une église romane. Quand nous sommes arrivés chez lui, il était absent ; mais sa vieille servante nous dit qu'elle avait un ordre général et permanent de recevoir les étrangers qui pourraient se présenter, comme si M. le Curé était là. On nous ouvrit le salon du presbytère, et nous nous appliquâmes à découvrir le caractère et les habitudes du maître par l'inspection du logis. Des livres étaient épars sur une épinette ; Sévigné, Bossuet, Shakespeare en anglais, Barruel. Bon ! Nous mîmes la main sur le journal *le Monde !* Nous étions chez nous. Et nous dressâmes une requête afin d'être invités à déjeuner pour un jour de la semaine suivante, ce qui eut lieu. On nous donna du lait, du beurre, des bouquets plein les mains des enfants. Vous ne pouvez pas vous imaginer ce presbytère unique, invraisemblable, la plus exquise merveille champêtre que j'aie jamais vue. C'est là qu'il y a « de grands arbres dont l'ombre majestueuse... » ; c'est là qu'on nage dans les melons, dans la crème, dans l'herbe fraîche, dans le beurre frais, dans l'air frais, dans le silence.

Et l'homme qui a planté ces arbres et créé ces jardins avec un sentiment d'artiste si délicat, cet homme plein d'instruction et plein d'urbanité, ardent sous la neige et aussi correct qu'ardent, est en même temps le vrai curé de campagne. Jour et nuit, en toute saison, il parcourt sa vaste paroisse. Il est aux pauvres, il est aux malades, il est aux vieillards et aux enfants, tout entier à tous. Que c'est beau, un prêtre!

Le 15 août, nous avons suivi la procession. Les marins du lieu portaient sur un brancard de roses une figure de navire qui reste suspendue à la voûte de l'église, où elle représente devant Dieu tous les navires de la paroisse qui sont en mer. Il y avait la grande-croix, portée par un paludier en costume Louis XIII, et la statue de la bonne Vierge, portée par les jeunes filles. Mes méchants yeux voulaient pleurer. Les marins chantaient :

> Que nos vaisseaux, nos galères,
> Et tout autre bâtiment,
> Puissent malgré les corsaires
> Naviguer tranquillement!

Qui croirait que c'est la poésie? Et c'est elle pourtant, à preuve que je n'y ai pu tenir, et qu'il a fallu pleurer. Si vous aviez ouï comme ces braves gens chantaient cela de grand sérieux et de grand cœur!

## XIV

7 septembre 1861.

Je vous admire de vous plaire à Paris. Voilà un bonheur dont vous ne tenez pas peut-être assez compte. Pour moi, j'ai vu dans votre pays de Laval, et particulièrement dans le Craonnais, — le vert Craonnais, — trente endroits où j'aurais voulu rester. C'est plein de chênes, de prairies, de belles eaux. Si j'avais une dizaine de ces arbres, quelques arpents de ces prés, une maison au milieu, assez grande pour recevoir deux ou trois amis, je n'en voudrais pas bouger ; et j'achèverais ma vie en essayant d'oublier mes talents.

Vous ne me croyez pas tout à fait, et je crois parler dans la sincérité de mon cœur. J'ai eu, comme un autre, le désir de voir. Cela s'est changé en une immense envie de fermer les yeux. Voilà le fruit de la lecture du Père Faber, de la conjonctivite, de l'âge qui va peser, et du spectacle politique. Je crois que tous les spectacles et tous les régimes produisent le même effet, tôt ou tard. C'est sous Louis XIV et dans sa fleur qu'un homme d'esprit disait à un autre homme d'esprit (comme nous voilà, vous et moi) : *Tyrcis, il faut songer à faire la retraite ;* mais, Dieu du ciel, que les choses présentes hâtent donc le besoin de se retirer !

la maison est pleine de vie, large et donnante. On s'y gouverne de la manière que nous aimons. Le maître est de ceux qui restent chez eux comme à leur poste. Tout irait mieux dans le monde si l'exemple était plus fréquent... Ce qui manque pour que les choses soient à leur place, c'est que les gens soient à leur poste. La foule se soumet volontiers aux autorités de l'ordre vrai et primordial. Au seuil de cette grande maison, les petits viennent chercher conseil et secours. On ne les renvoie pas les mains vides et le cœur désolé. Ce matin, revenant de l'église, qui est à quelque distance, je voyais, échelonnés sur le chemin, des mendiants et des écloppés. Ils attendaient l'heure connue où Madame *** sort de la messe. La comtesse sortit et s'arrêta de l'un à l'autre, remplissant les mains et visitant les plaies. Elle fait cela tous les matins à peu près, ce qui n'empêche pas qu'on vienne à sa porte dans la journée, et qu'elle n'aille visiter ceux qui ne peuvent venir. Elle donne les consultations et fournit ou paye les remèdes. Dans les occasions graves, elle paye aussi le médecin. On lui fera quelque jour un procès pour exercice illégal de la médecine; elle en a même, je crois, été menacée.

Je ne sais si ses malades et ses obligés sont très reconnaissants; j'en doute. Il y a des cabarets, des cafés et des journaux. Dans ces cafés éclairés, on boit du vin de Champagne à cinq francs la bouteille; — et ce sont parfois les époux, les fils et les frères des la maison est pleine de vie, large et donnante. On s'y gouverne de la manière que nous aimons. Le maître est de ceux qui restent chez eux comme à leur poste. Tout irait mieux dans le monde si l'exemple était plus fréquent... Ce qui manque pour que les choses soient à leur place, c'est que les gens soient à leur poste. La foule se soumet volontiers aux autorités de l'ordre vrai et primordial. Au seuil de cette grande maison, les petits viennent chercher conseil et secours. On ne les renvoie pas les mains vides et le cœur désolé. Ce matin, revenant de l'église, qui est à quelque distance, je voyais, échelonnés sur le chemin, des mendiants et des écloppés. Ils attendaient l'heure connue où Madame \*\*\* sort de la messe. La comtesse sortit et s'arrêta de l'un à l'autre, remplissant les mains et visitant les plaies. Elle fait cela tous les matins à peu près, ce qui n'empêche pas qu'on vienne à sa porte dans la journée, et qu'elle n'aille visiter ceux qui ne peuvent venir. Elle donne les consultations et fournit ou paye les remèdes. Dans les occasions graves, elle paye aussi le médecin. On lui fera quelque jour un procès pour exercice illégal de la médecine; elle en a même, je crois, été menacée.

Je ne sais si ses malades et ses obligés sont très reconnaissants; j'en doute. Il y a des cabarets, des cafés et des journaux. Dans ces cafés éclairés, on boit du vin de Champagne à cinq francs la bouteille; — et ce sont parfois les époux, les fils et les frères des gens échelonnés dont je vous parlais tout à l'heure qui font sauter les bouchons. Vous pensez bien qu'ils ont des idées avancées et qu'ils se proposent d'abolir enfin l'inégalité des conditions sociales. Du Havin, du Guéroult et du champagne mêlés, cela fait aimer la justice! Mais ce n'est pas une raison pour que Madame *** abandonne les malades et les pauvres; ce n'est pas une raison non plus pour que la foudre cesse d'obéir au paratonnerre. Quel que soit le nuage que la fumée des pipes forme dans les cabarets, surtout quand le *Siècle* y ajoute ses vapeurs, Dieu voit bien ce que l'on fait pour lui. Je crois que cette vertu de la charité, qui est restée si belle encore dans les grandes familles, est le plus fort pilier de l'ordre social. C'est la dîme payée volontairement aux pauvres de Jésus-Christ qui sauve le reste. On sape le pilier par divers procédés; s'il croule, tout tombera.

Je ne suis pas content des nouvelles que l'on me donne de vous. J'espérais que ces premiers froids vous rendraient du ressort. Mais vous dites qu'il faut s'habituer à être malade, et que la littérature et l'âme y pourront trouver leur compte. Voilà qui est bien parler. Je prends cela pour moi, qui vous prêchais il y a quelques mois. Auriez-vous cru que vous m'édifieriez par la patience? Moi, je ne m'y attendais guère, mais je ne vous en aime pas moins. Il y a quelque chose de bien précieux dans ces affaiblissements qui nous contraignent enfin de nous appuyer sur la prière et qui nous démontrent physiquement ce que notre raison nous a si longtemps, si clairement et si vainement prouvé, que nous ne sommes rien et que Dieu est tout. Un tel bâton dans la main vaut pour le moins l'avantage d'avoir de bonnes jambes. C'est l'explication d'un phénomène dont je ne me rendais pas parfaitement compte autrefois. Je me demandais comment la vie pouvait être désenchantée et supportable ; je ne comprenais pas la paix et même la joie douce d'un certain nombre d'éclopés et de vieillards ; mais je ne savais pas tout ce que Dieu peut faire dans sa bonté pour nous. Quel admirable mélange d'épreuves partout et de consolations partout! quelle abondance divine de combinaisons pour nous placer toujours en présence de l'abîme et nous retenir toujours en tranquillité sur le bord! La variété de la création semble n'être plus rien, à côté de cette multitude d'aspects que développe successivement le mouvement si rapide et sitôt épuisé de la vie ; mais nous en verrons bien d'autres, et toujours nous trouverons Dieu plus visible, plus grand et plus doux. Je pense beaucoup à ces chers cuistres qui auraient peur de s'ennuyer dans l'éternité, et qui cherchent à se rattraper et à se consoler en se disant que nous sommes nous-mêmes et nous tous le Dieu éternel. Ils m'amusent encore, mais déjà tristement. Vous faites-vous bien une idée du plaisir tout à fait royal et divin que vous pourriez trouver, étant Dieu, à contempler sans fin le dieu

Renan, qui vous contemplerait! Quant à moi, je suis certain que j'userais de ma divinité pour créer le néant et me jeter incontinent dans sa gueule. Mais plus je réfléchis, plus je me persuade que Renan, tout profond qu'il est, ne renferme pas le dernier mot des choses; et je n'ai nulle peur d'avoir l'éternité pour étudier l'Infini.

## XVI

29 janvier 1861.

Comment s'est passée la nuit? Un travail pressé m'empêche d'aller m'en informer moi-même.

Je t'envoie un crucifix de nacre, blanc et clair, et qui rayonnera dans ton insomnie comme l'espérance et la certitude. Il vient de Jérusalem et du mont des Oliviers. *Père, que votre volonté soit faite! Père, je boirai ce calice!* Il a été bénit par le Pape, un saint me l'a donné; ce sont des lèvres pures qui l'ont pressé avant les tiennes. Et tes lèvres sont pures aussi, puisqu'elles ne s'ouvrent que pour laisser entrer Notre-Seigneur et pour donner passage à la bonne prière du chrétien souffrant et obéissant.

Hier le P. Jérôme Kazjevicz était chez moi et me parlait d'une sainte fille que l'abbé de Cazalès et lui ont connue en Italie. Elle avait des entretiens avec Notre-Seigneur, comme sainte Térèse. Un jour, elle a demandé de voir les âmes malades et guéries. Elle a vu les petits saints et les petits pécheurs en robe blanche, pas bien blanche, et les grands pécheurs en robe souillée et déchirée affreusement. Tout cela passait sous le sang divin *(tout cela,* c'est-à-dire qui le voulait). Alors les robes un peu salies devenaient parfaitement blanches, et c'était comme un soleil plus brillant, où cependant les yeux pouvaient se fixer ; mais les robes souillées et déchirées étaient bordées d'or à la place des souillures et couvertes de diamants à la place des déchirures. Et cela était ainsi, fut-il dit à la sainte fille, « parce que Dieu ne fait que des choses divines, et qu'il ne serait pas de sa dignité de se borner à laver et à raccommoder. »

*Allons! Allons!* Et prie pour ton frère.

# UNE FÊTE DE VILLAGE

Le Tremblay est une humble paroisse du diocèse d'Angers, dans ce vert quartier qu'on appelle le Craonnais. Sept ou huit maisons plantées irrégulièrement, la plupart très rustiques, forment le bourg principal. Les autres habitations s'éparpillent sur plusieurs lieues à travers les herbages entourés de grands arbres. En fait d'établissements industriels, on compte trois moulins à vent. La population totale est de huit à neuf cents *âmes*, comme on disait autrefois. Ames qui connaissent Dieu et qui se connaissent ; mais, en politique, gens de peu d'importance. Ce peuple ne s'étudie point à la science des révolutions. Le Maire, paysan, vient d'être réélu sans compétiteur, par l'unique raison qu'il est homme juste, pacifique, bon père de famille et bon chrétien. Présentement il attend son quatorzième enfant ; et si c'est une fille, elle se nommera CRESCENCE. Tout à l'heure nous saurons pourquoi.

Les femmes du Tremblay ne portent point de cage. Elles ne sont pas néanmoins sans mine et sans dignité. Les hommes du Tremblay chantent au lutrin et chantent bien. Le chœur offre cette particularité d'être dirigé par deux autorités municipales, le Maire et l'Adjoint. A Paris, on ne voit guère cela, du moins dans l'Église catholique ; car je crois que M. le baron Rothschild officie à sa synagogue. Il est louable en ce point.

Personne ne connaît qui que ce soit du Tremblay, pas même un garçon de ferme, qui aspire à dominer la terre. Les gens du Tremblay ne sont nullement chercheurs d'aventures, nullement désireux de brusquer fortune, nullement querelleurs. Ce n'est point couardise, et il y aurait oubli des règles de la prudence à leur faire entendre des paroles inciviles. Ils aiment leur pays, ce doux pays où ils cultivent le blé et engraissent les bestiaux sous l'ombre des chênes. La société leur prend des soldats, ils lui donnent des prêtres, et ils laissent volontiers le monde faire à sa fantaisie. Pour leur part, ils souhaitent de rester à la charrue jusqu'à l'heure d'aller dormir près de leurs pères à la garde de la Croix, en attendant que le Dieu de la Croix les réveille pour toujours. Dans la paroisse du Tremblay, tout le monde confesse Jésus-Christ, tout le monde le reçoit et l'adore au Saint Sacrement, tout le monde espère fermement la vie éternelle.

Ils ne sont pas discoureurs, leur langue est bornée.

Néanmoins leur langue contient ces choses. Ils jouissent de la beauté de la terre, ils attendent la beauté du ciel. Ils savent bien le dire en peu de mots ; la sérénité générale des visages le dit avec plus d'éloquence. Lorsqu'on les rencontre, ils donnent un salut qui tient du salut des évêques ; on croit entendre: *Pax vobis !* Et l'heureuse terre elle-même a cet accent. En parcourant les chemins creux, sombres de verdure, étoilés de soleil, à travers les riches tentures de ronces flottantes qui balancent leurs bouquets de jais et de corail, on aperçoit les grands bestiaux couchés dans l'herbe épaisse. Vraiment cela est plus beau que les champs Elysées, même à l'heure fortunée des cafés-chantants ! La Croix rayonne parmi ces solitudes, la croix connue et aimée ; et la pauvre vieille qui ramasse le bois mort, et l'enfant qui garde les troupeaux savent dire: *O Crux, ave !* On a le sentiment de la paix comme on a la sensation de la fraîcheur. Le léger mouvement de l'air qui agite le feuillage, semble une ébauche du rythme de la paix.

Cependant un commun chagrin, une sorte de honte publique pesait sur le Tremblay : l'église était moins que mesquine ; elle ne contenait pas place pour tout le monde, tant s'en fallait que de tous les points de la paroisse on vît le clocher. Plusieurs disaient : « Cela n'est pas séant, que le bon Dieu soit si mal logé ! »

Le mauvais état des chemins, l'exiguïté des demeures, ce sont des choses, par là, qui n'inquiètent guère, et il faut que Dieu augmente beaucoup la famille pour que l'idée vienne d'agrandir un peu la maison ; mais tous désiraient une église plus vaste et plus belle. Seulement l'argent manquait. Où le trouver ?

La fabrique économisait sou à sou, les fidèles faisaient des offrandes ; l'un donnait la récolte d'un pommier, l'autre quelques mesures de blé ; Bertrand Lehubin, un jour que sa femme avait mis au monde deux garçons, donna son porc, dont il n'avait promis que la moitié. Néanmoins l'épargne ne montait pas sensiblement. Deux mille francs seulement étaient amassés, et l'on ne voyait pas poindre le jour où pourraient commencer les travaux. La Providence connut la peine des gens du Tremblay et leur envoya mieux que des écus : elle leur choisit un curé robuste, capable d'aborder si grosse affaire.

En ce temps où les hommes deviennent rares, il plaît à Dieu que son Eglise en rencontre encore quelques-uns. Il y a le nécessaire. Ce bon plaisir de Dieu, contraire à d'autres volontés qui font plus de bruit, arrange et peut-être aussi dérange bien des choses.

Le Tremblay reçut donc un curé de cette sorte, une âme vigoureuse, une parole vivante, un esprit cultivé, une expérience déjà mûre. Nos Évêques trouvent de tels hommes pour conduire des troupeaux de neuf cents âmes. Le nouveau curé, ayant pris connaissance de tout, voyant les dispositions des paroissiens, la facilité de se procurer de la pierre, et l'abondance des bois de charpente sur un petit terrain qui appartenait à la cure, prit vigoureusement son parti. Il estima qu'en se donnant beaucoup de travail, en se privant de beaucoup d'ombrage, et en se confiant beaucoup à saint Joseph, les deux mille francs de la fabrique pouvaient suffire pour commencer au moins le chœur de l'église neuve. On y mit la main. C'était en 1857.

Aujourd'hui, non seulement le chœur est fini, mais l'église entière est quasi terminée ; belle église, dans le plus beau style du XIIIe siècle, pure, harmonieuse, solide. Il y a fallu déjà cinquante mille francs. Tout est venu suivant les besoins, pourquoi le reste ne viendrait-il pas ? On a la nef, on aura le clocher ; une flèche élégante portera dans les airs cette divine croix qui se cache encore sous les ombrages, et l'église du pauvre Tremblay sera l'honneur d'une contrée où les églises poussent comme les chênes. Car le miracle de ces magnificences de la foi et de la charité n'est pas rare : en vingt-quatre ans, l'Évêque d'Angers a vu construire dans son diocèse quatre-vingt-dix-neuf églises, sans compter une quantité de restaurations complètes et d'autres créations admirables, comme le beau et peut-être incomparable collège de Combré, tout voisin du Tremblay. Mais l'église du Tremblay brille dans la glorieuse floraison. L'architecte l'a faite à sa guise, sans être gêné par aucune administration ni par aucune fantaisie inintelligente. Tous les artistes ne sont pas si heureux. Pour lui, il a trouvé un curé plein de goût et des bienfaiteurs discrets qui donnaient et ne demandaient pas. Des bienfaiteurs ? En réalité, il n'y en a guère eu qu'un seul, étranger à la paroisse, tombé comme du ciel. Ses nobles et pures armoiries décorent la voûte, à côté de celles de Pie IX : *Malo mori quam fœdari*... N'en disons pas davantage ; il se trouve déjà trop désigné, et véritablement il a bien mérité qu'on ne le désoblige pas.

Quant aux gens du Tremblay, outre leurs offrandes en pierres, arbres et argent, ils ont fourni pour dix mille francs de charrois.

La nouvelle église, en attendant sa prochaine consécration, a été ces jours-ci le théâtre d'une fête très auguste. Cette année même, des amis de M. le curé du Tremblay, se trouvant à Rome, sollicitèrent pour lui la bonté de Pie IX. L'aimable et grand cœur du pontife s'intéressa au « curé bâtisseur », et voulut lui faire un inestimable présent. Il lui donna pour son église un corps saint de nom propre, le corps entier de sainte Crescentia, martyre, retrouvé, en 1864, dans la catacombe de saint Calixte. Ces restes sacrés, si précieux par eux-mêmes et par la main qui les envoie, ayant été apportés au Tremblay, la translation solennelle en a été faite le 5 septembre, avec un admirable concours de toute la paroisse et du clergé des paroisses voisines.

Pour faire honneur à la Martyre du Christ, envoyée par le Vicaire du Christ, on a suspendu tout travail, comme aux jours les plus saints ; on a revêtu les habits de fête, on a paré les chemins et les maisons. Trente prêtres étaient venus, plusieurs d'assez loin, afin de donner aussi leur témoignage à Jésus-Christ, à sa Martyre et à son Vicaire. Il y avait bien des vertus, bien des dévouements et des mérites de divers genres dans ce groupe sacerdotal, présidé par le vicaire général de Monseigneur l'Evêque d'Angers. Les uns ont écrit des livres appréciés ; d'autres soutiennent comme professeurs la renommée croissante de l'admirable collège de Combré, fondé, il y a une trentaine d'années, par un pauvre curé qui a fait quasi tout seul son église, son presbytère, ce collège, et jusqu'à sa paroisse, hameau perdu dans les bois, qui devient une ville. D'autres ont bâti ou bâtissent leur église, ou luttent (hélas !) pour établir des écoles chrétiennes et des hospices. Un des plus jeunes a été zouave pontifical ; il avait déposé la soutane sans renoncer à sa vocation, il a déposé l'uniforme sans renoncer à la milice. Tous se pressaient autour du vénérable curé de Candé, leur doyen, l'un des plus anciens et des plus fermes champions de la liturgie romaine, grand amateur de livres, plein de piété, plein de science, plein d'histoires et de verts discours, et qui porte allègrement un demi-siècle du sacerdoce le plus laborieux. Si l'on réunissait au hasard, ou même au choix, trente personnes parmi les lecteurs que peuvent compter dans un département les journaux qui font état d'injurier le clergé, peut-être qu'on n'y trouverait pas un pareil poids de bonnes œuvres ni un pareil éclat de savoir.

Les reliques de la Sainte étaient enfermées dans une châsse humble par la matière, précieuse par le travail. Aussi heureux que l'architecte du Tremblay, l'orfèvre, avec peu de ressources, a fait un chef-d'œuvre. Cette petite châsse argentée, relevée d'humbles pierres, est un ouvrage de grand style, grave et joyeux à la fois, austère comme la mort, brillant comme la victoire.

Quatre prêtres, quatre vétérans aux têtes blanchies, en aube et en étole, escortés de quatre des principaux habitants portant des flambeaux, chargèrent la châsse sur leurs épaules, et l'on se mit en marche pour l'église, au chant des Litanies des Saints. Le temps était à souhait : une belle brume lumineuse, qui voilait et qui promettait le soleil; quelque chose qui sentait comme l'heure du pressoir et qui avait sa double analogie avec le martyre et avec le triomphe. Le peuple incliné s'associait de bouche et de cœur aux belles supplications de la prière ecclésiastique, dont il avait l'intelligence. Tout s'accordait, tout entrait dans l'harmonie de cette scène naïve et sublime. On passa sur les poussières plantées de rameaux verts et d'arcs fleuris; on passa sur les herbes, qui se relèvent et qui ne gardent point la trace du pied qui les a foulées; on passa sous les chênes, qui ne tombent que pour fournir des charpentes, et sous les châtaigniers, dont les fruits mûrs, enveloppés d'aiguilles piquantes, n'acquièrent leur saveur qu'en subissant l'action du feu.

Aux noms des saints qui forment les litanies, on ajouta le nom de la sainte martyre : *SanctaCrescentia, ora pro nobis!* Nos pensées allaient aux catacombes de Rome où ces ossements bénis, restes d'une chair angélisée, dit Tertullien, avaient attendu si longtemps la gloire terrestre qui leur est aujourd'hui donnée :

« Vous sortirez avec joie, vous serez escortés avec joie, et
« les montagnes et les collines vous attendent et tressaillent de
« joie. *Alleluia.*

« Saints de Dieu, levez-vous de vos demeures, sanctifiez ces
« lieux, bénissez ce peuple ; et nous, hommes pécheurs,
« gardez-nous dans la paix.

« Saints de Dieu, allez au lieu prédestiné qui a été préparé
« pour vous ; et nous, hommes pécheurs, gardez-nous dans
« la paix (1). »

C'est ce que l'Église chante lorsqu'elle consacre un autel et lorsqu'elle y dépose les reliques des saints, et c'est ce que nos yeux voyaient accomplir.

(1) Cum jucunditate exibitis, et cum gaudio deducemini : nam et montes et colles exsilient, expectantes cum gaudio. Alleluia.
Surgite, sancti Dei, de mansionibus vestris, loca sanctificate, plebem benedicite : et nos homines peccatores in pace custodite.
Ambulate, sancti Dei, ad locum prædestinatum, qui vobis præparatus est. Et nos homines in pace custodite. *(Pontificale romanum : De Altar. Consecr.)*

Après quatorze siècles au moins, voilà que cette martyre est vivante! Nous savons son nom, son âge, sa gloire; nous invoquons son secours auprès de Dieu, un peuple pieux la prend pour patronne; elle entre comme en son palais dans cette belle église que Dieu lui destinait pour tombeau lorsqu'elle reposait encore inconnue dans les profondeurs de la catacombe romaine.

L'éloquent évêque de Poitiers, Mgr Pie, compare l'invention des corps saints à la création des étoiles, sortant joyeuses du néant à la voix de Dieu. « Dieu
« les a appelées, et elles ont dit : Nous voici; et elles
« ont pris plaisir à luire pour celui qui les a
« créées (1). » Mais les corps saints jettent un éclat plus chaud et plus fécond que celui des étoiles, et Dieu leur fait un honneur que les astres de son firmament ne posséderont jamais. Lorsque la châsse, après son parcours triomphal, pénétrait dans l'église, il semblait entendre ces glorieux versets qui retentissent à la consécration des autels :

« Saints de Dieu, vous avez reçu un siège sous l'autel de
« Dieu ; intercédez pour nous auprès de Notre-Seigneur Jésus-
« Christ.
« Sous l'autel de Dieu j'ai entendu les voix de ceux qui ont
« été tués. Ils disaient : Pourquoi ne défendiez-vous pas notre
« sang? Et ils ont reçu cette réponse divine : Attendez encore

(1) *Stellæ... vocatæ sunt, et dixerunt : Adsumus : et luxerunt ei cum jucunditate, qui fecit illas.* (Baruch., III, 33-34.)

« un peu, jusqu'à ce que soit complet le nombre de vos
« frères !

« Les corps des saints sont ensevelis dans la paix ; les noms
« des saints vivront éternellement (1). »

L'Église n'a point de fêtes qui demeurent sans parole et sans enseignement. Elle rend raison de tout ce qu'elle fait ; et comme elle étale ses pompes à tous les yeux, elle explique sa pensée à toutes les intelligences. Pendant la messe, M. le chanoine Henri Sauvé, théologal du diocèse de Laval, se chargea de donner au peuple ce grand enseignement de la sainteté, du martyre et du triomphe. Il le fit, selon sa coutume, avec une vaste doctrine et une éloquence pleine de lumière, de force et de douceur. Il prit son texte du nom même de Crescentia, dérivé de *crescere*, croître, et il expliqua comment la vie chrétienne doit être un accroissement du Christ en nous, de nous dans le Christ, du Christ et de nous dans le ciel.

En vain l'on a l'habitude de vivre dans ces idées sublimes : elles se présentent sans cesse sous des aspects plus agrandis et plus magnifiques, et l'on est

(1) Sub altare Dei sedes accepistis, sancti Dei : intercedite pro nobis ad Dominum Jesum Christum.

Sub altare Dei audivi voces occisorum dicentium : Quare non defendis sanguinem nostrum ? Et acceperunt divinum responsum : Adhuc sustinete modicum tempus, donec impleatur numerus fratrum vestrorum.

Corpora Sanctorum in pace sepulta sunt : et vivent nomina eorum in æternum. (*Pont. Rom.*, loco cit.)

perpétuellement étonné et ravi des infinies richesses
de l'aliment spirituel distribué par l'Eglise à ces hommes que le monde nourrit de vulgarités et d'erreurs.
Le prédicateur décrivit la majesté des martyrs, *summi
Regis legitimi et germani milites ;* il parla de Rome
et de Pie IX avec cet accent toujours plus vibrant du
respect et de l'amour par lequel les âmes chrétiennes
savent répondre aux injures de l'ennemi ; il ouvrit les
perspectives de cette vie éternelle que le chrétien
peut atteindre en cheminant à travers l'obscurité des
catacombes aussi bien qu'en marchant à la lumière du
jour.

Telle fut cette fête de village. Le matin, la foule
s'était pressée à la table sainte ; le soir, le cabaret ou
plutôt l'auberge du Tremblay n'avait pas plus d'hôtes
et ne faisait pas plus de bruit qu'à l'ordinaire. On achevait la fête en famille, et plus d'une maison dans la
profondeur du bocage avait orné son humble seuil
d'une guirlande de fleurs et de feuillage rapportée des
arcs de triomphe de sainte Crescentia.

Il me semble que sans prendre la peine de visiter
une des fêtes des environs de Paris, rien qu'en lisant
les affiches par lesquelles les municipalités y convient
le public, on peut, après ce récit, se faire une idée
suffisante des deux cités qui se partagent le monde et
des deux peuples qui les habitent. Un de ces deux

peuples opprime l'autre et veut l'opprimer davantage. Le peuple oppresseur n'est pas celui qui honore les martyrs, mais ce peuple oppresseur n'est pas le peuple éternel :

ADHUC SUSTINETE MODICUM TEMPUS, DONEC IMPLEATUR NUMERUS FRATRUM VESTRORUM

1865

# L'ÉCOLE DU CŒUR

## I

L'AMOUR se leva dans mon cœur comme ces aurores qui promettent des jours merveilleux. Il me remplissait d'une force, d'une joie et d'une admiration infinies. J'aimais tout, je possédais tout, j'appartenais à tout. Le seul objet qui était tout pour moi dans le monde, répandait sur l'universalité des choses mon amour et sa beauté. Je crus que la vie était ce doux vallon baigné des lueurs du matin, où la jeunesse enchantée se promène entourée d'espérances. La fleur s'entr'ouvre, l'oiseau chante, chaque brin d'herbe a sa perle de rosée, chaque bonheur a ses larmes. Je me donnais et je m'abandonnais, je ne savais faire que des rêves heureux. Mais cette lumière était l'éclat de deux yeux inconstants, cette splendeur était le sourire d'une bouche parjure. Il plut à ces yeux, à ce sourire, d'illuminer un autre cœur, et le mien tomba dans la nuit. Je pensai mourir ; je m'en allai, mal soutenu d'un reste d'illusion, tâchant d'aimer ailleurs... Je ne crus plus à l'amour.

## II

La jeunesse me quitta sur ces entrefaites. Je la vis s'éloigner et je n'eus point de regret : elle m'avait menti. J'abordai les terres de la virilité. Ce pays me parut austère et difficile. Pour y marcher, j'appelai l'Amitié, dont j'avais entendu faire l'éloge par les mécontents de l'Amour. Tous la disaient grave, forte et fidèle. Je trouvai qu'elle avait l'air aimable quoiqu'un peu rude, et je la priai de me donner la main. Elle y consentit, me prodigua les bons conseils, m'aida souvent, me mit moi-même en position de la servir quelquefois. Mon seul défaut, disait-elle, était de lui parler trop de ma reconnaissance, et je ne lui connaissais que le tort de vouloir trop m'obliger. C'était charmant, c'était un meilleur amour. Je sentis renaître dans mon cœur l'enthousiasme, le dévouement, les tendres sollicitudes, et voilà mon avenir plus doré qu'il ne le fut jamais. Je rapportais tout à mon ami comme jadis tout à mon inconstante ; il avait sa place d'honneur dans tous les plans de ma vie, son appartement magnifique dans tous mes châteaux. Mais une vile ambition m'avait pris la fiancée, un caprice, qui le croirait? me prit l'ami. Celui qui m'aimait encore le matin, le soir ne m'aimait plus. « — Que vous ai-je fait? — Rien, seulement je ne vous aime plus. Je vous trouvais de l'esprit, du cœur, j'aimais à vous voir, j'aimais à vous servir : à présent votre présence m'est importune ; si vous voulez me faire plaisir soyez ingrat. » Hélas! cette perfide n'avait pas été si cruelle, n'avait pas frappé mon cœur de ce coup sûr et profond. Elle m'avait laissé le droit de la haïr ; mon ami me retirait seulement le pouvoir de l'aimer. On ne se refait pas une amitié comme on se refait un semblant d'amour. Je me tins à l'écart, outré d'amertume. Je voulais raisonner avec moi-même, étouffer cette douleur, la cacher au moins : je ne pouvais. L'amitié est une tromperie qui m'a fait plus souffrir que la tromperie de l'amour ; elle m'a plus dégoûté de la vie et du cœur humain, que n'avait fait l'amour ; je ne crus plus à l'amitié.

## III

Et chose horrible; la première plaie, depuis si longtemps fermée, se raviva tout à coup. Un jour je vis une ride sur mon front, je me dis : C'est l'âge ; c'en est fait, je descends. Je me mis follement à regretter la jeunesse et l'amour. Mais quel regret! La jeunesse nsensée, l'amour en qui je ne croyais plus! De l'autre côté de cet abîme qui nous sépare du passé, m'apparurent mille fantômes, et je vis avec angoisse combien aisément, après de longues années d'absence, que dis-je! après de longues années de prière, je les reconnaissais. Hélas! hélas! je pouvais mettre un nom encore sur tous ces visages; je reconnaissais cet arbre dans la prairie, cette touffe d'herbe au bord de la rivière, cette fenêtre dans la rue, cette place au salon de bal. O misère, est-ce pour cela que j'ai vieilli! O mon Dieu, de quelles offenses me suis-je alors rendu coupable, pour mériter cette poignante et tardive punition! Je sentis venir des larmes dont j'eus honte, et je me sentis à plaindre de n'oser plus pleurer...

## IV

Voyant donc ma faiblesse et mon abandon, et comprenant toute l'étendue de cette détresse qui me faisait comme un besoin insatiable de ce qui n'était plus, de ce qui ne pouvait plus être, de ce dont je ne voulais plus; torturé sans cesse au fond de mon âme, las de l'humanité, las de moi-même, humilié, je m'étonnais de vivre et je ne comprenais pas pourquoi j'étais sur la terre, quand j'entendis une voix qui priait timidement: Je tournai la tête, et je vis ce que l'on ne saurait peindre: Un visage d'une angélique douceur et d'une majesté sublime, l'air de courage d'une guerrière, l'ingénuité d'une enfant, je ne sais quel mélange de sagesse, de force, d'ardeur que voilait la douce humilité. Cette apparition céleste, car aucun de ces traits n'était d'une mortelle, semblait partager sa pensée entre le ciel et moi. — Que fais-tu, lui demandai-je? — Tu le vois, répondit-elle, je prie. — Dans quel dessein? — Pour que tu sois heureux. — Qui es-tu donc? — Ta servante. — Vraiment! m'écriai-je avec ironie; et me sers-tu depuis longtemps? — Depuis que tu as reçu le jour. — Je ne t'ai jamais vue. — Tu ne m'as jamais regardée. — Tu sais que je ne t'aimerai point, et que je ne te crois pas? — N'importe; je suis sur la terre pour te servir et pour t'aimer.

Je fondis en larmes. Ah! m'écriai-je, je ne t'ai jamais vue, et je te reconnais! Je devine ton nom parce que tu veux le taire; tu te montres parce que je suis au désespoir. Tu viens m'apprendre à pardonner en mes frères ce que tes sages conseils leur ont appris à pardonner si souvent en moi. Tu m'avertis qu'il est temps de connaître et de pratiquer enfin l'amour. Prends mon cœur, prends mon pauvre cœur, ô Charité de Dieu!

## V

J'ai fait un pacte avec elle, et celui-là ne sera point rompu. Elle est la force et la sagesse de la vie. C'est elle qui m'enseigne à aimer, non plus moi-même, mais les autres; et je les aime en vue de Dieu qui leur donne ma tendresse comme un bien, comme une distraction, comme un faible secours dans leurs peines ou dans leurs nécessités.

Je veux être le buisson qui donne un peu d'ombre sur le chemin, la brise qui rafraîchit la plaine, la fleur perdue dans l'herbe, le chant d'oiseau qui réjouit le passant.

Passant mon frère, je t'aime et ne te demande rien. Prends l'ombre du buisson, et la fraîcheur de la brise, et le parfum de la fleur, et le chant de l'oiseau; Dieu te les donne, prends, oublie, va à ton bonheur, ne rends grâces qu'à Dieu.

## VI

Seigneur, je sais maintenant pourquoi j'ai vécu. Vos œuvres sont formées d'éléments divers, et d'apparences contraires. Quand la science de l'homme analyse ces choses parfaites qui sortent de vos mains, elle trouve avec stupeur que souvent vous avez pris des matières viles et funestes pour en composer un tout rempli d'utilité et de magnificence. Dans nos mains la terre et l'eau sont de la boue, et si nous exposons cette boue au soleil, elle se change en poussière, et le vent l'emporte. Mais, pour vous, la terre et l'eau deviennent le sein fécond d'où votre soleil fait jaillir sans fin d'inépuisables trésors. Ainsi de notre cœur : de toutes ses puissances, nous ne savons tirer que des fruits d'égoïsme que nous voulons nous-mêmes dévorer, et qui sont pleins de cendre quand nous y mettons la dent. Il vous plaît que votre charité rayonne dans ce centre profond de nos cupidités, et alors, ô merveille! tout ce que nous y avons traîné d'impur y devient utile ; ce fumier développe des germes de vertu; l'arbre mauvais cultivé pour nous produit des fruits pour les autres; la sagesse se forme de nos folies; dans les souvenirs de l'égoïsme s'inspirent les doux conseils de la charité.

J'ai erré parmi les mauvais chemins pour en éloigner mes frères ; j'ai cherché les affections humaines pour en connaître le vide et l'illusion. Qu'importe ce qui m'en est resté de fatigue et de douleur!

FIN.

# TABLE DES MATIÈRES

| | |
|---|---|
| Préface | 1 |
| Introduction | 3 |
| L'Épouse imaginaire | 5 |
| Le Vol de l'Ame | 62 |
| De l'Ancienne ville de Chignac | 95 |
| Les Histoires de Théodore | 114 |
| La Journée d'un Missionnaire | 135 |
| Au temps des Diligences | 153 |
| La Ferme | 180 |
| Du Grand Tout | 188 |
| *Mitis et humilis corde* | 211 |
| Un Philosophe | 215 |
| Euphrosyne | 222 |
| Exhortation à un affligé | 225 |
| Lettre à une inconnue | 229 |
| Ce que c'est qu'un Curé | 242 |
| Sulpice | 293 |
| La Chambre nuptiale | 342 |
| Petits Voyages | 349 |
| La Paix | 385 |
| Lettres à un Ami | 393 |
| Une Fête de village | 433 |
| L'École du cœur | 446 |

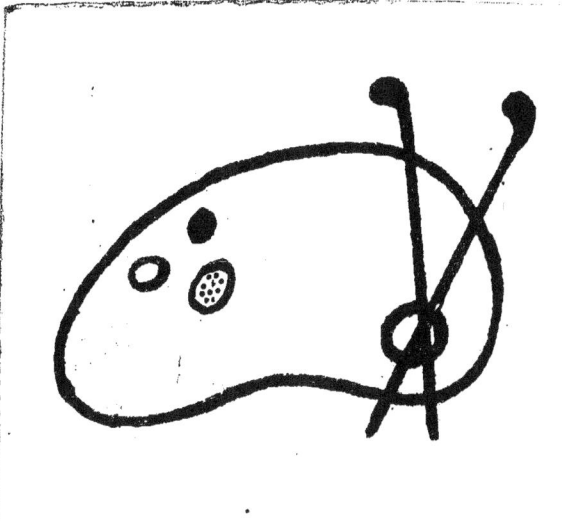

Original en couleur
NF Z 43-120-8

www.ingramcontent.com/pod-product-compliance
Lightning Source LLC
Chambersburg PA
CBHW070538230426
43665CB00014B/1732